# ここまでわかった飛鳥・藤原京

倭国から日本へ

豊島直博・木下正史［編］

吉川弘文館

# はじめに

飛鳥・藤原の地は、新しい発掘の成果でいつも騒がしい。『日本書紀《にほんしょき》』などに記された天皇陵や豪族の墳墓ではないか、飛鳥を舞台に活躍した蘇我《そが》氏の邸宅ではないか。こうした驚くべき歴史情報がもたらされたることが決して珍しくないからです。『日本書紀』などの文献史料は、飛鳥・藤原の宮都の様子や、そこでの人々の暮らしの具体像について多くを語ってはくれない。天皇の宮殿ですら、大きさや内部の構造、役所の場所などについての具体的な記載は乏しいのです。

飛鳥・藤原の地では四五年ほど前から、それこそ毎日、古代史の舞台を解明する発掘調査が続けられています。発掘成果は実に多大で、飛鳥・藤原京の実像とその時代の歴史・文化を蘇らせています。

とは言え、すでに発掘のメスが入った範囲は、遺跡の広がりからすれば数パーセントに過ぎません。多くの史実が飛鳥・藤原の地の地下に埋もれているのです。宮殿や都城に関する現在の理解や評価にも、まだまだ議論がありますし、「定説」とされるものも、あくまで現時点で最も合理性のある考え方と理解しなければなりません。今後、さらに実り豊かな成果を得るには、これまでの成果を振り返り、課題をより鮮明にしつつ、発掘や研究を展開していくことが求められます。

本書は、二〇一五年一〇月一八日に奈良大学で開催された一般社団法人日本考古学協会二〇一五年度奈良大会研究発表分科会Ⅰ「倭国から日本へ―考古学と文献史学による飛鳥・藤原京の再検討」で発表いただいた研究成果をまとめたものです。

研究発表では、豊島直博の司会のもと、まず木下正史が飛鳥・藤原京時代とはどのような時代であったのか、主に考古学上の成果を軸に総論的に述べたあと、それぞれのテーマについて長年にわたって系統的に研究されている六人の方々から発表をいただきました。最初に、林部均さんから飛鳥宮と藤原宮の変遷の様相と京の形成過程について、続いて今尾文昭さんには「都市陵墓」という新視点に立って陵墓の展開について、花谷浩さんには飛鳥・藤原の宮都との関係を視野に寺院造営の動向を、また、市大樹さんからは飛鳥・藤原京出土木簡《もっかん》の特徴と木簡が語る政治の実像などについて、それぞれ古代国家の形成との関わりを視野に入れつつ、研究の到達点を確認し、今後への課題を展望していただきました。さらに山田隆文さんには朝鮮半島の高句麗《こうくり》・百済《くだら》・新羅《しらぎ》の都城についての研究の現状を整理しつつ、国際的な視野から日本の都城の位置づけを試みていただきました。最後に、相原嘉之さんに二一世紀に入ってからの飛鳥・藤原地域での主要な発掘調査を概観し、それぞれの発掘が持つ歴史的意義について整理していただきました。

本書は、当日の研究発表をもとにしていますが、それぞれその内容にやや手を入れていただき、さらに詳しく知りたい方のために参考文献をつけました。また、豊島直博によるキトラ古墳出土の大刀と、甘樫丘東麓《あまがしのおかとうろく》遺跡の性格に関する二編のコラムを載せています。飛鳥・藤原京時代とその歴史舞台の実像、そして課題などについて理解を深めていただける内容になっていると思います。

木下正史
豊島直博

# 目　次

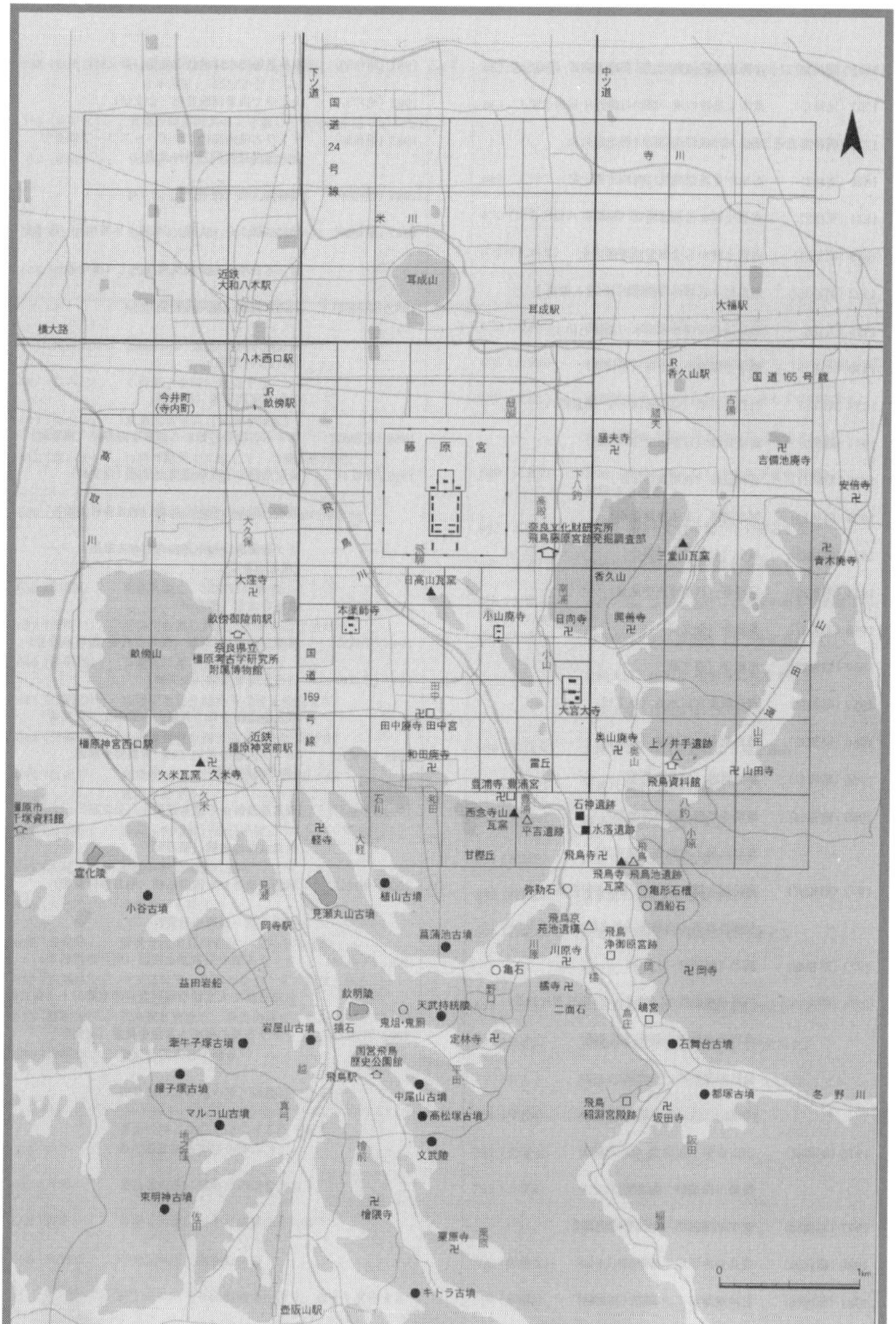

下ツ道
中ツ道
国道24号線
寺川
米川
耳成山
近鉄
大和八木駅
耳成駅
大福駅
横大路
八木西口駅
JR
香久山駅
国道165号線
今井町
(寺内町)
JR
畝傍駅
藤原宮
膳夫寺
吉備池廃寺
安倍寺
飛鳥川
高取川
奈良文化財研究所
飛鳥藤原宮跡発掘調査部
山之寺瓦窯
香久山
青木廃寺
大窪寺
日高山瓦窯
畝傍御陵前駅
本薬師寺
小山廃寺
日向寺
奥山寺
奈良県立
橿原考古学研究所
附属博物館
畝傍山
国道169号線
田中廃寺 田中宮
大官大寺
橿原神宮西口駅
近鉄
橿原神宮前駅
奥山廃寺
上ノ井手遺跡
和田廃寺
雷丘
久米瓦窯
久米寺
山田寺
豊浦寺 豊浦宮
飛鳥資料館
石神遺跡
西念寺山瓦窯
水落遺跡
平吉遺跡
橿原市
千塚資料館
軽寺
甘樫丘
飛鳥寺
飛鳥寺瓦窯
飛鳥池遺跡
亀形石槽
酒船石
弥勒石
植山古墳
小谷古墳
見瀬丸山古墳
飛鳥京
苑池遺構
岡寺駅
菖蒲池古墳
飛鳥
浄御原宮跡
川原寺
亀石
岡寺
益田岩船
橘寺
欽明陵
天武持統陵
二面石
嶋宮
猿石
鬼俎・鬼厠
岩屋山古墳
牽牛子塚古墳
定林寺
石舞台古墳
国営飛鳥
歴史公園館
飛鳥駅
中尾山古墳
都塚古墳
冬野川
鑵子塚古墳
飛鳥
稲渕宮殿跡
坂田寺
マルコ山古墳
高松塚古墳
文武陵
束明神古墳
檜隈寺
栗原寺
キトラ古墳
壺阪山駅
0
1km

飛鳥・藤原地域の地図

# 飛鳥・藤原京の時代

## ——文明開化の時代——

木下正史

## はじめに

私の章では趣旨説明を兼ねて、総論的に飛鳥・藤原京の時代と宮都の概要を、述べていきます。

崇峻五年（五九二）、推古《すいこ》天皇が豊浦宮《とゆらのみや》で即位します。以来、元明《げんめい》天皇が和銅《わどう》三年（七一〇）に、平城京に遷都《せんと》するまでの約一二〇年間、歴代天皇は飛鳥とその周辺に宮都を営みました。この間、孝徳《こうとく》天皇による難波《なにわ》遷都（六四五〜六五四年）と、天智《てんじ》天皇による近江大津宮《おうみのおおつのみや》遷都（六六七〜六七二年）の二度、宮都が飛鳥を離れることはありましたが、再び飛鳥へと戻ってきます。飛鳥・藤原京の地が、政治・文化の中心地であり続けたことから、この時代を飛鳥時代、あるいは飛鳥・藤原京の時代と呼んでいます。この間、わが国は隋唐《ずいとう》や朝鮮半島諸国との濃密な交流を積極的に進めて、律令制《りつりょうせい》に基づく本格的な中央集権国家「日本国」を作り上げていきました。飛鳥・藤原の地には「日本国」が形成されていく過程を物語る宮殿・庭園・祭祀《さいし》施設・官衙《かんが》・寺院・古墳などさまざまの性格の遺跡と遺物が良好な形で埋もれているのです。

飛鳥・藤原京の歴史空間は、南北八キロ以上、東西五キロ以上の広域で考えなければなりません。七世紀初頭には、下《しも》ツ道《みち》・上《かみ》ツ道（山田道《やまだみち》）・横大路《よこおおじ》などの幹線道路が整備されています。下ツ道・山田道の交差点付近の軽《かる》の地には軽市《かるいち》が設けられ、七世紀を通じて飛鳥の人々の商活動や儀式・交流の結節点として機能し続けています。また、香具山《かぐやま》東北方の磐余《いわれ》の地には、舒明《じょめい》天皇によって百済大宮《くだらのおおみや》・百済大寺が営まれ、七世紀後半には、磐余から藤原宮地付近にかけて、高市皇子《たけちのみこ》・穂積《ほづみ》皇子・大津《おおつ》皇子など天武《てんむ》天皇の皇子宮《みこのみや》が築かれています。この範囲では、どこを発掘しても飛鳥・藤原京時代の遺構・遺物が発見されます。遺跡が面的に間断なくつながっているのです。これら地域は、宮殿が集中した飛鳥盆地と深い関係を持ちつつ、一連の歴史を歩んだ地域であったのです。

飛鳥・藤原の宮都を明らかにする研究は江戸時代から始まっています。大正年間には、一部発掘調査も行われています。そして、昭和八年（一九三三）に石舞台《いしぶたい》古墳の発掘、翌一九三四年から一九四三年にかけて藤原宮跡の大発掘が行われます。この両発掘は調査の規模といい、あげられた成果といい、日本の考古学史上、その重要な一ページを飾る画期的な発掘でした。こうして考古学・文献史学・建築史学・美術史学・文学等を総合した、飛鳥・藤原の宮都の本格的な解明の歩みが始まります。以来八〇余年。戦中戦後の混乱期を除けば、毎年、発掘調査が続けられてきました。一九七〇年頃からは、ほぼ一日も休むことなく、飛鳥・藤原の地のどこかで発掘が行われています。

この間、研究はさまざまの課題へと範囲を広げ、深化をとげ、世界に誇り得る研究が進められています。飛鳥・藤原の宮都像や古代史像を大きく塗り替える新発見や大成果も枚挙するにいとまがないほどです。木簡《もっかん》の出土は、『日本書紀《にほんしょき》』からは知り得ない歴史の具体像を蘇らせています。とはいえ、発掘が済んだ範囲はたかだか数パーセント程度。手つかずの地域も広く、まだまだ多くの謎を秘めていると言わなければなりません。発掘の進展によって、歴史の舞台や歴史像は絶え間なく構成し直されていくでしょう。飛鳥・藤原の地は、かた時も目を離すことができない「古代史の無尽蔵の宝庫」なのです。

# 1 飛鳥・藤原京の時代

私は「飛鳥・藤原京の時代―文明開化の時代―」というタイトルを掲げました。このタイトルは『日本書紀』の編者のこの時代に対する認識と関わっています。

大化二年（六四六）三月の薄葬令《はくそうれい》は、『魏志《ぎし》』武帝紀などを引用しながら、古墳を造り多くの副葬品を納めることは「愚俗」であり、こうした「旧俗」を一切やめるよう命じています（『日本書紀』）。国家を成り立たせるためには、古墳を造るという文明以前の旧《ふる》い愚俗を棄てて、文明化という社会全体の体質的な変革が必要だというのです。薄葬令は、当時の人々が古墳時代から飛鳥時代への転換をどのように認識していたのか、またその転換を我々はどのように理解すべきなのかを教えてくれているように思います。古墳時代（文化）から飛鳥時代（文化）へ、それは質的転換の時代であり、明治維新の時代にもたとえられる、日本史上、最大の変革の一つであったと言うことができます。

統一国家「日本国」を築きあげていく過程で、さまざまな変革が飛鳥・藤原の地で始まっています。最高統治者の称号は「大王《おおきみ》」から「天皇《てんのう》」と呼ぶように変わります。

政治制度、官僚組織・冠位制、京と地方の国評（郡）などの行政区画、都と地方とを結ぶ交通・通信網の整備、戸籍、班田制・税制の整備、富本銭《ふほんせん》・和同開珎《わどうかいちん》の発行と貨幣制度の開始、暦制・時刻制と天文観測、度量衡《どりょうこう》制、水道・噴水技術、建築・測量技術、造仏、寺院や古墳の壁画技術などなど中国系の最先端の科学や技術、芸術を導入して、大きく展開していきます。また、仏教や道教的思想、儒教が導入され、政治を主導する重要な思想として取りいれられていきます。医療・医薬や衣食住も漢法を取り入れ、中国風に整えられていきます。粉食《ふんしょく》も始まり、油脂《ゆし》の利用、乳製品も口にするようになります。『古事記《こじき》』や『日本書紀』など歴史書の編纂が本格化していきます。

こうした変革の到達点として、またそれを具体化する舞台として、七世紀末に、初めて大陸様式の本格的宮殿・藤原宮が建設され、また古代中国の都にならって碁盤目のように街路・街区を整えた政治的計画都市・都城《とじょう》が作りあげられます。古墳時代から飛鳥・藤原京の時代へ、それは明治の文明開化にたとえられる文明開化を成し遂げていった時代と言えるでしょう。

先にも述べましたように、この時代のわが国は、隋唐、百済・高句麗《こうくり》・新羅《しらぎ》など東アジア諸国と濃密な交流を行い、その影響を強く受けた時代でした。豊かな交流が中央集権国家を作り上げ、新時代と新文化を育む大きな原動力となったのです。

朝鮮半島から多くの人々が渡ってきて、飛鳥とその周辺に集まり住むようになったのは、五世紀後半に遡《さかのぼ》ります。渡来者たちは、先進的な様々な知識・思想・技術などをもたらし、先進文化の定着に大きな役割を果たしていきます。六世紀には、より新しい知識や技術を身につけた新しい人々が次々と渡来してきて、飛鳥周辺などに住み着いていきます。彼らは『日本書紀』では「今来漢人《いまきのあやひと》」などと記されています。飛鳥とその周辺では、大壁建《おおかべ》物やオンドル・カマドなどを備えた渡来系の人々の居住跡、そしてこうした遺構に伴って渡来系の遺物が多くの地点で発見されていますし、朝鮮半島系の横穴式石室を築いた古墳も多数分布しています。

六・七世紀には、百済王朝との交流がとくに濃密になってきます。百済は高句麗・新羅から圧迫を受けていて、倭国と関係を結んで、その支援を期待したのです。こうした朝鮮半島情勢の中で、百済から仏教や道教など、わが国の社会・文化の形成に重要な役割を果たす新しい知識や思想・技術が伝えられてきます。

こうした状況を示す代表的な遺跡が飛鳥寺です。飛鳥寺は、伽藍《がらん》を整えた最初の本格的寺院で、その造営に際して、百済王朝から造寺工や瓦工などの技術者が派遣されてきています。彼らの指導のもと、多くの東漢氏《やまとのあやうじ》系工人が参画して造営が進められました。たとえば、飛鳥寺中金堂の本尊丈六釈迦如来金銅仏（飛鳥大仏）は、六世紀に渡来した司馬達《しばたっ》止《と》の孫の鞍作《くらつくりの》止利《とり》が造像にあたったとされています。そして、飛鳥寺に最初に住んだ僧も高句麗僧慧慈《えじ》と百済僧慧聡《えそう》という渡来僧で、推古一〇年（六〇二）に暦本や天文の書などを伝えた百済僧観勒《かんろく》も飛鳥寺に住み、最初の僧正《そうじょう》に任ぜられています。渡来僧のほか、飛鳥と周辺地域に以前から住み着いていた渡来人出身者が、初期の僧尼の中核となっていました。

七世紀初頭、遣隋使が派遣され、中央集権国家を確立した隋との直接の交流が始まります。推古朝に派遣された留学生・留学僧は隋、そして唐で数十年に及ぶ長い留学生活を終えて、隋・唐の最先端の政治・社会制度、思想・知識、技術を身につけて帰国してきます。彼らは大化改新後の国家の形成に、また新文化の形成に大きく寄与することになります。隋に派遣された留学生・留学僧は東漢氏など渡来系の人々が中心でありました。隋の滅亡後も、たびたび遣唐使が派遣され、最先端の文化や技術、制度の導入が続きます。

六六〇年、長年に渡って交流を続け、同盟関係を結んでいた百済が唐・新羅連合軍の攻撃を受けて滅亡してしまいます。滅亡の前後、百済の政権を担っていた貴族層らを含む大勢の人々が亡命してきます。亡命者は重用され、政治・学術・教育など各方面で寄与し、大きな功績をあげます。このように東アジア社会との交流にはいくつかの画期があり、影響の受け方にも画期がありました。こうして列島社会は大きく変貌をとげていきます。

このように、隋唐や百済など朝鮮半島諸国から圧倒的な影響を受けながらも、伝統を大切にして伝統と融合をはかりつつ、独自の国の体制や個性豊かな文化を育んでいったことも注目しなければなりません。七世紀後半以降には、大陸系文化の咀嚼《そしゃく》が進んで、和風化が顕著になり、白鳳《はくほう》文化が花開きます。柿本人麻呂《かきのもとのひとまろ》など宮廷歌人が光り輝く『万葉集《まんようしゅう》』という世界に冠たる文学作品も生み出されます。

なぜ、飛鳥が宮都の地となったのでしょうか。当時の権力者、蘇我《そが》氏が深く関わっていたことは間違いありません。五九二年、推古天皇が磐余から飛鳥へ宮都を遷して豊浦宮で即位します。豊浦宮は飛鳥に置かれた最初の宮殿で、飛鳥に宮都が集中して営まれるきっかけとなった宮殿でした。

推古天皇は欽明《きんめい》天皇の娘で、母は蘇我稲目《そがのいなめ》の娘の堅塩媛《きたしひめ》でした。蘇我馬子《うまこ》は堅塩媛の兄で、推古天皇は馬子の姪にあたります。推古天皇は蘇我氏の血筋につながっているのです。

蘇我氏は、六世紀中頃から七世紀中頃にかけての約一〇〇年間、稲目・馬子・蝦夷《えみし》・入鹿《いるか》の四代にわたって権勢を誇りました。政治制度を改革したり、屯倉《みやけ》の新しい管理運営方式を採り入れて朝廷の経済基盤を整えたり、百済との外交を推進したり、仏教の受容を積極的に進めて最初の本格的寺院・飛鳥寺を建立するなど、古代国家誕生の揺籃《ようらん》期に、政治・経済・宗教・文化など多方面にわたって活躍し、主役を演じ続けました。なかでも蘇我馬子は、六世紀後半から七世紀初頭にかけての長期にわたって大臣《おおおみ》を務め、蘇我氏の権力を大きく飛躍させ、天皇の存廃をも左右するほど絶対の権勢を誇り、蘇我氏の黄金期を築きました。

蘇我氏のもともとの本拠地は畝傍《うねび》山西方の曾我《そが》川流域でありましたが、六世紀には、飛鳥周辺に集住していた先進的な渡来人を傘下に置きつつ、畝傍山の東から豊浦までの一帯へ、さらに飛鳥盆地内へと拠点を拡大して、勢力を巨大化させていきます。

崇峻元年（五八八）、蘇我馬子は物部守屋《もののべのもりや》を滅ぼして絶大の権力を握り、その戦勝を記念して、飛鳥盆地の真中に日本最初の本格的寺院・飛鳥寺を建立します。飛鳥寺は、飛鳥盆地内に営まれた最初の本格的施設で、飛鳥時代の幕開けを告げる大記念物と言える存在でした。その飛鳥寺の造営最中の五九二年に、推古天皇が豊浦宮を営んで即位します。

豊浦の地は、蘇我稲目の向原《むくはら》家の伝承地であり、「豊浦大臣」と呼ばれた蘇我蝦夷が邸宅を構えた蘇我氏の伝統的な拠点の地でした。推古天皇が六〇三年に豊浦宮から小墾田宮《おはりだ》に遷った後、豊浦宮の跡地が蘇我馬子に施入されて豊浦寺となったのも、こうした背景があったからでしょう。蘇我馬子が、豊浦宮への遷宮に大きく関わったことは間違いないでしょう。こうして飛鳥時代の扉が開かれます。

## 2 飛鳥と周辺地域の古墳・宮殿・寺院とその変遷

飛鳥・藤原地域には、宮殿、宮殿付属の官衙や祭祀・儀礼施設・庭園、皇子・貴族・官人・民衆の居住区である京と居宅、寺院、市、道路、天皇・皇子・皇女・貴族などの陵墓、石造物など様々な性格の遺跡・遺物が存在しています。これらは相互に深く関係して変遷をとげています。古墳や宮殿・寺院などの諸遺跡を概観しつつ、それらが語る歴史動向について概観しましょう。

### 前方後円墳の終焉、古墳の変質・衰退・消滅

まず、古墳を取り上げましょう。六世紀末頃、三世紀中頃から三〇〇年以上にわたって

造り続けられてきた前方後円墳の築造が停止されます。飛鳥周辺でも、六世紀後半から末に営まれた巨大前方後円墳の五条野丸山古墳《ごじょうのまるやま》（三三〇m）、梅山古墳《うめやま》（一四〇m）を最後に、前方後円墳を築くことをやめて、中国系の方墳を築くようになり、墳丘規模も天皇陵でも一辺六〇mから七〇mと急激に小型化します。たとえば、河内飛鳥の磯長《しなが》に改葬された推古天皇の陵は一辺六三mほどの方墳ですし、蘇我馬子が埋葬されている可能性が高い石舞台古墳も一辺五五mほどの方墳です。

図１　五条野丸山古墳の墳丘（『季刊考古学』別冊２、雄山閣より転載）

こうして「前方後円墳の時代」、それは前方後円墳の築造に象徴される連合国

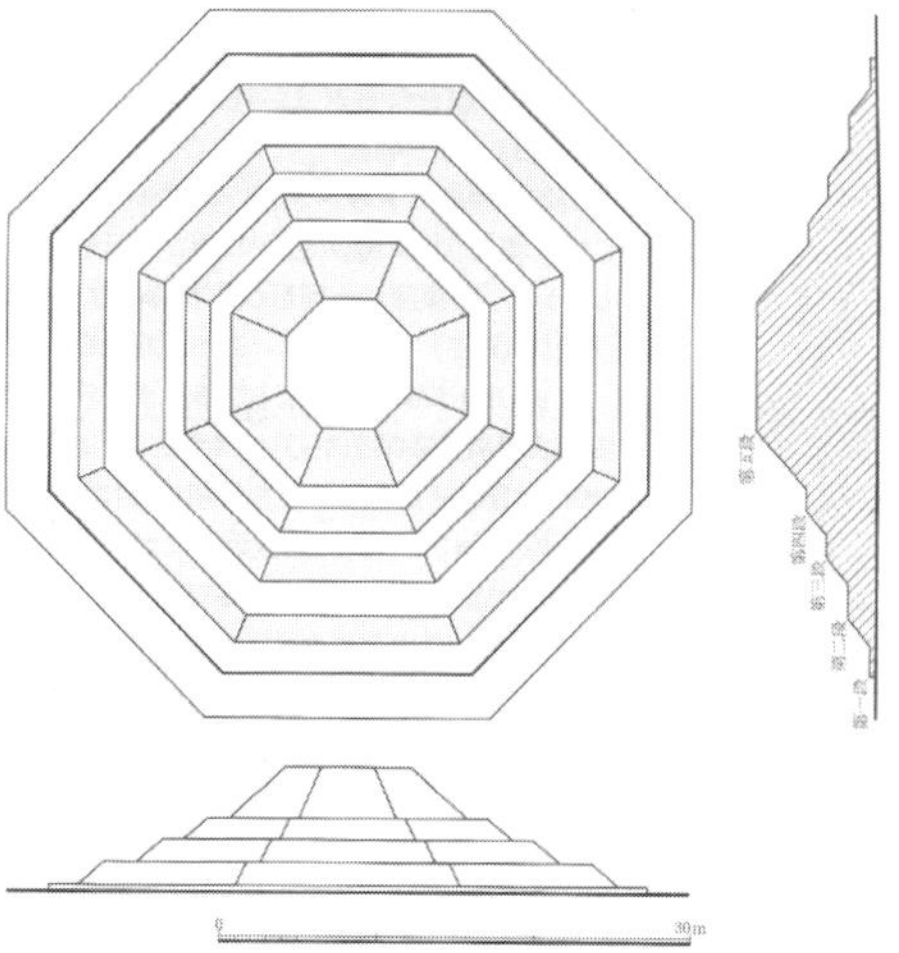

図２　天武・持統天皇合葬陵復原図（明日香村教育委員会『牽牛子塚古墳発掘調査報告書』より転載）

家の時代でしたが、それが終焉《しゅうえん》を迎えます。古代中国の王朝はこの連合国家のことを「倭国」と呼び、ヤマト王権自らも「倭国」と名乗りました。古墳の変革は間もなく全国に及び、七世紀初頭頃には、全国各地で前方後円墳が築かれなくなります。こうした古墳の大変革は推古朝の葬制改革と言ってよろしいでしょう。『日本書紀』推古三十六年（六二八）の記事によると、推古天皇は新たに陵を造って厚く葬ることをやめて、その子の竹田《たけだ》皇子の陵に合葬するよう遺言したとあります。植山《うえやま》古墳は、五条野丸山古墳のすぐ東の丘陵上にありますが、この古墳が磯長に改葬される前の推古天皇と竹田皇子の合葬陵と考えられています。花崗《かこう》岩《がん》自然石積みの巨大な横穴式石室を二つ東西に並べた一辺四〇ｍほどの方墳です。

六四一年に舒明天皇が亡くなると、天皇陵に八角形墳が採用されます。八角形墳は天皇陵特有の墳形として創出されたもので、その後、斉明陵《さいめい》、天智陵、天武・持統合葬陵《じとう》、そして八世紀初頭の文武《もんむ》天皇陵まで引き継がれます。舒明陵と天智陵、天武・持統合葬陵は宮内庁が治定する陵に異論はなく、斉明天皇陵は明日香村の牽牛子塚《けんごしづか》古墳、文武天皇陵は高松塚《たかまつづか》古墳の北方近くにある中尾山《なかおやま》古墳に比定する説が有力です。墳丘規模は、舒明陵、天智陵、天武・持統合葬陵は四〇m前後、牽牛子塚古墳（斉明陵）は二二mほど、八世紀初頭の中尾山古墳（文武陵）では一九m余と、さらに小型化が進みます。七世紀末から八世紀初頭築造の高松塚古墳は径二三m余、キトラ古墳は径一四mほどです。

図３　石舞台古墳の横穴式石室

一方で、埋葬施設の変化は、こうした墳丘形態や規模の変化の動向とずれが認められます。六世紀以来の自然石積みの巨大横穴式石室は、七世紀前半までは築造され続けています。石舞台古墳の巨大石室がその代表例です。七世紀中頃に至ると、花崗岩切石を使った精緻な作りの横穴式石室を築くようになります。岩屋山《いわややま》古墳や菖蒲池《しょうぶいけ》古墳がその代表例です。切石積みの石室はやがて小型化していきます。しかし、横穴式石室内に凝灰岩製の大きな家形石棺を安置して、遺体を納める風習は六世紀以来、七世紀中頃まで引き継がれています。

七世紀後半以降、百済の埋葬施設の影響を受けて横口式石槨《よこぐちしきせっかく》（石棺式石室）が導入され、七世紀末から八世紀初頭にかけて主流化していきます。六六〇年代頃に、凝灰岩や花崗岩巨石を刳《く》り貫いた牽牛子塚古墳や鬼ノ俎《まないた》・雪隠《せっちん》古墳の横口式石槨が造られ、七世紀末から八世紀初頭には、マルコ山古墳・キトラ古墳・高松塚古墳など凝灰岩切石を組合せた石棺式石室が築かれます。横口式石槨（石棺式石室）では、遺体を木棺や漆塗棺《うるしぬりかん》に納めて石槨内に運び入れるようになります。副葬品も著しく減少し、唐からの招来品が加わるようになります。

大宝二年（七〇二）に崩御した持統天皇は天皇としては最初に火葬にされており、天武天皇陵に合葬されています。その孫の文武天皇も火葬されています。中尾山古墳は文武天皇陵である可能性が高いと言いましたが、中尾山古墳の横口式石槨は内法《うちのり》が九〇㎝四方ほど非常に狭く、中に火葬骨壺が納められたことは間違いありません。こうして古墳は消滅へと向かっていきます。

飛鳥盆地の平坦地が宮殿や官衙域として定着してくる七世紀中頃以降、陵墓は飛鳥西南方の檜隈《ひのくま》・真弓の丘陵地に固定して営まれるようになってきます。同じ頃、朝鮮半島からの影響を受けて風水思想に基づいて陵墓が造られるようになり、七世紀後半には定着しています。菖蒲池古墳やキトラ古墳などのように、古墳は南側に谷が入り込む尾根の南斜面に築かれ、東と西、北が尾根の高まりで囲まれるような立地状況をとるようになります。このように、墳形や石室構造、造墓思想、壁画の描出など東アジアからの影響を受けながら古墳は変質していったのです。

## 飛鳥の宮殿と京

宮殿構造が整えられていく過程は大王（天皇）権力の動向と関わっていますし、官僚制の整備・展開過程とも深く関わっています。単純化して言えば、ほぼ内裏《だいり》と朝廷とからなる飛鳥初期の宮殿から、内裏と朝廷に加えて官衙を付設した宮殿へと展開していきます。

推古天皇の小墾田宮の構造は、『日本書紀』推古紀と舒明紀の記載から推定できます。

小墾田宮は南に朝堂《ちょうどう》と朝庭、すなわち後の朝堂院に類似した一郭があり、その北方で朝庭とは大門で隔てられた奥に、大殿が建つ一郭、つまり内裏に相当する一郭が連なる構造であったと復原できます。すなわち、後の本格的宮殿に継承される古代宮殿の中枢部の基本型がすでに成立していたと考えられるのです。

推古天皇の後を継いだ舒明天皇は、同二年（六三〇）に初めて飛鳥盆地内の南部に飛鳥《あすかの》岡本宮《おかもとのみや》を営みます。歴代諸宮が飛鳥の地に定着するきっかけとなった記念すべき宮殿です。飛鳥岡本宮は、舒明八年（六三六）に焼亡してしまいます。飛鳥岡本宮は、飛鳥宮跡下層の飛鳥宮Ⅰ期の遺構がそれにあたるとされています。掘立柱《ほったてばしら》建物・塀・石敷・石組溝が発見されていますが、ごく一部の検出にとどまっています。北で西に二〇度ほど振れる方位で造営されていることが特徴として指摘されています。そして、掘立柱建物の柱を抜き取った穴に焼土が充満していて、火災にあったと確認できることが飛鳥岡本宮跡とする大きな理由になっています。全容は全く不明で、飛鳥岡本宮の遺構であるか否かを含めて多くの課題が残されていると言わなければなりません。

飛鳥岡本宮が焼亡した後、舒明天皇は田中宮・厩坂宮《うまやさかのみや》の仮宮を転々とした後、舒明一一年（六三九）に百済川のほとりに百済大宮と百済大寺とを造営します。

百済大寺は、近年、香具山東北方の古代磐余の中心地で発見された桜井市吉備池廃寺《きびいけはいじ》がその跡と判明しました。百済大宮もその近傍に埋もれているのでしょう。飛鳥諸宮は、数ヵ月程度の造営期間で遷宮が実現しているのに対して、百済大宮の場合は造営に一年三ヵ月の長期間を要しています。また、諸国から宮の建設工事に従事する労働力を徴発して造営が進められており、百済大宮は壮大な宮殿であったようです。その跡は、残念ながら全く不明と言わなければなりません。舒明天皇の時代は、天皇発願の最初の壮大な寺院・百済大寺の造営、八角形墳の創出など画期的な事業が行われた時代です。その時代の歴史的位置は再評価しなければならないように思います。そのためにも、百済大宮跡の確認とその解明が急務の課題となっています。

さらに磐余の地は、推古天皇の兄・用明《ようめい》天皇の磐余池辺双槻宮《いわれのいけのへのなみつきのみや》、用明天皇の子・聖徳《しょうとく》太子《たいし》が青年期までを過ごした「上宮《かみつみや》」が営まれた由緒ある場所で、飛鳥の宮都やその時代の歴史の解明に深く関わる重要なところです。磐余の地での計画的・組織的な発掘調査は乏しく、考古学的な解明が重要かつ急務の課題と言わなければなりません。

舒明天皇崩御後、その後を継いだ皇后の皇極《こうぎょく》天皇は、宮を飛鳥に戻して飛鳥板蓋宮《いたぶき》を営みます。大化元年（六四五）に、蘇我本宗家を滅ぼすクーデター、つまり乙巳《いっし》の変《へん》の舞台となった宮殿です。飛鳥板蓋宮はその後まで維持され、斉明天皇の宮殿としても使用されますが、間もなく焼失してしまいます。飛鳥板蓋宮は飛鳥宮Ⅱ期の遺構がそれにあたるとされています。大規模な整地を伴い、また掘立柱塀や回廊状施設で区画した東西一九〇m、南北一九八m以上の一郭の存在が指摘されています。区画の東限は飛鳥宮Ⅲ期の宮殿の東外郭の東限と一致することが分かっていますが、全体構造については多く謎に包まれています。また、飛鳥宮Ⅱ期の遺構は、南北軸を重視する正方位を初めて採用した宮殿としてその意義を強調する考えがあります。飛鳥寺など推古朝頃造営の施設も正方位で造営されており、この評価には疑問が残ります。なお、飛鳥板蓋宮は、『日本書紀』によると「丁《よほろ》」を徴発して造営が進められており、大規模な宮殿であったことは間違いないでしょう。

乙巳の変後の孝徳《こうとく》天皇の難波長柄豊碕宮《なにわのながらのとよさきのみや》（前期難波宮）では、朝堂院・内裏の構造が整えられ、中枢施設の東西に官衙を配置する面積四六ヘクタールに及ぶ大規模かつ、画期的な構造をもつ宮殿が作り上げられました。乙巳の変後の新政権がめざした政治の理想が窺えて興味深いものがあります。

孝徳天皇崩御後の六五五年、難波から飛鳥へと還都して、皇極上皇が斉明天皇として重祚《ちょうそ》します。斉明天皇は最初、飛鳥板蓋宮に入りますが、まもなく焼亡したため、斉明二年（六五六）、飛鳥岡本の地に後飛鳥岡本宮《のちのあすかおかもとのみや》を営んで遷ります。この頃、朝鮮半島では百済と新羅との対立が激化して、斉明天皇と皇太子中大兄《なかのおおえ》皇子らは、半島に百済救援軍を派遣します。天智二年（六六三）、倭・百済連合軍は白村江《はくすきのえ》の戦いで唐・新羅連合軍に大敗して百済は滅亡します。斉明七年（六六一）、斉明天皇は前進基地の朝倉橘広庭《あさくらのたちばなのひろにわ》の宮《みや》で亡くなってしまいます。斉明天皇崩御後、中大兄皇子が称制として政治を主導しており、後飛鳥岡本宮がその政治の中心舞台であったのでしょう。後飛鳥岡本宮は、その後、天武天皇の時まで維持されています。

後飛鳥岡本宮は飛鳥宮Ⅲ―A期の遺跡がそれに当たるとされています。その宮跡は内郭と外郭とを中心に構成されています。内郭は、周囲を屋根付きの掘立柱塀で囲んだ南北一九七m、東西一五五mほどの長方形の一郭で、その中央部に正殿三棟を南北に連ね、その北方などに高床建物群を配置した様相が明らかにされています。内郭は内裏に相当する一郭でしょう。外郭は後の内裏外郭に相当する施設が中心となる一郭で、天皇の日常生活に深く関わる政治実務を執る官衙などが配置されていたのでしょう。しかし、外郭の具体像の解明については今後の課題です。

天智六年（六六七）、中大兄皇子は琵琶湖岸に近江大津宮を営み、翌年ここで天智天皇として即位します。近江大津宮跡は大津市錦織《にしこおり》にあり、内裏・朝堂院の概要が明らかにされています。中枢部の構造は孝徳天皇の難波長柄豊碕宮と近似しているようです。

天武元年（六七二）、壬申《じんしん》の乱に勝利した大海人《おおあま》皇子は飛鳥に戻り、後飛鳥岡本宮に入ります。この年の冬、「岡本宮の南に飛鳥浄御原宮《きよみはらのみや》」を造営し、翌二年（六七三）にここで天武天皇として即位します。朱鳥《しゅちょう》元年（六八六）に天武天皇が崩御したあと、飛鳥浄御原宮は天武天皇の後を継いだ持統天皇の宮殿として、持統八年（六九四）に藤原宮に遷るまで引き継がれます。天武・持統天皇は、ここで浄御原令の編纂、官位四十八階制の制定、京制・畿内制・国評制の制定、官寺制の制定、鎮護国家仏教政策の推進などなど律令国家の体制づくりを強力に推し進めていきます。「天皇」という君主号が生まれていたことも確認できます。こうした画期的な政策が次々と断行された飛鳥浄御原宮は、古代史上、極めて重要な宮殿であったのです。

飛鳥浄御原宮は飛鳥宮Ⅲ—B期の遺跡がそれに当たるとされています。その宮殿は、後飛鳥岡本宮を継承しつつ一部改造を加え、新たに内郭外の東南方に大極殿《だいごくでん》に相当するエビノコ大殿とエビノコ郭を建設して内郭・外郭と一体化した宮殿と考えられています。難波長柄豊碕宮で成立した内裏・朝堂院の規模や構造とは大きく異なっており、宮殿構造としては後退した感すらあります。飛鳥浄御原宮については、外郭の構造やその性格の解明、南限や北限・西限の解明などを含めて、まだまだ多くの謎や課題が残されています。

なお、寺院では、礎石建ち瓦葺きの大陸様式の建築が六世紀末に始まり、七世紀を通じて多数の大陸様式の堂塔が建設されましたが、飛鳥の諸宮はすべて伝統的な掘立柱建物で、屋根には檜皮《ひわだ》や板など植物質の屋根葺き材が葺かれました。石敷・石組の多用とともに、飛鳥の宮殿の顕著な特徴の一つです。

話題を官衙の問題に移しましょう。推古朝には冠位十二階制が制定され、七世紀中頃以降、さらに官位制・官僚制の整備が進んで、天武朝には官位四十八階制が成立します。こうした動きの中で、官人層が増大し、政治実務を執る官衙が多く設けられるようになっていきます。こうした官衙施設はどこに設けられたのでしょうか。むろん、天皇が住む宮殿区画の中に位置したものもありました。一方で、狭い飛鳥盆地内の宮殿という制約もあって、宮殿の外で、盆地内の各所にも分散して配置されたようです。たとえば、斉明六年（六六〇）に皇太子中大兄皇子が初造した漏刻《ろうこく》と漏刻台跡の水落《みずおち》遺跡、これは後の陰陽寮《おんようりょう》に相当する役所であったと思われますが、また皇極朝から天武・持統朝にか

図４　水落遺跡全景（東上空より、奈良文化財研究所提供）

けての服属儀礼施設の石神《いしがみ》遺跡や飛鳥寺西方《せいほう》遺跡、天皇祭祀施設の酒船石《さかふねいし》遺跡、官営工房の飛鳥池遺跡、雷丘《いかづちのおか》付近に所在したと思われる天武朝の民官などがあげられます。いわば、飛鳥盆地全体で宮殿のような役割を果たしていたという言い方ができるかも知れません。藤原宮や平城宮のように、内裏・朝堂院とともに、こうした官衙、宮殿付属の諸施設を一つの区画の中に集約した宮殿とは大きな違いがあることを強調しておかなければなりません。

七世紀中頃以降、飛鳥盆地の平坦地は宮殿やその付属施設・官衙、大寺などで埋め尽くされ、盆地縁辺の傾斜地にも皇子宮や有力豪族層の邸宅とその氏寺が構えられるようになります。蘇我倉山田石川麻呂《そがのくらやまだのいしかわのまろ》の山田寺と「山田の家」がその典型例です。一方で、増大した官僚層は飛鳥周辺、たとえば後に藤原宮が作られる香久山西北方を含めて広域に集まり住むようになり、都市的景観が形成されていきます。飛鳥とその周辺に形成されたこうした都市的地域は「京」と呼ばれるようになります。『日本書紀』の斉明五年（六五九）の記事に「京内の諸寺に盂蘭盆経《うらぼんきょう》を説かしめ」という記事がありますが、これは飛鳥に「京」が存在したことを示す最初の記事として注目されるものです。「京」とは都の特別行政区のことで、地方行政区の畿内や国の成立と相関するのでしょう。その後、天武元年（六七二）の壬申の乱の記事に「倭京」の名が見え、天武・持統紀には「京師《けいし》」などの語が頻出してきます。この「京」は天武九年（六八〇）の記事に「京内廿四寺」とみえる寺院の分布状況から、相当の広域であったと思われます。私はこの「京」は、七世紀初頭以来の下ツ道や山田道、横大路などを基軸としたある程度の都市計画を備えていて、藤原宮や新益京《あらましのみやこ》、薬師寺《やくしじ》の下層で発見されている条坊道路や街区は、この「京」に伴うものと考えています。中大兄皇子が初

図５　酒船石遺跡の給水施設と亀形石造物
（明日香村教育委員会提供）

めて漏刻を造って民に時刻を知らせたとあるのは、貴族や増大した官人層の宮殿への朝参の刻限を明確な時刻制で規制することを意図したもので、漏刻の初造は官人層の居住区を含む「京」の成立と深く関わっていると考えることができるでしょう。

## 仏教の伝来と寺院の建設

仏教や道教的思想など新しい宗教や思想の導入・展開は新しい時代を象徴するものでした。『元興寺伽藍縁起《がんごうじがらんえんぎ》并《ならびに》流記資財帳《るきしざいちょう》』によると、五三八年、百済聖明王《せいめい》が欽明天皇に金銅釈迦像一体と幡蓋《ばんがい》・経論《きょうろん》を献じてきます。仏教の公伝です。仏教は百済との外交関係を背景に伝えられてきたのです。

蘇我対物部《もののべ》の宗教論争、権力抗争を経て、崇峻元年（五八八）に飛鳥盆地の中央に最初の伽藍寺院飛鳥寺が造営され、仏教は本格的な歩みを始めます。飛鳥寺の造営に当たっては百済から造寺工や瓦工らが派遣されてきて造寺の指導にあたり、東漢氏など渡来系の人々も動員され造営に従事しています。完成した飛鳥寺には百済系要素とともに、高句麗系要素が認められます。推古三年（五九五）には、高句麗僧慧慈、百済僧慧聡が三宝《さんぼう》の棟梁《とうりょう》となり、翌年から飛鳥寺に止住《しじゅう》しています。飛鳥寺は飛鳥時代の幕開けを告げる大記念物と言えるものでした。推古天皇は一三年（六〇五）に皇太子聖徳太子・大臣蘇我馬子らに、仏教を興隆するよう詔《みことのり》しています。こうして推古朝以降、寺院の造営は盛んとなり興隆期を迎えます。天武九年（六八〇）の飛鳥では二四ヵ寺が壮観を競い、異国情緒豊かな仏教文化が花開きます。寺院は新しい信仰・思想・知識・学術・文化・技術の集積の場であり、寺院は文明開化の最大の拠点となりました。初期仏教や寺院は、蘇我氏が主導し、また、いずれも皇族や豪族が発願し、造営した氏寺でありました。百済様式が主流となる特徴も窺えます。

そして舒明一一年（六三九）、舒明天皇の発願によって百済大寺が造営され、九重塔が建立されます。最初の天皇発願の寺院です。近年、香具山東北方の桜井市吉備、古代の地名でいえば磐余の地にある吉備池廃寺が百済大寺跡と判明しました。『日本書紀』の記事によると、百済大寺の造営は「丁」が徴発されて進められ、そして九重塔を建設したことがとくに強調されています。それを裏づけるように、百済大寺跡の金堂・塔、回廊範囲は破格の規模で、飛鳥諸寺を遥かに凌駕《りようが》する壮大な伽藍を誇っていました。当時、東アジア諸国の、たとえば北魏の首都洛陽《らくよう》の永寧寺《えいねいじ》、百済の益山弥勒寺《えきさんみろくじ》、新羅皇龍寺《こうりゆうじ》など国王が発願した国寺では木造九重塔の建立が盛んでした。九重塔は隣国からの災いを鎮めるこを願うなど、鎮護国家思想に基づいて建立されました。九重塔は最高統治者による仏教政策の中で、最高の寺格を誇る国寺を象徴するものとして建設されたのです。百済大寺の建立は東アジアの国寺での鎮護国家思想に倣ったもので、それは鎮護国家仏教、つまり仏教国教化への大きな出発点であったということができます。そして九重塔の建設は、国家筆頭の大寺として造営された天武朝大官大寺、文武朝大官大寺へと引き継がれていきます。

鎮護国家仏教への歩みは、天武・持統朝により一層明確さを加えていきます。天武・持統天皇は、鎮護国家を祈る根本経典である仁王経《にんのうぎょう》や金光明経《こんこうみょうきょう》を京・畿内・諸国で誦経《じゅきょう》するようたびたび命じています。天武九年（六八〇）には、大官大寺《だいかんだいじ》・川原寺《かわはらでら》・飛鳥寺が飛鳥三大寺となり、国家的な仏教行事の拠点となると同時に、国家による仏教・僧尼の統制強化の拠点に位置づけられていきます。藤原京では国家第二の大寺として薬師寺が加わって四大寺へと展開していきます。

伽藍様式は、一塔三金堂の飛鳥寺式や、一塔一金堂を一直線につらねた四天王寺式《してんのうじ》（山田寺式）といった高句麗・百済系様式から始まり、百済大寺での法隆寺式の採用、川原寺での複弁蓮華文軒丸瓦《ふくべんれんげもんのきまるがわら》など唐様式の導入へ、そして薬師寺での新羅様式の採用を経て、回廊内一塔一金堂の大官大寺式という独自の伽藍様式へと展開していきます。

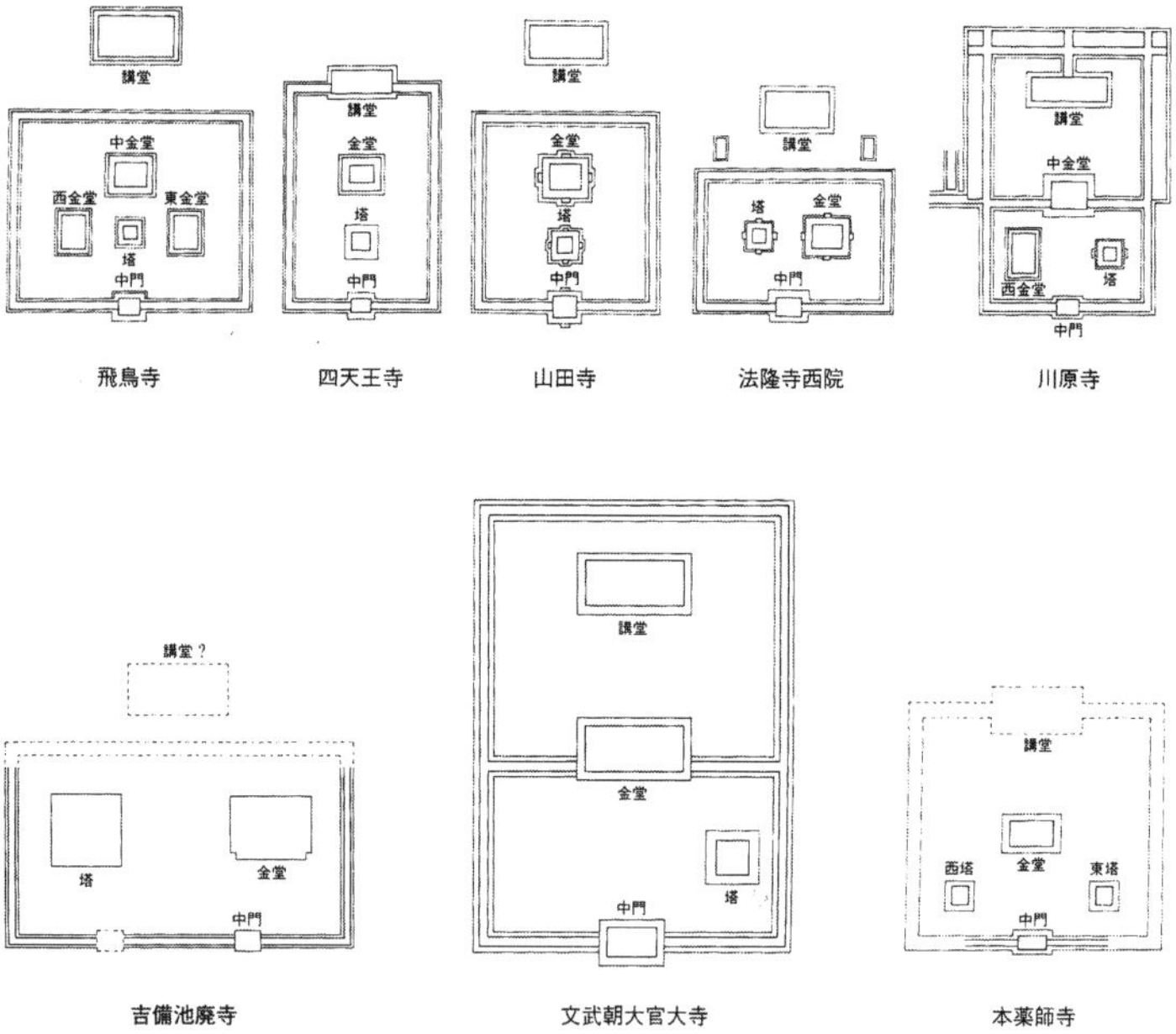


図６　諸寺の伽藍配置と規模比較（奈良文化財研究所編『大和 吉備池廃寺』より転載）

道教的思想も、六世紀後半には本格的に導入されています。敏達《びたつ》六年（五七七）、百済王が仏教関係者とともに呪禁師《じゅごんし》を送ってきており、推古一〇年（六〇二）には百済僧の観勒が「暦本及び天文地理書、あわせて遁甲方術《とんこうほうじゅつ》の書を貢」ってくるなど、道教的思想は百済から伝えられてきます。それは、七世紀中頃以降、仏教とともに政治を牽引《けんいん》する思想として浸透して、文明化を推し進める大きな原動力となっていきます。

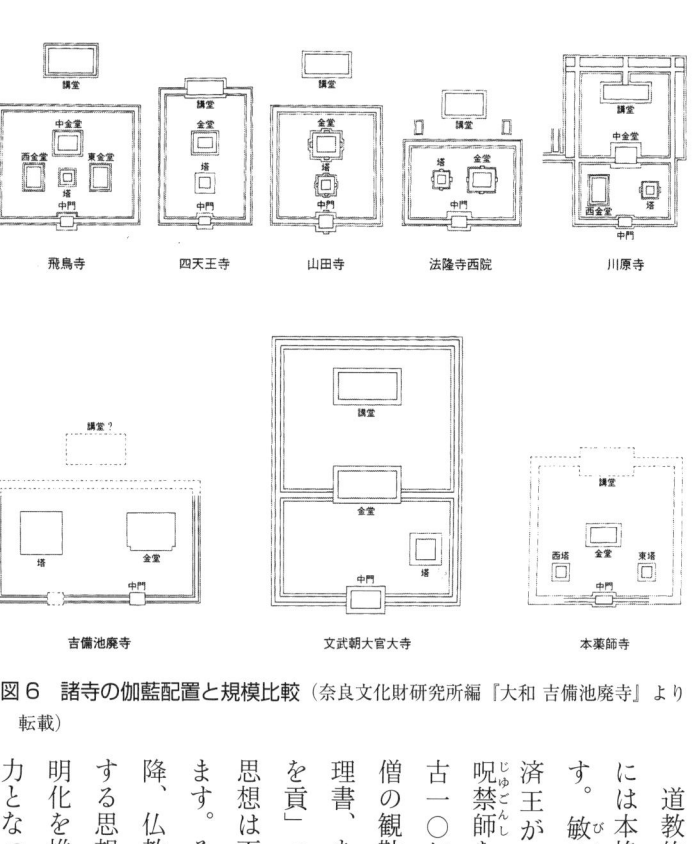

道教的思想が浸透していった状況を示す遺構・遺物は数多くあります。天皇の称号、大極殿の呼称、八角形の陵墓なども道教的な政治思想に基づくもので、四方拝や牛馬を屠殺《とさつ》したり、市を閉鎖しての祈雨《きう》など道教的な雨乞いも行われ、斎串《いぐし》・人形《ひとがた》・土馬《どば》などの道教的呪術具も七世紀後半以降には定着しています。一方で、山岳信仰、河神崇拝、斎槻《いつき》信仰など古くからの伝統的な自然崇拝も色濃く認めることができます。

斉明・天智天皇の時代は遣唐使派遣の最盛期で、彼我の間で頻繁に往来が行われた時代でした。唐帝国との濃厚な交流を通じて、中国系の先進科学技術が積極的に導入され、大きく展開していきます。それは漏刻・天文・暦、水道・噴水技術、水準器・測量技術、指《し》南車《なんしゃ》、度量衡、富本銭の発行など多分野にわたっています。漢方の医療・医薬、衣服、金属器や箸の使用、食生活の内容など中国風化が顕著になっていきます。粉食も始まり、乳製品も口にするようになります。大陸様式の金属器食器の使用とともに、土器食器もそれを模倣したものを作り使うようになり、それとともに古墳時代以来の伝統的な土器は姿を消していきます。

## 3 藤原宮・新益京の建設

こうした一〇〇年間の模索を経て、律令国家「日本国」が作り上げられます。七世紀後半の天武天皇の時代には、八色《やくさ》の姓《かばね》、官位四十八階制、畿内・国評制、官寺制、伊勢神宮式年遷宮制などの制定、飛鳥浄御原令の編纂、記紀の編纂開始など画期的な事業が進められました。そして、その政治の中心舞台として藤原宮と新益京の建設が計画されます。『日本書紀』によると、新都建設の模索は天武五年（六七六）に始まりますが、本格化するのは同一一年に、三野王《みののおう》らに新城《にいき》の地形を見させ、天皇自身が新城に行幸《ぎょうこう》した時からです。そして天武一三年（六八四）三月に、「天皇、京師を巡行きたまひて、宮室の地を定めたまふ」ことになります。この宮室こそ藤原宮のことで、この時、藤原宮の建設地と遷都が決定します。しかし、宮地決定後の天武一四年（六八五）、天武天皇は病にかかり、朱鳥元年（六八六）九月に崩御してしまいます。持統二年（六八八）に檜隈大内陵に埋葬された翌年の六八九年には皇太子草壁皇子《くさかべのみこ》も亡くなってしまい、建設工事は頓挫してしまったようで、『日本書紀』には宮・京建設の記事は全く見ることができません。

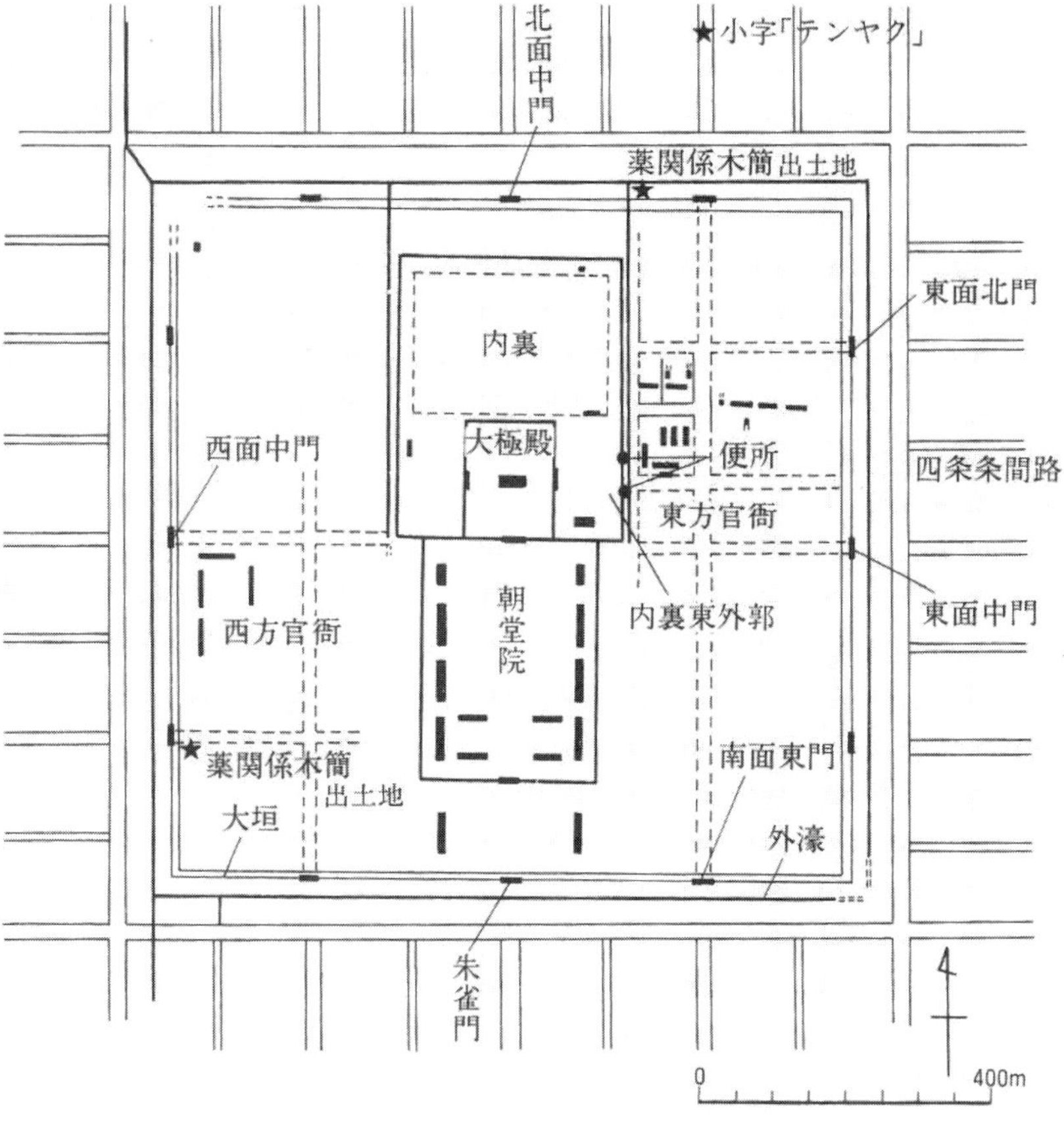


図７　藤原宮の殿舎・官衙の配置

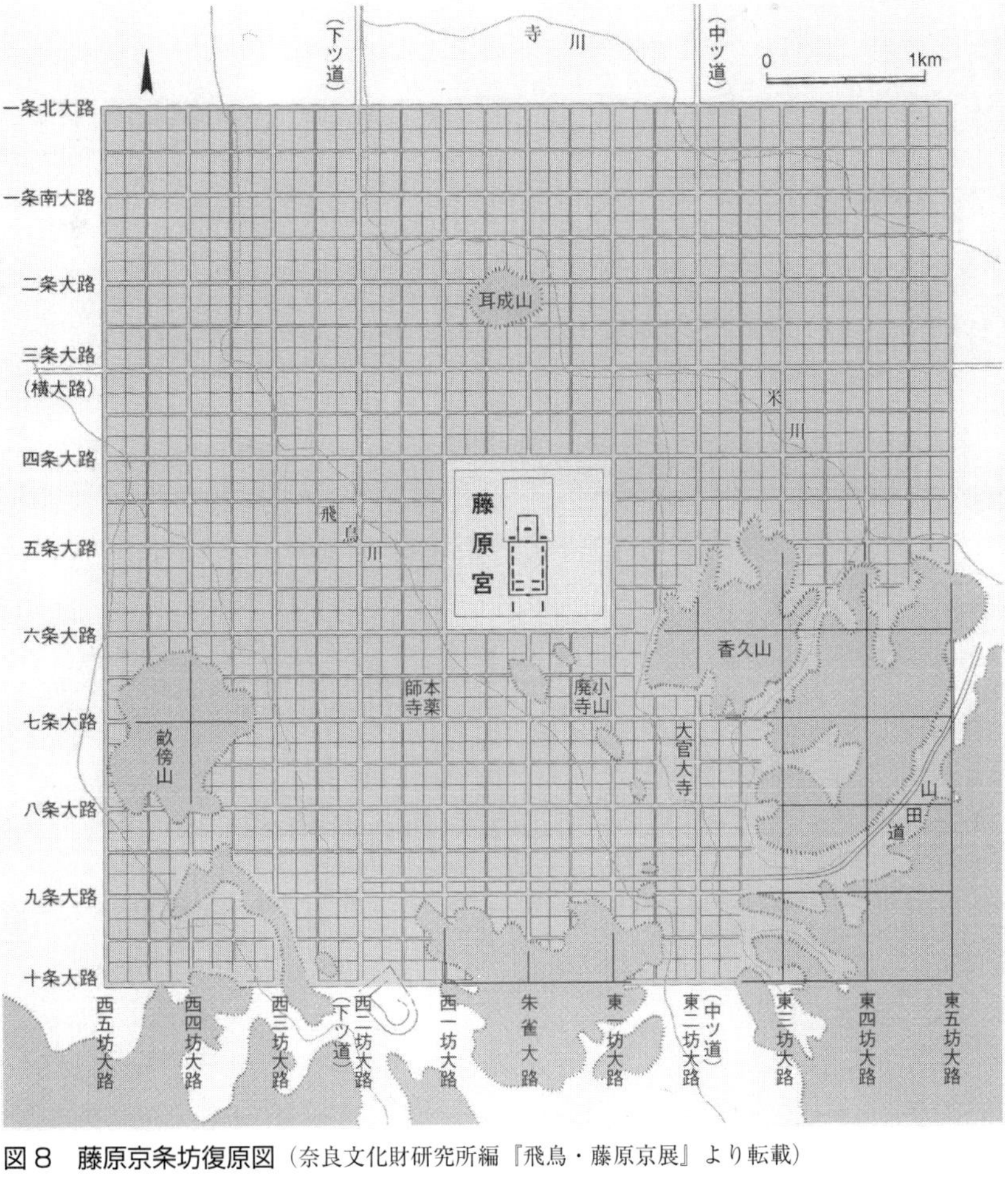


**図８　藤原京条坊復原図**（奈良文化財研究所編『飛鳥・藤原京展』より転載）

藤原宮と京の本格的な建設は、持統四年（六九〇）の高市皇子《たけちのみこ》の宮地視察に始まり、六九一年の新益京鎮祭《ちんさい》、六九二年の藤原宮鎮祭を経て建設工事が本格化し、三年をかけた造営の後、持統八年（六九四）一二月に遷都が実現します。ここに古代中国の宮都の制度に学んだわが国最初の本格的な宮殿と条坊制都城とが誕生します。

持統三年（六八九）、浄御原令が完成します。浄御原令の編纂と、藤原宮と新益京の建設は天武天皇の政治改革路線によるもので、持統天皇にとっては、両者は夫・天武天皇の遺志の実現でありました。

藤原宮は律令国家の政治の中心舞台として建設されたもので、初めて本格的な宮殿が誕生します。藤原宮の規模は約一キロ四方、面積約八四ヘクタールの範囲を占め、その中央に南から北へ朝堂院・大極殿院、内裏が並び、これら中枢施設の東西が中央官庁域に当てられ、諸施設を一体的に集約した機能的な宮殿が完成します。それは飛鳥諸宮からは、面積・構造ともに大きく飛躍を画した宮殿でありました。そして、天皇の政治・儀式の正殿として初めて本格的な大極殿が出現し、大極殿や朝堂には礎石建ち瓦葺きの大陸様式の建物が採用されます。

藤原宮は、東アジア社会の中での文明国家の宮殿として、それに相応《ふさわ》しい壮麗な構造を整えるとともに、恒久的な宮殿の建設を目指したものでした。それは平城宮以降の宮殿へと引き継がれる宮殿の基本形が成立した点でも画期的でした。

藤原宮の周囲には政治都市が設けられ、新益京と呼ばれました。新益京は碁盤目のように東西・南北に街路を通して整然と区画した条坊制を採用したわが国最初の都城でした。最近では、新益京は南北十条、東西十坊、すなわち十里（五・三キロ）四方の京域で、京の中央に藤原宮を配置した『周礼《しゅらい》』考工記《こうこうき》が記す古代中国の理想の都城を具現したものとする説が有力となり、定説化した感すらあります。最近では、その造営は天武五年（六七六）に天皇が新城に都をつくろうとした時に始まるという説が登場しています。十里四方の周礼型都城説は魅力的な説ですが、斉明朝以来の京、天武紀に頻出してくる新城・京師の語との関係、また藤原宮下層や薬師寺下層など広域で発見されている条坊遺構との関係、下ツ道や山田道、横大路など前代以来の幹線道路との関係、大和三山という神山と宮都立地との関係などをどう考えるのか、解決しなければならない課題が少なくありません。藤原宮や京が設けられる地域は飛鳥時代にどのように利用されていたのか、そうした前史や背景との関わりを明確にする必要もあります。

天武天皇が浄御原令の編纂をはじめ、政治諸制度を大きく整えていくのは、治世の後半期のことです。政治制度の整備と政治の舞台の整備とは深く関係しています。天武五年（六七六）頃に、藤原宮と新益京の建設を構想していたとは考え難いのです。天武五年の建設開始説では、天武一三年（六八四）の宮地決定の記事、また持統五年（六九一）からの藤原宮と新益京の造営の本格化記事が宙に浮いてしまいます。

先にも述べましたように、大化二年（六四六）の薄葬令は、『魏志』武帝紀などに見える古い知識に基づいていますし、天武・持統朝頃に鋳造された富本銭の銭文は、漢晋《かんしん》代頃の思想を背景としたものです。最近ではキトラ古墳の天文図は、前漢あるいは魏晋《ぎしん》南北朝頃に長安や洛陽で観測された原図に基づいて描かれた可能性が高いという説も登場しています。七世紀後半頃、中国系の古い知識が為政者層の政治思想の中で、重要な位置を占めていたことは否定できません。一方で、二大官寺である大官大寺と薬師寺とを京内の東西に対置したのは唐長安城の知識に基づいているのでしょう。新益京の復原やその思想背景などについては、まだまだ解明すべき課題が多いのです。周礼型都城説が定説のようになっていることには危惧《きぐ》を感じます。

## 4 「文物の儀、是に備れり」

文武五年（七〇一）、律令国家の体系法典・大宝律令が完成します。同年三月には大宝の元号が立てられ、三〇年ぶりに遣唐使派遣も決定されます。この遣唐使は従来からの「倭国」の国号をやめて「日本国」と名乗ることを正式に唐皇帝に伝えるための派遣でもありました。

『続日本紀《しょくにほんぎ》』文武五年（大宝元年、七〇一年）正月朔日条《さくじつ》によると、この年の元旦朝賀の儀式は、「天皇、大極殿に御して朝を受く。其の儀は正門に烏形幢《うぎょうどう》、左に日像《にちぞう》・青龍《せいりゅう》・朱雀《すざく》の幡《ばん》、右に月像《げつぞう》・玄武《げんぶ》・白虎《びゃっこ》の幡を樹《た》て、蕃夷《ばんい》の使者が左右に陳列した。文物の儀は是に備わった」とあるように、律令国家の誕生を祝うかのごとく盛大なものでした。元旦朝賀の儀式とは、天皇が貴族や臣下から年賀を受け、君主と臣下との関係、天皇の大権を確認する国家最重要の儀式で、即位式と並ぶ「大儀《たいぎ》」でありました。

令には、元旦朝賀と即位の「大儀」では、大極殿前に七本の宝幢《ほうどう》を立てる規定があり、同様の規定は『延喜式《えんぎしき》』（延長五年〈九二七〉）にも見えます。実際、平城宮後期大極殿の

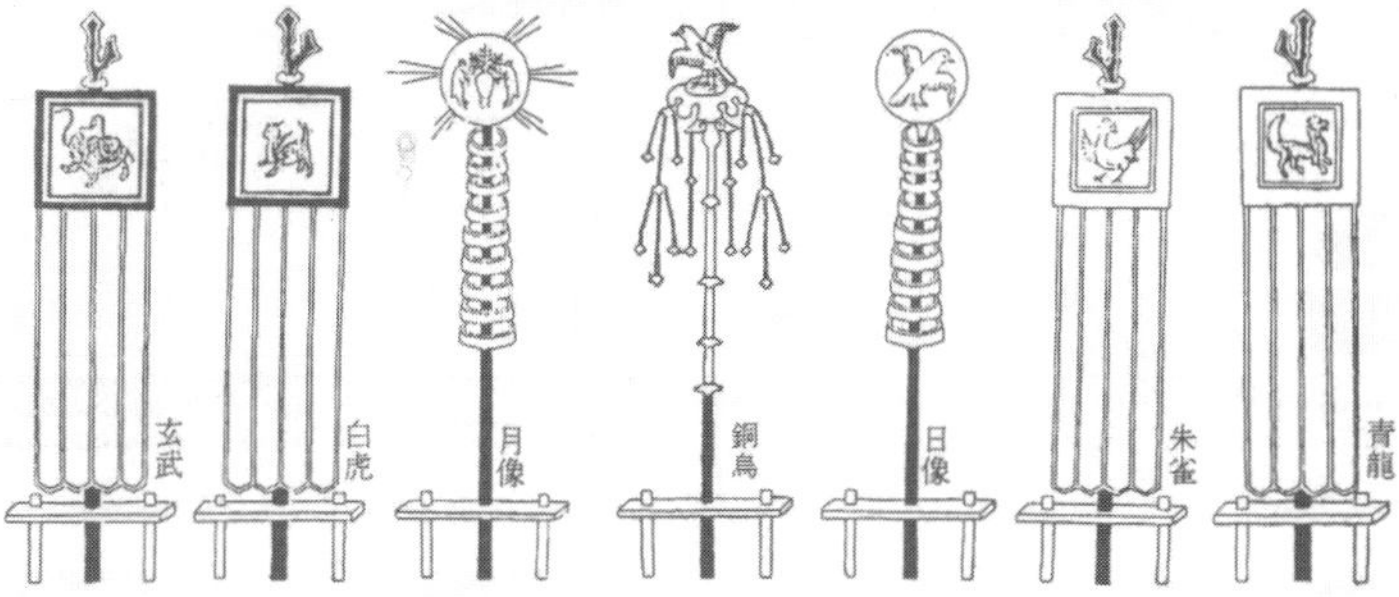


**図９　即位と元旦朝賀の儀式で立てる幢幡**（奈良文化財研究所『古代都城の儀礼空間と構造』より転載）

南前庭では、桓武《かんむ》天皇即位の儀式の時に立てた七本の幢竿《はたさお》跡が発見されています。一五世紀の「文安御即位調度之図」には、烏形・日像・青龍・朱雀・月像・玄武・白虎の七本の宝幢の図があり、一二世紀頃の即位儀式の調度を描いたものとされています。江戸時代の即位儀式図にも、御所の紫宸殿《ししんでん》の南前庭に七本の幢幡のほか多数の幡を立てて儀式を行う様子が描かれています。近年、藤原宮大極院南門前一〇〇尺（三〇ｍ）の位置で、幢竿支柱跡が発見されました。一三本の幢竿が一〇尺間隔で東西に並んで立てられたように復原できます。その真中の幢竿跡は藤原宮の中軸線上に位置しています。この幢竿跡は大宝元年（七〇一）の元旦朝賀の儀式の際に立てられた幢幡跡と見ることができます。

天皇を頂点とする律令制による中央集権国家は、律令の編纂、それに基づく中央・地方の政治・社会組織の整備、天皇称号の確立、儀式・元号制の整備、そして天皇政治を実態化するための大極殿に象徴される中央政治の舞台・藤原宮と都城が揃うことで確立へと向かいます。「文物の儀、是に備れり」、儀式・威儀、学術・芸術、法律に関わる文物の制度がここに至ってすべて整ったと、「日本国」誕生という新時代の幕開けが高らかに宣言されます。幢幡跡の発見によって、大宝元年元旦朝賀の儀式の様子が眼前に生々しく蘇ってきます。

七本の幢幡のうち、真中に立てられた三本足の烏《からす》の幢は天皇を象徴するものでしょう。大極殿前に烏幢と日月・四神の幡を立てて行う大儀は、古代中国の道教的な陰陽五行説《いんようごぎょうせつ》の思想に基づくものです。

天子という称号は、天界の絶対神である天帝《てんてい》の子として、天帝の命を受けて地上の統治を代行するという道教思想に基づくものです。天皇の称号も道教の最高神「天皇大帝」からとったものです。天帝は太極星（北極星）を常居としており、宮殿の正殿を「太極殿《たいきょくでん》」や「大極殿《だいごくでん》」と呼ぶのは、天帝の常居である北極星（太極星）に基づいているのです。中国の魏の王宮や唐長安城の正殿は「太極殿」と呼ばれており、天子や天皇の宮殿は北極星を中心とした天上界の天帝の宮殿に擬《なぞら》え、それを地上に再現したものであったのです。藤原宮の骨格は、中国に起源した道教的な政治思想に基づいて設計され、作りあげられたのです。そして、天帝の常居に擬えた大極殿前に烏、日月、四神の幢幡を立てて、元旦朝賀の儀式や即位儀式など国家最重要の政治儀式が執行されたのです。「文明開化」とは、古代中国の道教的な陰陽五行説に基づく政治思想を重要な根幹として、国家を作り上げ、文化を高揚させていくことであったのです。

高松塚古墳・キトラ古墳壁画の四神図・日像・月像の基本構成は、元旦朝賀の儀式や即位儀式で大極殿前に立てる七本の宝幢と全く同じ内容のものです。キトラ古墳の天井には、北極星を中心とする天体図と、その外規の外側に接して日像・月像が描かれています。壁画の内容は被葬者の統治の永遠性を願い、示すものであったのでしょう。貴族や臣下が埋葬されているとは考えがたく、天皇政治の頂点を担った皇子が葬られていると見るべきです。いずれにしても、高松塚古墳・キトラ古墳壁画の星宿《せいしゅく》・日月図、四神図は古代国家が飛鳥・藤原の地で確立された頃を目に見える形で、しかも分かりやすい形で物語ってくれています。

## おわりに

平城京遷都後、天皇や貴族はたびたび飛鳥の地を訪れ、「明日香の旧き都」や「故郷《ふるさと》の飛鳥」と歌に詠み、飛鳥を「古京」と書いたりしています。天平の大宮人にとって飛鳥は、父祖の地であり、天平文化の原点であり、懐旧の故郷であったのです。そして飛鳥・藤原京の時代に達成された多くの事柄は、今日に引き継がれています。飛鳥・藤原京の時代は今日の日本の、そして私たちの大きな出発点でもあったのです。

## 参考文献


市　大樹『飛鳥藤原木簡の研究』塙書房、二〇一〇年
市　大樹『飛鳥の木簡―古代史の新たな解明―』(中公新書) 中央公論新社、二〇一二年
今尾文昭『律令期陵墓の成立と都城』(古代日本の陵墓と古墳二) 青木書店、二〇〇八年
小澤　毅『日本古代宮都構造の研究』青木書店、二〇〇三年
狩野　久編『古代を考える　古代寺院』吉川弘文館、一九九九年
木下正史『藤原京―よみがえる日本最初の都城―』(中公新書) 中央公論新社、二〇〇三年
木下正史・佐藤　信編『飛鳥から藤原京へ』(古代の都一) 吉川弘文館、二〇一〇年
篠川　賢『飛鳥と古代国家』(日本古代の歴史二) 吉川弘文館、二〇一三年
白石太一郎編『古代を考える　終末期古墳と古代国家』吉川弘文館、二〇〇五年

鶴見泰寿『飛鳥宮　古代国家形成の舞台』（シリーズ「遺跡を学ぶ」）新泉社、二〇一五年
直木孝次郎『飛鳥の都』（直木孝次郎古代を語る八）吉川弘文館、二〇〇九年
林部　均『飛鳥の宮と藤原京―よみがえる古代王宮―』（歴史文化ライブラリー）吉川弘文館、二〇〇八年
和田　萃『飛鳥―歴史と風土を歩く―』（岩波新書）岩波書店、二〇〇三年
吉川真司『飛鳥の都』（シリーズ日本古代史③）（岩波新書）岩波書店、二〇一一年

# 「都市陵墓」の出現

## ――可視から認識へ――

今尾文昭

## はじめに

論題にあげました「都市陵墓」という聞き慣れない用語は、私の造語です（今尾二〇一二）。追って解説いたします。副題を「可視から認識へ」としました。考古学は物質文化そのものを対象としていますから、可視化された歴史資料であることが研究の前提となります。一方、認識は物事を知り、その本質や意義をひとが理解することですから、理解が遺物や遺構、遺跡にどのように表れたか、難しい課題ですが、挑んでみましょう。

認識についてその実態を知る手掛かりの一つは、『日本書紀《にほんしょき》』や『古事記《こじき》』などに記載された陵墓や氏族墓の守衛実態の追究です。柵や周濠施設、追祭祀の有無といったことがまず思い浮かびます。いわば、古代の陵墓制の実態検証といえます。もう一つは、都市や畿内などの領域設定と陵墓や氏族墓がどのように有意に関係しているかといった検討があります。たとえば天武《てんむ》・持統《じとう》陵となる野口王墓《のぐちおうのはか》古墳の位置と新益京《あらましのみやこ》（藤原京）の中軸線との関係性の追究があげられます。さらに、一つは木簡《もっかん》や金石文《きんせきぶん》（墓碑や墓誌）の記事内容と陵墓や氏族墓の関係性の検討があげられます。他にも道路と既存の葬地（古墳）との関係があります。ひとまず四つばかりをあげました。

いずれも、飛鳥《あすか》時代に造営された古墳ばかりではなく、既往の古墳が築造後にどのように認識されていたかという課題でもありますから、律令《りつりょう》期陵墓に編成された古墳がどれか、また時に氏族の始祖墓とされた古墳はどれか、逆にこれらから遺漏した古墳はどれか、場合によっては都市建設などで破壊されたのは何故か、といった課題も並行して考えておかなくてはなりません。もちろん、右の手掛かりを得ても直裁的な資料ばかりとは言い切れませんから、自ずと歴史学、考古学による検討と解釈を経ることになります。

まことに困難な論題を副題にしておりますが、あえて掲げたのは、「古墳から陵墓へ」の変遷が「可視から認識へ」と変質を遂げたことが基調にあったのではないかと目論《もくろ》んでのことです。律令期の陵墓制を考えることは、都城制や畿内制の確立と不可分のことであり、本日のシンポジウムのテーマとなる古代国家「日本」の成立に深く関係しているものと考えます。

## 1 大古墳群への大王墓造営の終焉

発表の第一義は、可視的構築物として機能したであろう「古墳」が公権力によって、王統譜や政治的および地理的領域を認識させる働きを示す構築物としての「陵墓」へと変質したのではないかという提案です（今尾 二〇一五）。もちろん、すべての「古墳」が「陵墓」になったわけではありませんから、当然、そこには選択を経て充当されたということになります。

陵墓は基本的に畿内に特有のものですが、課題を解くためには陵墓が成立する前段として近畿中部に展開した大古墳群における終焉《しゅうえん》とからめて考えなくてはならないと思います。なぜなら、ほとんどの歴代陵墓が近畿中部の百舌鳥《もず》古墳群、古市《ふるいち》古墳群、佐紀《さき》古墳群、山辺《やまのべ》・磯城《しき》古墳群（大和《おおやまと》古墳群・柳本《やなぎもと》古墳群・纏向《まきむく》古墳群と桜井南部などの前期古墳の総括的名称として用いる）の巨大前方後円墳に充当されたとみられるからです。のちほど再論しますので、これをAの場合としておきます。

ところで、近畿中部に特徴づけられる大古墳群の営みは、概《おおむ》ね五世紀末葉ぐらいまでに終わるのではないかとみられます。百舌鳥古墳群の土師《はぜ》ニサンザイ古墳は、墳長約三〇〇mの巨大前方後円墳です。五世紀後葉から末葉に、この土師ニサンザイ古墳を最後に百舌鳥古墳群での超大型前方後円墳（便宜的に墳長二九〇m以上）の営みは終わります。もう一つは、古市古墳群の岡《おか》ミサンザイです。墳長約二四〇mの巨大前方後円墳で、少しあとに編年されます（十河 二〇一四）。岡ミサンザイ古墳以降、古墳時代後期にかかる前方後円墳としては大形ですが、ボケ山古墳・白髪《しらが》山古墳、高屋《たかや》築山《つきやま》古墳など墳長一二〇mぐらいの前方後円墳に変わってしまいます。しかも複数の古墳が集中することで、墳形や墳丘規模に表現された格差を構成する状況は乏しいものとなります。つきましては、古市古墳群南部にあるこれらを「記紀」等批判することなく、史料に記載された陵墓所在地に即して、実際に大王位にあった人物の古墳だとすることには躊躇《ちゅうちょ》を覚えます。すなわち、これらのなかに律令《りつりょう》期陵墓として選択されたものが含まれているという話とは別立てではないかということです。

大古墳群の特徴として、私は次の五つを挙げております。①巨大性、②階層性、③継続性、④集中性、そして積年にわたる⑤累積です（今尾 二〇一一）。換言しますと、大古墳群の存在は古墳時代の政治権力の経済力と社会的関係性、さらに安定性をまさに可視化したものになっていたと思うわけです。それが、図1に示したような百舌鳥・古市古墳群の営みです。また、ここには載せていませんが佐紀古墳群もほぼ同様の状況です。

五世紀末葉ごろに起きた大古墳群の造営停止とは、累積の中止ということであり、三世紀後半以来、二〇〇年間にわたり継続してきたパラダイム・シフトということだと考えますが、それからまた二〇〇年ほど後に律令国家は、神統ならびに王統（皇統）の血縁継承原理による一系化を完成させて、有力な古墳を歴代陵墓に編成しました。巨大前方後円墳の多くが視覚表現装置としての役割を、いわば再起動したことになるのではないかと思います。もちろん、冒頭に記しましたように、すべての前方後円墳が陵墓となったわけではありません。そこには当然、選択が働いたことでしょう。その理由は個別に追究すべきですが、史料批判を経ないまま被葬者を特定することは禁物です。それには、以下の点に留意することが大切です。

律令国家は同一の大古墳群内に歴代陵墓を選択したわけではありません。つまり『古《こ》

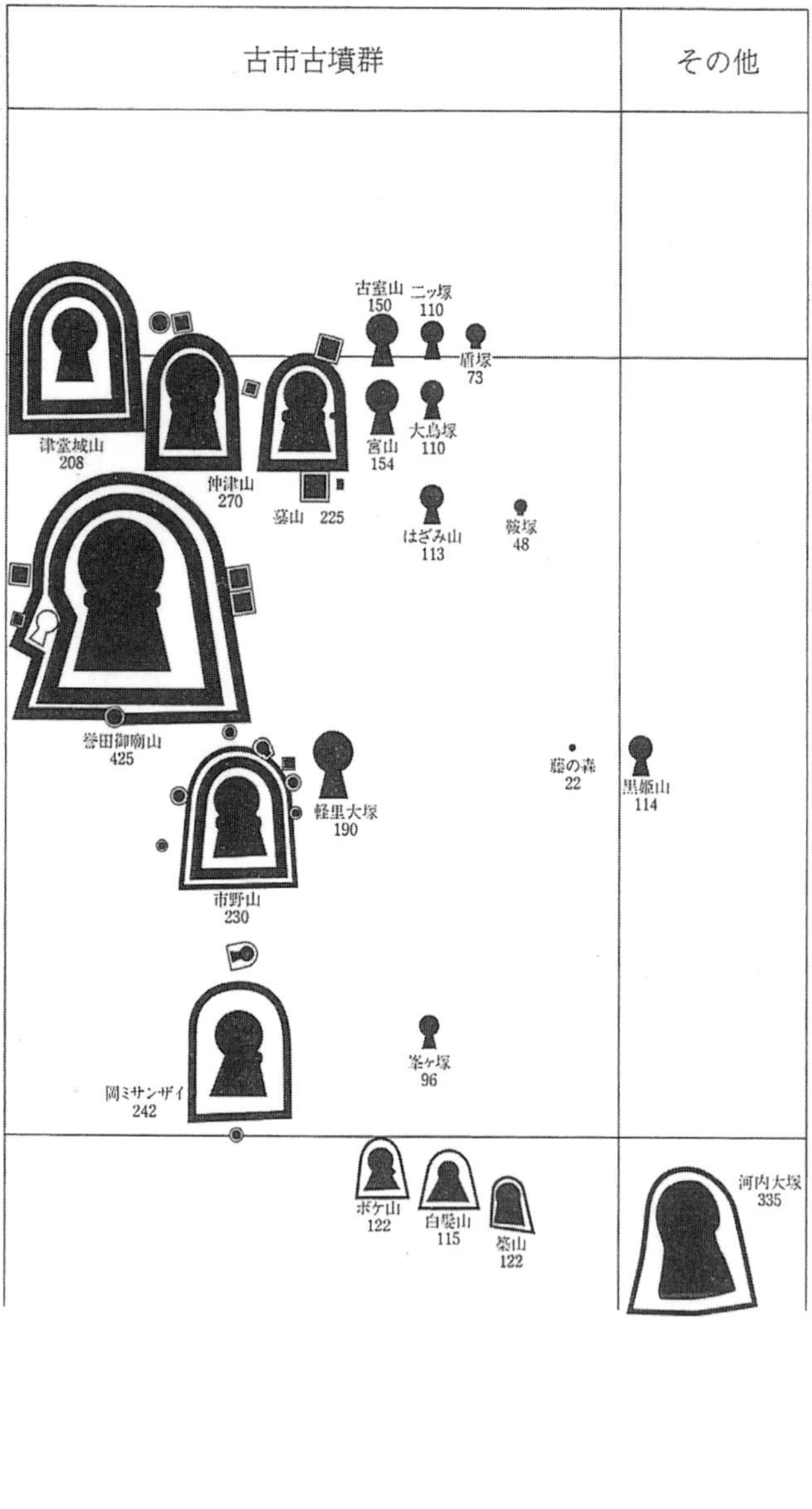
古市古墳群
その他
津堂城山
208
仲津山
270
墓山　225
古室山
150
二ッ塚
110
盾塚
73
宮山
154
大鳥塚
110
はざみ山
113
鞍塚
48
誉田御廟山
425
軽里大塚
190
藤の森
22
黒姫山
114
市野山
230
岡ミサンザイ
242
峯ヶ塚
96
ボケ山
122
白髪山
115
築山
122
河内大塚
335

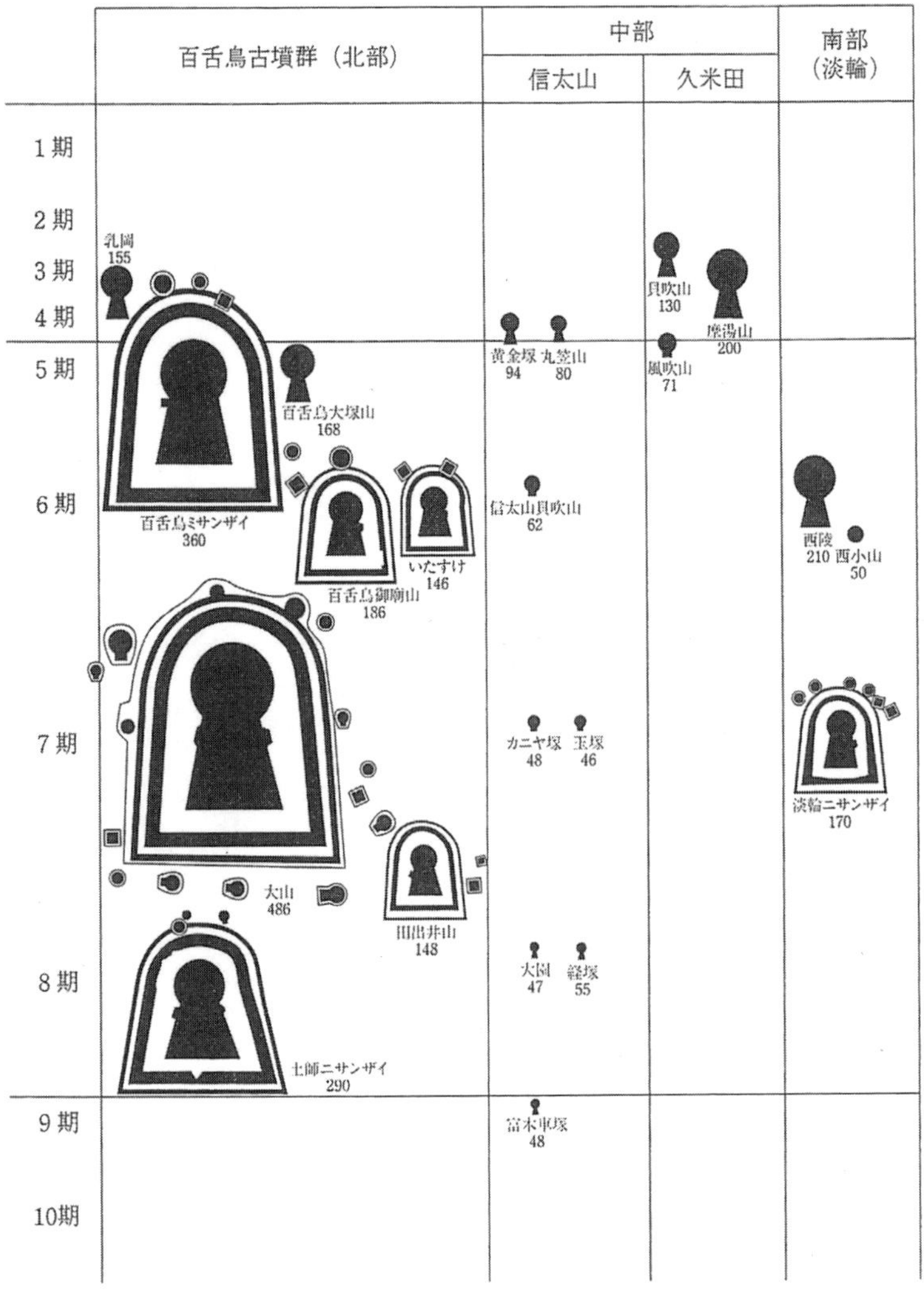


図1　和泉・河内地域の主要前方後円墳編年（今尾 2011 より）

事記《じき》』『日本書紀《にほんしょき》』『延喜式《えんぎしき》』、『扶桑略記《ふそうりゃくき》』などに収載の歴代陵墓は、陵名において異同があったり異説の併記があったりしますが、歴代陵墓の所在地は大古墳群間を往還します。史料に即するならば、奈良盆地東南部の山辺・磯城地域にあったり、北部の佐紀地域にあったり、次には河内古市《かわち》の恵我《えが》に行ったり、また佐紀に戻ったりするわけです。これをとらえて河内・大和を基盤とするヤマト政権を構成した諸勢力間において盟主権が移動したとする見解が多く支持されてきました。さらに「記紀」、『延喜式』の歴代陵墓の位置についても往還するとはいえ、概ね山辺・磯城から佐紀、さらに河内の百舌鳥・古市へ巨大前方後円墳の築造が遷移していくものとされています。「帝紀」部分の記載に信頼をおいて、被葬者を特定した研究もあります。

私には巨大前方後円墳の編年上の位置が大古墳群間において整序的に遷移しており、かつ、それが史料においても整合的であるとは思えないのです。巨大前方後円墳の造営に費やす時間が経年におよぶことが予測されますし、なにより大古墳群には数基の前方後円墳が存在し、そのうちに編年上、同時と見なさざるを得ない状況が幾例もあるからです。さらには一つの大古墳群のなかで累世的、連続的な営みが読み取れるからです。そもそも、大王墓が大古墳群間において実際に移動するものなのか。古代史研究者の立場から古墳時代研究者に向けられた意見としてあるのは、「記紀」にみえる「皇統譜」の成立の前提として、たとえ原初的なものであるにせよ、王統譜の成立やそれを要請する歴史的な必然性、それを根拠づける陵墓制の運用が果たして三世紀後半や四世紀代にあるだろうかということです。古墳の編年作業や分布論に引きつけて、この課題に応じていきたいものです。

今、応答として充分なものではありませんが、「諸王の割拠」といった用語を使って古墳時代前期を私が表現しているのは、多分にこれらの状況を意識においてのことです（今尾二〇〇九）。

佐紀古墳群（たとえば佐紀御陵山古墳《みさきぎやま》）と山辺・磯城古墳群（たとえば渋谷向山古墳《しぶたにむこうやま》）は直線で約一七キロ離れています。高所に登れば、相互に望めるかもしれませんが、大古墳群の特徴である①〜⑤にもとづく量感を得ることには無理があると思います。ましてや、古市古墳群となると金剛《こんごう》・生駒《いこま》山地と狭隘《きょうあい》な亀の瀬の向こう側に位置します。古墳時代の先王を実感するとは、直接に視認することであり、大古墳群を累積した意義はここにあると考えますから、可視を超克した認識の「仕掛け」（装置）がないと、少なくとものちの畿内というような広い範囲で「歴代の王」の存在を感取することは出来ないのではないでしょうか。すなわち、その「仕掛け」が王統譜の成立であり、陵墓制の確立だということです。表裏の関係として、大古墳群造営の意義が薄弱となり、その究極に古墳そのものが終焉いたします。

もう一つの場合があります。それは、Aの場合のように大古墳群のなかに歴代陵墓を充当するのではなく、都市や畿内との関係において陵墓を配置する事例を指摘しておきたいと思います。これをBの場合とします。皇室の始祖王陵「神武陵《じんむ》」と後続する皇統初期の歴代陵墓の幾つかが、藤原京（新益京）のうち畝傍《うねび》山周辺にあると「記紀」や『延喜式』等は記載しています。また、天武天皇と持統天皇の「大内陵《おおうち》」となる野口王墓古墳が、藤原宮（京）の主軸線のほぼ真南延長線上に築かれます。これらに天智《てんじ》天皇の「山科陵《やましな》」となる御廟野《ごびょうの》古墳を加えて検討すべきだと、最近は思うようになりました。

話を戻します。大古墳群への大王墓造営の終焉に絡んで、古墳時代後期前葉の今城塚《いましろづか》古墳の出現は、大きな歴史的変化をもたらしたと思います。①横穴式石室が導入されます。その前後からかもしれませんが、墳頂部での儀礼は変質します。もともと日本列島の古墳は、墳頂部が平坦で埋葬施設を構築するのに必要な作業空間以上に、とても広いことを特徴としました。古墳時代前期・中期の巨大前方後円墳の墳頂平坦面は、測りますと約二〇〇〇㎡以上あります。首長の葬送儀礼が進行する過程で、何らかの形で職位確認の「場」

として墳頂部平坦面が機能したと思うのですが、横穴式石室の導入後には縮小化します。つまり、それを惹起《じゃっき》する必然性が生じたということだと思います。②それから、同時期の中小型前方後円墳や陪塚《ばいづか》を持ちません。これも大きな特徴です。このあたりは大古墳群が累積した営みを持つことで、歴代の「王臣」関係や支配空間の掌握（埋納専用の陪塚）を視認化させたことに意義があるとすれば、これもまた大きな変化であると言わなければならないと思っています。③さらに、もう一つの特徴は、従来から営まれてきた百舌鳥・古市、あるいは佐紀といった近畿の五大古墳群の中に大王墓を造らずに、淀川北岸の三島《みしま》地域に営んだことです。大古墳群への大王墓造営の終焉と共に評価されなければなりません。今城塚古墳の出現というのはやはり継体、すなわちヲホド大王の登場とともに、重く評価をしておきたいと思います。

## 2 律令期陵墓の編成

律令期陵墓の編成が分かる史料としては、『令集解《りょうのしゅうげ》』職員《しきいん》令諸陵司条古記所引の別記（次頁）があります。陵墓への職員配置数を国ごとに集計した注釈が引かれています。古

古記云、別記云、常陵守及墓守并八十四戸。倭国卅七戸、川内国卅七戸、津国五戸、山代国五戸。免調徭也。公計帳文莫納。別為計帳也。借陵守及墓守并百五十戸。京二十五戸、倭国五十八戸、川内国五十七戸、山代国三戸、伊勢国三戸、紀伊国三戸。右件戸納公計帳文而記借陵守也。

史料：『令集解』職員令諸陵司条に引かれた古記所引の別記

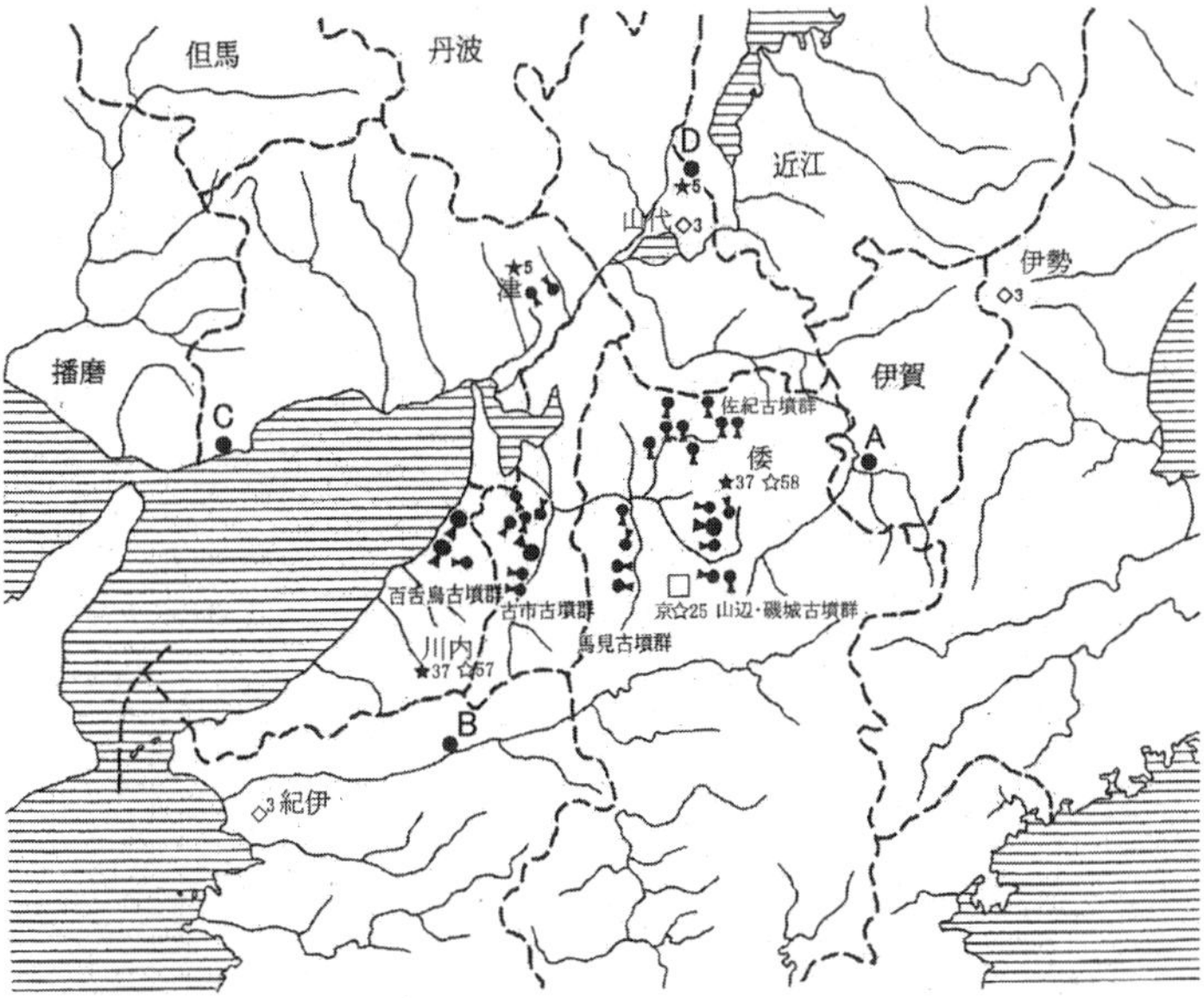


図２　近畿中部の大形古墳分布と「別記」の陵墓守配置（今尾 2006 一部変更）
★一常陵墓守　☆一借陵墓守　◇一借墓守　数字は戸数
A．名墾の横河　B．紀伊の兄山　C．明石の櫛淵　D．近江狭狭波の合坂山
5大古墳群の 190 m以上の前方後円墳を表示。ただし三島古墳群の太田茶臼山古墳・今城塚古墳は表示。

記とあり、おそらく大宝官員令にあった条文のしかも別記ということですから、大宝令制定以前の陵戸編成を指しているものだろうと見られます。常陵守と常墓守が合わせて八四戸。内訳は倭国《やまと》（大和国《やまと》）が三七戸、川内国《かわち》（河内《かわち》・和泉《いずみ》）が三七戸、同数配置しています。それから、借陵守と借墓守が合わせて一五〇戸。内訳は倭国が五八戸、川内国が五七戸ということで一戸分あて足りないということになりますが、ほぼ同数と見てよいでしょう。その前に京二五戸とあります。これは藤原京内の五つの陵に配置された借陵守でよいでしょう。ついては、別記として引かれた陵墓の管理体制がいつのものかという問題ですが、おそらくは飛鳥浄御原宮《あすかきよみはらのみや》に見合う天武期後半から持統期にこういう形で編成化されたのだろうと推測いたします。注目されることは、倭国と川内国がほぼ同数だということです。つまり、陵墓も半々の選択、構成であったのでしょうか。

図2に近畿中部に分布する墳長二〇〇mを超える巨大前方後円墳を表わしてみました。大和地域で一八基、河内・和泉地域で一〇基を数えます。すなわち巨大前方後円墳の数では一八対一〇。大古墳群を営んでいた実態からすれば、倭国が六割強、川内国が四割弱となります。このうちにヤマト政権の中枢にあった人物の古墳であり、「倭の五王」に相当する大王墓が含まれていることも確実でしょう。編年上の位置を勘案すると、古墳時代前

期は大和地域に、中期は河内・和泉地域に偏重しますから必ずしも比率通りではありませんが、それにしても律令期陵墓の管理運営のために置かれた陵守戸が同数であることには、恣意性を感じます。つまり、倭国と川内国に巨大前方後円墳が存在するということを有効活用して同数配置を意図したのではないでしょうか（今尾 二〇〇八）。

## 3 視認範囲にある飛鳥の王墓

可視から認識への変化を読み取れるのでしょうか。「史料による飛鳥時代歴代天皇の宮号と陵号」という表を作りました。表1からは飛鳥時代の王墓においても、元来、視認範囲に営むことを意図したのではないかということが導けます。

六世紀末から七世紀になりますと、大和や河内地域に基盤をなす有力な豪族にあっても、もはや前方後円墳を造りません。しかし、主たる居住地域に族長墓と目される古墳を営むことは継続していました。表1に示すように、七世紀中葉ごろまでは大王・王族においても、主たる推定宮殿域から埋葬地、少なくとも初葬地は視認可能範囲で宮殿から見える範囲に初葬地を営んだものではないかということです。

表1　史料による飛鳥時代歴代天皇の宮号と陵号（●改葬　トーン部分の宮と陵は視認範囲にあるとみられる。）

| 代 | 天皇 | 宮号（および所在地）『古事記』 | 宮号（および所在地）『日本書紀』 | 陵号（および所在地）『古事記』 | 陵号（および所在地）『日本書紀』 | 陵号（および所在地）『続日本紀』 | 陵号（および所在地）『扶桑略記』 | 陵号（および所在地）『水鏡』 |
|---|---|---|---|---|---|---|---|---|
| 29 | 欽明 | 師木嶋大宮 | 磯城嶋金刺宮 | | 檜隈坂合陵<br>檜隈大陵<br>檜隈陵 | | 檜隈坂合陵 | 檜隈坂合陵 |
| 30 | 敏達 | 他田宮 | 百済大井宮<br>訳語田幸玉宮 | 川内科長 | 磯長陵<br>（妣皇后所葬之陵） | | 磯長中尾 | 磯長中尾陵 |
| 31 | 用明 | 池辺宮 | 磐余／池辺双槻宮 | 石寸掖上<br>●後遷・科長中陵 | 磐余池上陵<br>●改葬／<br>河内磯長陵 | | 磐余池上<br>●改葬／磯長原山陵 | 磐余池上陵 |
| 32 | 崇峻 | 倉椅柴垣宮 | 倉梯 | 倉椅岡上 | 倉梯岡陵 | | 倉梯崗<br>（異本云。葬添上郡。<br>無山陵） | 倉橋山岡陵 |
| 33 | 推古 | 小治田宮 | 豊浦宮<br>小墾田宮 | 大野岡上<br>●後遷・科長大陵 | 葬／竹田皇子之陵 | | 冝葬竹田皇子陵。山陵。<br>／科長山田。或本云。<br>山陵。大和国高市郡 | 磯長山田陵 |
| 34 | 舒明 | | 岡本宮（飛鳥岡傍）<br>田中宮<br>百済宮（百済川側） | | 葬・滑谷岡<br>●葬／押坂陵 | | 滑谷岡<br>●改葬／押坂山陵<br>（一云。河内国石川郡） | 押坂内陵 |
| 35 | 皇極 | | 小墾田宮<br>飛鳥板蓋宮 | | | | | |
| 36 | 孝徳 | | 難波長柄豊碕宮 | | 葬／大坂磯長陵 | | 大坂磯長山陵 | 刀坂磯長陵 |
| 37 | 斉明 | | 飛鳥板蓋宮<br>飛鳥川原宮<br>後飛鳥岡本宮 | | 小市岡上陵<br>（合葬・間人皇女） | 越智山陵／<br>営造／修造 | 山陵朝倉山。<br>●改葬／越智大握間山陵 | 越智太間陵 |
| 38 | 天智 | | 近江宮 | | | 山科山陵／<br>山科陵 | 一云。／不知陵所。<br>（只、以履沓落処為其山<br>陵。）／山陵／<br>山科郷北山 | 山科北陵 |
| 39 | 天武 | | 飛鳥浄御原宮 | | 大内陵 | 大内山陵 | 檜隈大内 | 檜隈大内陸（ママ） |
| 40 | 持統 | | 飛鳥浄御原宮<br>藤原宮 | | | 合葬／<br>大内山陵 | 大内陵<br>（天武天皇之同陵也。以<br>下火葬） | 大内陵。<br>天武同陵此後火葬。 |
| 41 | 文武 | | | | | 檜隈安古山陵 | 檜前安古岡上／<br>（火葬飛鳥岡） | 檜隈安昌岡上陵 |

網目をかぶせましたが、用明《ようめい》大王が治天下の宮殿は『日本書紀』では「磐余《いわれ》」に宮をつくる。名付けて「池辺双槻宮《いけのへのなみつきのみや》」というとあります。陵号は「磐余池上陵《いわれいけのへのみささぎ》」、共に磐余池を起点にした所在地名となっています。ただし後には「河内磯長《しなが》陵」に改葬されます。崇峻《すしゅん》大王は、蘇我馬子《そがのうまこ》の命を受けた東漢直駒《やまとあやのあたいこま》に弑殺《しいさつ》されるといった特異な状況があったかと思いますが「倉梯《くらはし》」を宮殿としており、「倉梯岡陵《くらはしのおかのみささぎ》」に葬られています。推古《すいこ》大王は宮殿を「豊浦宮《とゆらのみや》」から「小墾田宮《おはりだのみや》」に遷《うつ》しますが、陵墓は『古事記』によれば最初は「大野岡上《おおのおかのうえ》」にあり、後に「科長大陵《しながのおおみささぎ》」に遷されます。初葬地は先年、発掘調査されました橿原市植山《かしはらしうえやま》古墳の西側石室に想定される方が多いのですが、その是非はともかくとして豊浦から続く丘陵の大野岡にあるとすれば、これも視認範囲の中にあるだろうと思います。

舒明《じょめい》大王の場合も、最初は「飛鳥岡の傍」に宮殿をつくります。「岡本宮《おかもとのみや》」です。現在の明日香《あすか》村大字岡付近の発掘調査で確認される飛鳥宮Ⅰ期遺構がそれにあたるとみられます。それで初葬地の「滑谷岡《なめはざまのおか》」がどこだろうかということで、二〇〇五年に私ども奈良県立橿原考古学研究所が調査しました明日香村大字川原の小山田《こやまだ》遺跡がこの滑谷岡であって、舒明大王の初葬地ではなかったかという案を示したところです。舒明の場合も宮殿から視認可能範囲に葬地が営まれたのではないかと推測します。ただし、「押坂陵《おしさかのみささぎ》」への改葬までの期間はわずか九ヵ月です。変化が起きるのは、このあとです。皇極《こうぎょく》（斉明《さいめい》）、孝徳《こうとく》、天智、天武、持統の王陵は宮殿からの視認範囲外に設けられることになります。

逆に表にあげていない欽明《きんめい》、敏達《びだつ》大王以前はどうでしょうか。五世紀末から六世紀代の諸宮のうちに該当するとみえる長谷《はせ》の桜井市脇本遺跡の今後の解明に期待を寄せたいと思いますが、発掘調査で宮の所在地が特定されるには至っておりません。一方、「記紀」にみられる履中《りちゅう》から継体《けいたい》までの歴代の遷宮は、磐余・飛鳥・石上《いそのかみ》・長谷への周期性があるとかねてより指摘されており、史料批判として実在性への検証手続きが必要となります（仁藤二〇一一）。さらに、陵墓の所在地も律令期の編成があったものですから、大王の宮殿と大王墓の位置関係に安易な言及は許されません。いわゆる欠史八代では、神武の「橿原宮」と「畝傍東北陵《うねびうしとらのすみのみささぎ》」ほか六代分において宮と陵が至近距離にあるように記されていますが、これは天武・持統期直前の視認範囲にある飛鳥の陵墓の状況が、皇統譜編纂作業のなかに反映された結果ではないかと憶測いたします。

## 4 「都市陵墓」の誕生

最近、都市と有為な関係性を認識できるものを「都市陵墓」ととらえることを提案しております。都市民が直接に視認できなくとも、それは都市の領域などを知る装置として機能したのではないでしょうか。領域を認識する一つの指標となるのが「都市陵墓」ではないかというわけです。先にふれましたBの場合ということになります。律令国家の陵墓への恣意的な選別、それから皇統譜を整える中で、いよいよ登場してくるのが「都市陵墓」ということになります。

さて、私は飛鳥地域の終末期古墳群をA～Gの七群に分けて考えています。詳細は別に発表したもの（今尾 二〇一〇）をみていただくことにして、特に藤原京において公的守衛された墓として、野口王墓古墳とそれから南に延びる中尾山古墳、高松塚《たかまつづか》古墳、そして現文武《もんむ》陵になっている栗原塚穴という古墳。仮称ですが栗原塚穴古墳は、現陵墓に対する宮内庁の原則非公開方針のために普通は立ち入れないので、よく分からないのですが、柵越しにのぞきますと木々のあいだに背面を少しカットして墳丘を設けた終末期古墳の様相が

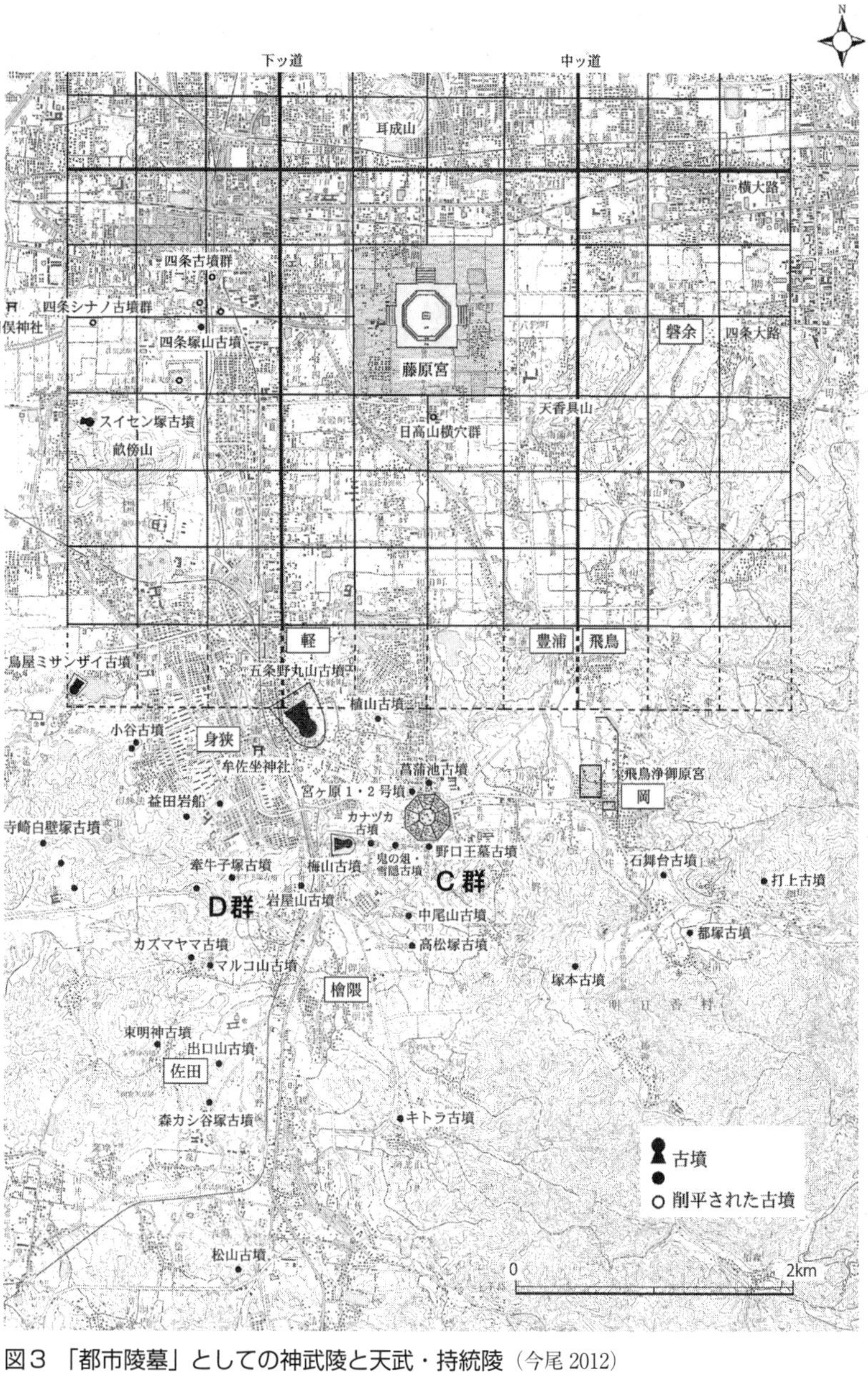


図３　「都市陵墓」としての神武陵と天武・持統陵（今尾 2012）
—磐余と四条塚山古墳（東西軸）、藤原京と野口王墓古墳（南北軸）—
※ 1. 藤原宮に高御座復元図、野口王墓古墳に八角墳丘図を貼付（縮尺不同）
※ 2. 四条大路は岸説藤原京の条坊呼称にもとづく。

窺えます。さらに南側にはキトラ古墳があります。先の七群のうちのC群としておりますもう一つは、檜隈川《ひのくまがわ》、現在の高取川《たかとりがわ》を隔てた越《こし》・真弓《まゆみ》・佐田《さだ》の地域があがります。D群としました。一帯に営まれた後・終末期古墳のうちの牽牛子塚《けんごしづか》古墳、マルコ山古墳、束明《つかみよう》神《じん》古墳などがあがります。

藤原京（新益京）の公葬墓域は、そのほぼ真南にある一群と西南丘陵で巨勢路《こせじ》から望むことができる一群の二ヵ所に分かれます。

とくに野口王墓古墳は藤原宮（京）との有意性が認められてきました。意図するところを強調したいがために、図3ではスケールを勝手に大きくして藤原宮の真ん中の大極殿の位置に、高御座《たかみくら》の台座の部分の復元図をそのままはめ込み、それから野口王墓古墳、天武・持統陵の方には墳丘図を貼ってみました。天皇の御座《ござ》で下壇が方形、中・上壇が八角形、中央に椅子を置いた高御座と八角墳の野口王墓古墳がつながっているという意味合いです。もう一つは四条塚山古墳という四条古墳群で唯一、選択的に墳丘が残された古墳があります。様々な機会に四条塚山古墳が律令期に仮託された神武陵であると発言してきました（今尾二〇〇八）。藤原宮の西面中門にあたる佐伯《さえき》門の西方、藤原宮のほぼ東西軸上に位置します。二つの陵墓が藤原京という古代都市において意図的に配置されたと見ているのです。

しかし、京の領域を都市の人々、都市民がどのように認識していたかという資料には容易に出会えません。都市民によるものか、京の領域を認識していたわずかな証拠になるかもしれない木簡資料〈図4〉を次に紹介しておきます。

平成六年（一九九四）の橿原《かしはら》市教育委員会による藤原京右京九条四坊の発掘調査のことです。そこでは、西四坊坊間路の東側溝SD〇一に橋が架かっています。橋の部分では溝の浚《さら》えが滞ったのでしょうか。呪符木簡《じゅふもっかん》が出土しました。一行目の「七里」の後の二文字は「結皆」（結界）と読むのだろうとされました。七里の結界の内の水を送り出す、すなわち水難を防ぐために「四方卌□大神龍王」に祈った木簡であり、裏側にはそのための呪

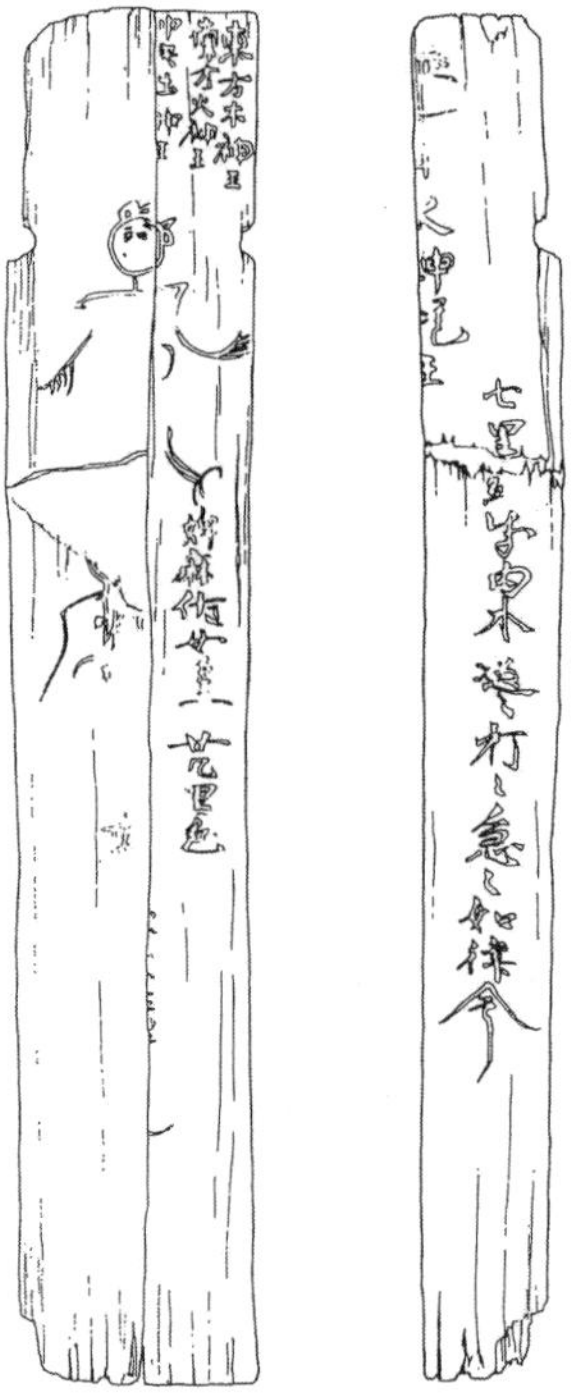

図4　藤原京右京九条四坊（西四坊々間路東側溝）出土呪符木簡

術内容が記されたものと解かれています（神野 一九九七）。二人の人物像が描かれていて、それぞれ下に「婢麻佐女生年廿九黒色」、名と生年が読めない「婢□□女生年□□□□」と二人の婢の存在が出ています。伴出《はんしゅつ》した八卦木簡《はっけもっかん》から慶雲二年（七〇五）頃のものだと考えられています。水防のために人柱《ひとばしら》が供されることが現実にあったものか、木簡の人物画がその形代《かたしろ》としての意味をなしたものかは意見が分かれていますが、「七里」の結界内と出てきますのは、これは水難防止の領域を示したものと考えて良いでしょう。それは呪術の儀礼行為に関わった人々の認識に依拠したものでしょう。

出土位置からみると、東へ七里外に藤原京の東京極大路が想定されますから、木簡記載内容に合致しますが、それは偶然かもしれません。あるいは、七里が十里とでも読めれば十坊十里四方とする京域説にうまくあてはまりますが、釈文によればその可能性は無いようです。でも、いずれにせよ七里で結界された領域内の水難防止であり、それも藤原京内での儀礼行為ですから、都市民に備わる都市領域に関わる認識が現れた資料としての意味を持つ木簡であると評価したいと思います。そこで、これから敷衍《ふえん》するに藤原宮に対する南に、直接の先王である天武天皇の陵墓があるということは都市民においても認識されていたのではないかと、乱暴ながらも憶測するところです。

次に、天武紀に出てくる神武陵が四条塚山古墳にあたるとしたところで、その選定がいつかということです。これが問題です。有名な記事ですが、天武元年（六七二）の壬申《じんしん》の乱のさなかに大海人《おおあま》皇子の戦勝祈願の神武陵への奉献記事が『日本書紀』天武元年七月条に出ています。「是より先に、金綱井に軍せしときに、高市郡大領高市縣主許梅」が、にわかに口つぐみてということが出てきますが、その後に、そこに神様が降りて来ます。「①「吾は、高市社に居る、名は事代主神なり」、また②「身狭社に居る、名は生靈（雷）神なり」といふ。乃ち顕して曰はく、③「神日本磐余彦天皇の陵に、馬及び種種の兵器を奉れ」といふ。」このように出ています。

この①の高市社《たかいち》と②の身狭《むさ》社の位置関係ということになるのですが、高市社は『延喜式』神名帳登載の高市御県坐鴨事代主神社《たかいちみあがたにますかもことしろぬしじんじゃ》のことだと思われます。現在の比定地は藤原京の西京極の外側にある川俣《かわまた》神社が当てられています（春成二〇〇六、初出は二〇〇二）。身狭社は、近鉄吉野線の岡寺という駅のそば、西側に牟佐坐神社《むさにますじんじゃ》というのがありますが、それに当てられています。二社は畝傍山をはさんだ南北関係にあって、高市郡の西域になります。天武紀では、二社に座ます神が西方から壱伎史韓国《いきのふびとからくに》が率いる大友《おおとも》方の軍勢がやって来ることを予告することで、備えを固めた大海人皇子が戦勝することに結びついていくわけです。けれども、ここに現れた地理的な領域、京の南端と西端に二つの社が出てきて、かつ、そのなかに神武陵があります。そういった状況について考えてみましょう。

疑問は、七世紀第三四半期の飛鳥浄御原宮以前にここに現れた領域感が想定されただろうかということです。畝傍山西方が京域となる現実的な時期は「倭京」段階にはなく、これは天武・持統期以来の新益京の計画・施工段階であり、二社の位置も神武陵の選定も、それを反映したものではないかと見ております（今尾 二〇一二）。このあたりは、壬申の乱の『日本書紀』の記述の信頼性とも関わることですし、律令期陵墓の編成がどの時期かということにも関わることだろうと思います。

それからもう一つ、磐余《いわれ》の問題があります。磐余は天香久山の北から東方域一帯ですが、ちょうど四条塚山古墳から藤原宮中軸線を東側に展開（磐余池西方の現在の橿原市東池尻町の「みずし観音」附近にあたる）すると磐余です。東西に磐余と「都市陵墓」としての神武陵、南北に宮殿と「都市陵墓」となる天武陵を配置した、藤原京の都市デザインは、こういったメッセージ性のある東西軸と南北軸で構想されたものと考えます。

もう一つ、天智陵の存在があります（図2の山代国の★印）。天智陵は、藤原宮（京）の中軸線北延長上にあるということです（藤堂 一九九八）。これにつきましては北延長線上に正しく位置することと自体がおかしいのではないかという意見があります（小澤・入倉二〇〇九）。まことにそのとおりだと思いますが、天智陵は大津宮から視認可能な範囲に設けられたわけではなくて「合坂山《おおさかやま》」の向こう側にあります。合坂山といいますと、これは畿内四至の北限にあたる「近江の狭々波《ささなみ》の合坂山」のことですから、ここは、やはり意図的な選地と理解していいのではないかと考えます。すなわち畿内領域の北辺を意識化した存在として山科《やましな》盆地北端に天智陵は設けられたのではないでしょうか。持統天皇からみれば先々王陵として認識されたことでしょう。

なお、別の論考を参照していただければと思いますが、舒明陵となる段ノ塚古墳、天武・持統陵となる野口王墓古墳、それから文武陵となる中尾山古墳といった確実な大王・天皇陵と比較しますと、その八角墳に備わる諸属性からみて天智陵となる御廟《ごびょう》野《の》古墳が造営された時期は、野口王墓古墳に先行するものと位置づけられると考えます（今尾二〇〇八）。もっとも、広大な兆域《ちょういき》整備や小関越《こせきご》えから山科盆地を貫き宇治に至る古代道路（北陸道）の整備などの周辺状況の変化への対応が、六九九年の『続日本紀』文武三年一〇月条の「山科陵」修造記事に対応した可能性も考慮しておきたいところです。ここではひとまず、飛鳥浄御原宮段階に御廟野古墳が造営されたものと判断します。

## おわりに

五世紀後葉から末葉に起きた大古墳群の造営停止は、古墳築造の論理に変質をもたらしました。それは今城塚《いましろづか》古墳の出現―ヲホド大王の登場によって決定づけられることになります。以降、大古墳群への大王墓造営はほぼ終焉することになります。それでも律令国家は、七世紀末葉には大和地域と河内地域の大古墳群を構成する巨大前方後円墳を選択的に律令期陵墓として編成することになります。大古墳群の意義を皇統譜を成立させる装置として、いわば再起動させたものと考えています。一方、七世紀中葉ごろまでの飛鳥時代の陵墓は、宮殿からの視認性が備わるという意味では、可視的存在として蓄積された古墳時代の古墳につらなるものでした。大きく変わるのは天武陵の造営と神武陵への仮託でした。都市民に認識された陵墓という意味で「都市陵墓」という用語を使って説明しました。さらに山科盆地の天智陵をこれに加えました。神武陵は壬申の乱を記載した『日本書紀』天武元年条にみえますが、内容から看取される領域は、藤原京（新益京）の京域が前提にあるのではないかと考えました。従って、神武陵は壬申の乱以前からの存在が確証されたものではなく、飛鳥浄御原宮段階の天武天皇の新たな都づくりに際して、仮託、創出されたものと推測します。

ついては、古代都市としての藤原京（新益京）は南北軸に天智陵―天武陵、東西軸に磐余（顕宗《けんぞう》紀に高皇産霊《たかみむすひ》の招来記事がある）―神武陵を配置したものではないでしょうか。すなわち都市のデザインに意図されたメッセージとしては、南北軸に直近の先々王―先王、東西軸に皇祖神―始祖王を認識する装置が創出されたということになります。先々王の山陵は遠く京外にあって畿内の北辺、先王の山陵は至近する京外の真南、皇祖神の存在は京内で宮殿の真東かと憶測され、始祖王陵は京内で宮殿のほぼ真西に、もう一神の皇祖神である天照大神《あまてらすおおみかみ》は畿外の東国との境界領域となる伊勢に祀《まつ》ることになります。舒明以降の天皇陵に八角墳が採用された意味も、来世の支配領域の認識を体現したものと考えますが、先に述べた現実の都市デザインや国土観にもつながるものでしょう。

冒頭で掲げましたが、今後、律令期陵墓の認識を示す考古学上の資料や「都市陵墓」といった用語に内包しました領域認識の歴史的証左が多く提出されることを期待したいと思います。

## 参考文献


今尾文昭『律令期陵墓の成立と都城』（古代日本の陵墓と古墳二）青木書店、二〇〇八年
今尾文昭『古墳文化の成立と社会』（古代日本の陵墓と古墳一）青木書店、二〇〇九年
今尾文昭「飛鳥・藤原の墳墓」木下正史・佐藤信編『飛鳥から藤原京へ』（古代の都一）吉川弘文館、二〇一〇年
今尾文昭「近畿中・南部」広瀬和雄・和田晴吾編『古墳時代（上）』（講座日本の考古学七）青木書店、二〇一一年
今尾文昭「『都市陵墓』としての神武陵」『季刊 明日香風』一二二、古都飛鳥保存財団、二〇一二年
今尾文昭「大古墳群の終焉と『都市陵墓』の出現」『日本考古学協会二〇一五年度奈良大会資料集』、二〇一五年
大平　聡「世襲王権の成立」鈴木靖民編『倭国と東アジア』（日本の時代史二）吉川弘文館、二〇〇二年
小澤毅・入倉徳裕「藤原京中軸線と古墳の占地」『季刊明日香風』一一一、古都飛鳥保存財団、二〇〇九年
小路田泰直・広瀬和雄編『王統譜』青木書店、二〇〇五年
神野清一『卑賤観の系譜』（歴史文化ライブラリー）吉川弘文館、一九九七年

十河良和「百舌鳥御廟山古墳の被葬者像」『関西大学博物館紀要』二〇、二〇一四年
藤堂かほる「天智陵の営造と律令国家の先帝意識—山科陵の位置と文武三年の修陵をめぐって—」『日本歴史』六〇二、一九九八年
仁藤敦史『都はなぜ移るのか—遷都の古代史—』（歴史文化ライブラリー）吉川弘文館、二〇一一年
春成秀爾「神武陵問題その後」『考古学はどう検証したか—考古学・人類学と社会—』学生社、二〇〇六年（初出は二〇〇二年）

## コラム1　キトラ古墳出土大刀の復元

豊島直博

　奈良文化財研究所に勤務して六年目の春、住み慣れた平城宮跡を離れ、飛鳥《あすか》藤原地区へ転勤した。最初に上司から命じられた仕事が「キトラ古墳出土大刀を復元せよ」であった。私はそれまで弥生《やよい》時代と古墳時代の武器を研究してきたので、お鉢が回ってきたのだろう。キトラ古墳といえば石室《せきしつ》に描かれた極彩色壁画《ごくさいしきへきが》が有名で、刀装具の出土はあまり知られていない。私も内容を正確に把握していなかった。

　遺物整理室で刀装具と対面。刀身の破片が四点（図1）、把の一部、銀の鞘《さや》金具二点、ほかに金の象嵌《ぞうがん》をもつ正体不明の鉄製D字形金具（図2）がある。盗掘の際にバラバラになった破片は小さく、復元は難しいと直感した。ただちに上司に「無理です」と報告したが、復元模造品まで作る予定だという。破片を実測しながら、類例探しの日々が始まった。

　実測するうちに、部品の特徴が頭に入ってくる。把の破片には銀の飾り目釘《めくぎ》とリングがはまっている。これは銀の鞘金具二点とセットになるだろう。それでは、金象嵌の鉄製D字形金具はどうか。通常、一本の刀で金と銀の刀装具を両方使うことはない。これは別個体か……。答えは銹《さ》びた刀身の破片にあった。破片の一つは幅広すぎて、環状の鞘金具を通り抜けられない。つまり、副葬された刀は大小二本以上あったのである。一振りは全体を黒漆《くろうるし》で塗り、要所に銀を用いる大刀。もう一振りは金象嵌の刀装具を用いた大刀だろう。D字形金具は鞘に取り付け、刀を腰帯《ようたい》に吊《つる》す帯執《おびとり》金具と推定した。

鞘尻《さやじり》と把頭の形は、明日香《あすか》村マルコ山古墳の刀装具を参考にした。目釘の数、把間に巻く鮫皮《さめがわ》、把の穴に通す露《つゆ》金具は高松塚《たかまつづか》

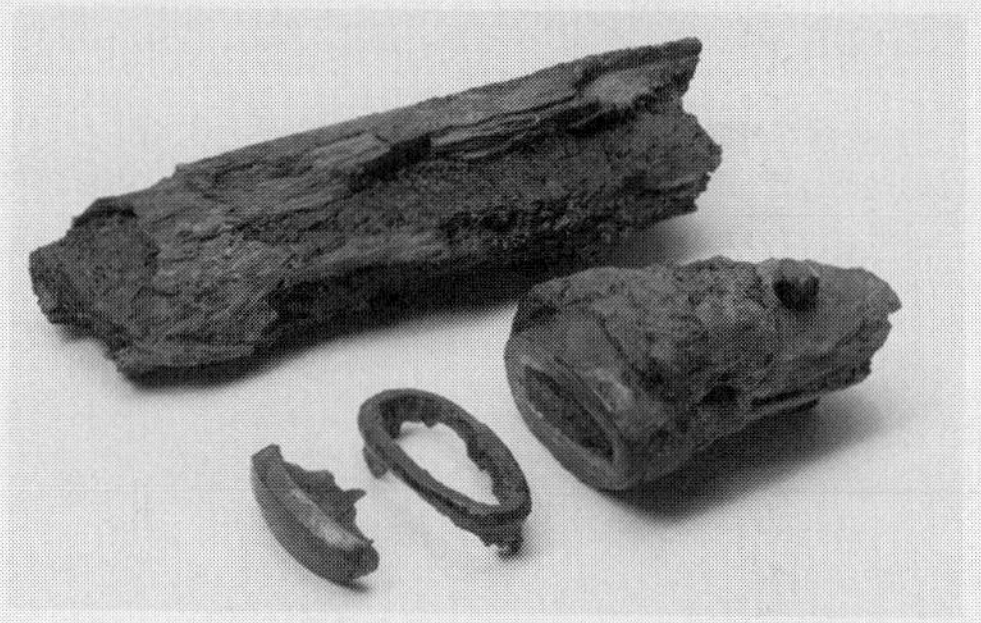

図１　キトラ古墳出土刀装具（奈良文化財研究所提供）

図２　鉄地銀張金象嵌帯執金具
（奈良文化財研究所提供）

古墳出土例や正倉院《しょうそういん》に伝わる黒作大刀《くろづくりのたち》に習った。こうして一年後には復元図を描き上げ、模造品も無事に完成した。

内心では良くできたと喜んでいたのだが、後に残念な知らせが入ってきた。奈良県立橿原《かしはら》考古学研究所附属博物館の収蔵庫で、高松塚古墳出土品の残りが発見されたという。中には飾り目釘が一点含まれていた。高松塚例を参考に飾り目釘は二本に復元したのだが、実は三本が正しい。復元は奥が深い。

# 古代国家のなりたちと飛鳥宮、藤原宮・京

林部　均

## はじめに

近年、奈良県橿原市や明日香村にある飛鳥宮、藤原宮・京の発掘調査が非常に進んでいます。ここでは、日本古代、とくに飛鳥・藤原地域において、王宮・王都がどのように形成されたのか。王宮の形成過程において、どのような時期に大きな変化があるのか。また、王都の形成では何がメルクマールになるのか。このようなことについて考古学の立場から述べたいと思います。

日本の古代の王宮・王都の分布を示したのが図1です。古代においては、奈良盆地を南

から北へ、飛鳥・藤原京から平城京へと都は移動します。そして、奈良時代中ごろ、聖武《しょうむ》天皇が恭仁宮《くにのみや》や難波宮《なにわ》、紫香楽宮《しがらき》（甲賀宮）など、転々としますが、また平城宮にもどってきます。奈良時代終わりには大和を離れて山背《やましろ》の長岡に遷都《せんと》し、平安時代には平安京に移ります。このように頻繁に遷都を繰り返すのが、東アジアの中での日本の古代王宮・王都の大きな特徴です。

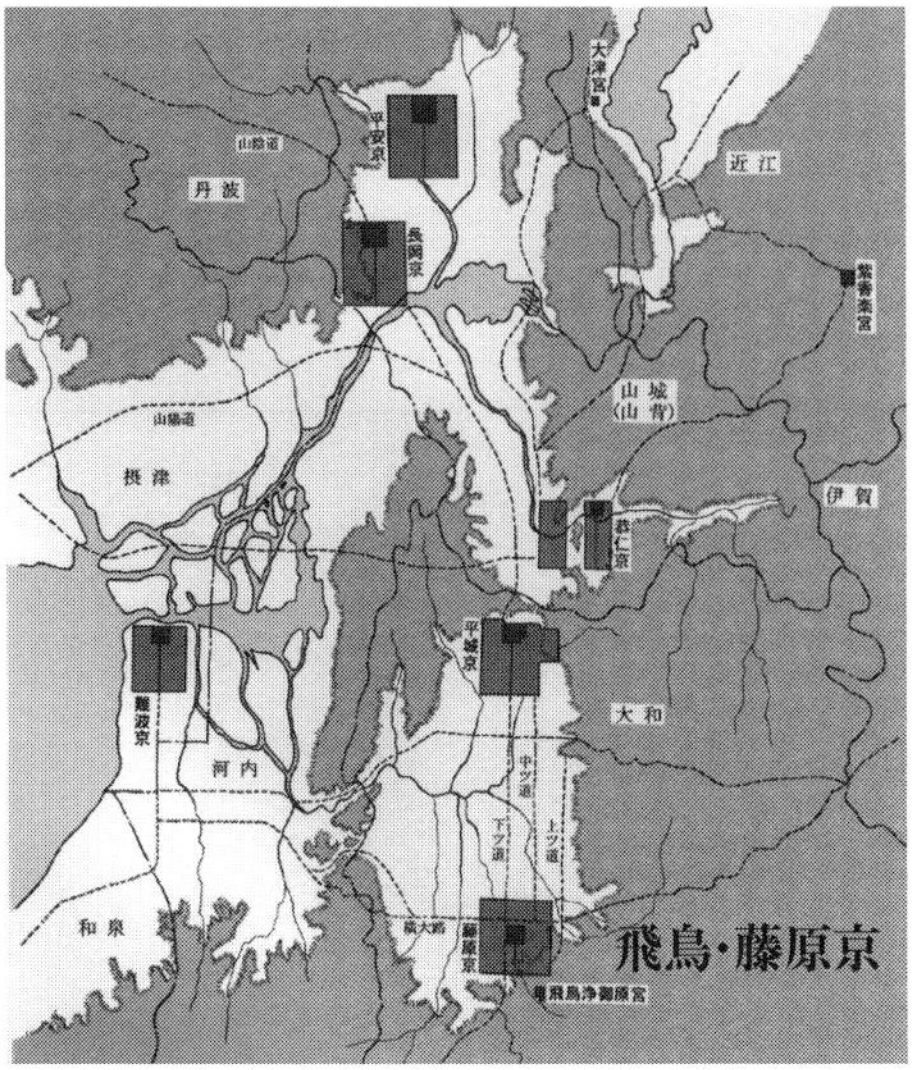

図１　日本古代の王宮・王都

## 1　飛鳥宮の形成

ここではその一番初めの飛鳥・藤原京について述べたいと思います。

奈良盆地東南に飛鳥宮が位置しています。そしてそのすぐ北西、大和三山の耳成山《みみなしやま》、畝《うね》傍《び》山、香具《かぐ》山といった大和三山に囲まれた藤原宮と、その周囲が藤原京です。

それでは、まず飛鳥の王宮について、説明いたします。

飛鳥宮の発掘調査は、奈良国立文化財研究所によって昭和三四年（一九五九）から始まりました。その翌年から奈良県立橿原《かしはら》考古学研究所で発掘調査をしております。今年（二〇一五年現在）で一七六回の調査を実施しています。図2の地図が、その発掘調査のようすを示したもので、網のかかっている部分が、すでに調査の終わっているところです。王宮の建物配置は、一番新しい段階（Ⅲ—B期）のものです。内郭やエビノコ郭、外郭が見つかっています。五〇年あまりかかって発掘調査はここまで進んでいます。

それだけ長い期間、発掘調査をしてきて、この場所に三時期の宮殿遺構が存在していることがわかりました。それを下層からⅠ期遺構、Ⅱ期遺構、Ⅲ期遺構と呼称しています。土器の年代や木簡《もっかん》などをもとにして、最下層のⅠ期遺構は舒明《じょめい》天皇の飛鳥岡本宮《あすかおかもとのみや》（舒明二年〈六三〇〉〜）、Ⅱ期遺構は皇極《こうぎょく》天皇の飛鳥板蓋宮《いたぶき》（皇極二年〈六四三〉〜）、Ⅲ期遺構は斉明《さいめい》・天智《てんじ》天皇の後飛鳥岡本宮（斉明二年〈六五六〉〜）、天武《てんむ》・持統《じとう》天皇の飛鳥浄御原《きよみはら》宮（天武元年〈六七二〉〜）とみる意見が有力です。このように飛鳥宮で、Ⅰ期遺構、Ⅱ期遺構、Ⅲ期遺構と変遷していく中で、どこに大きな変化があるかということを検討してみ

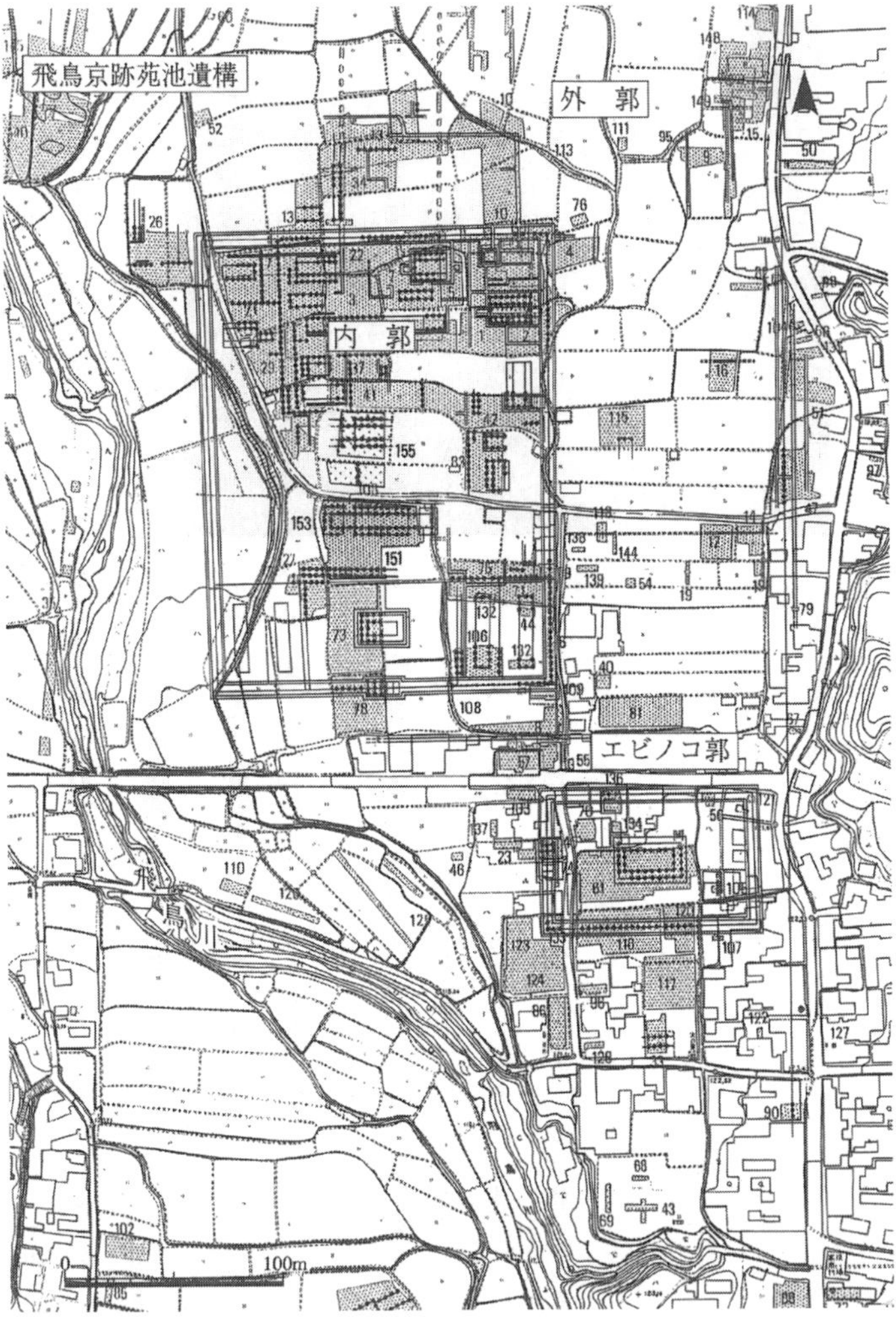


図２　飛鳥宮の発掘調査

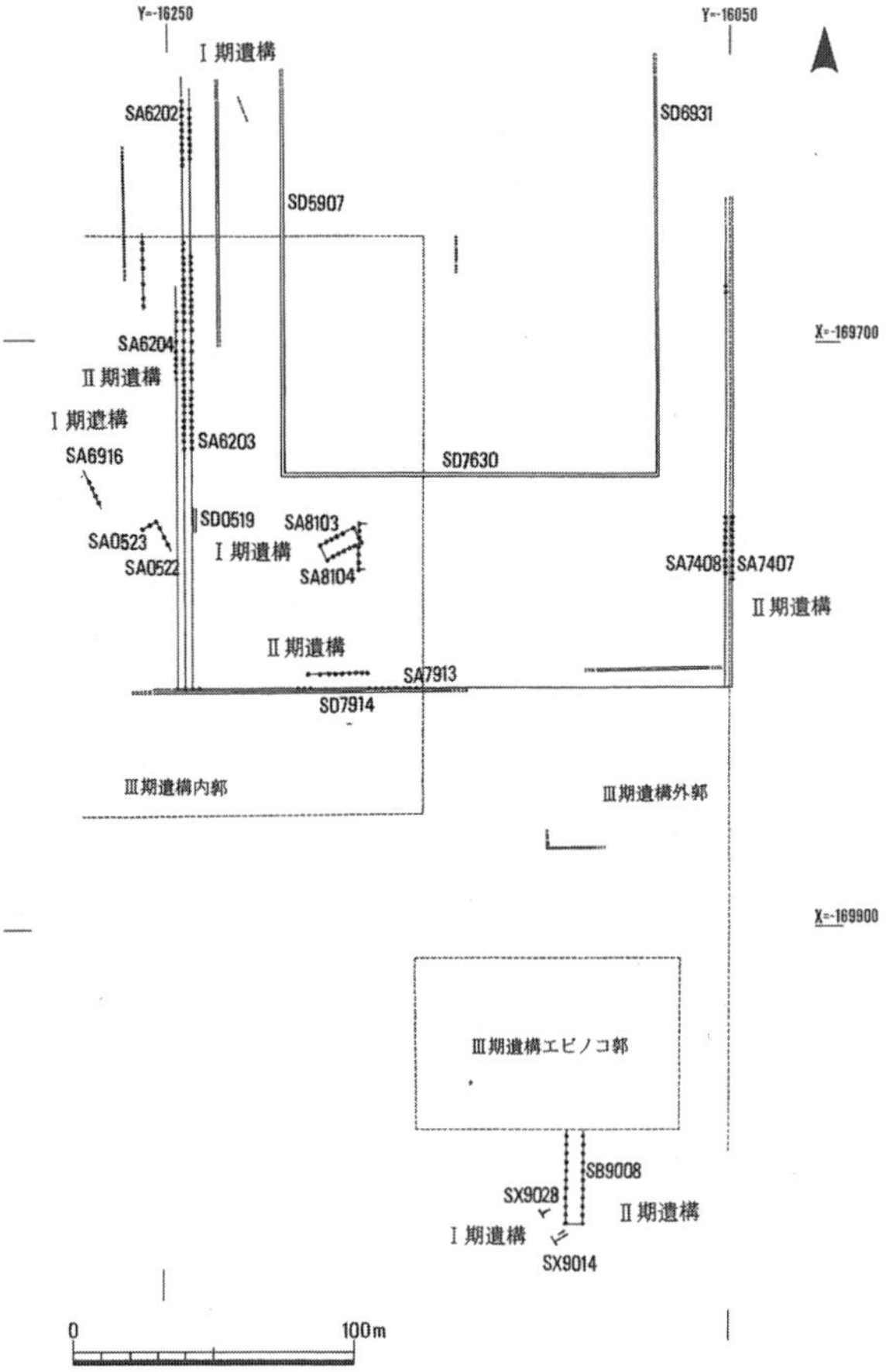


図３　飛鳥宮Ⅰ期遺構（飛鳥岡本宮）・Ⅱ期遺構（飛鳥板蓋宮）

たいと思います。

飛鳥宮のⅠ期遺構とⅡ期遺構の両方を表記したのが図3です。その中で、斜め方位で見つかるものがⅠ期遺構です。Ⅰ期遺構は、北で西に約二〇度前後振れたかたちで建物などが見つかります。図4の写真は、実際のⅠ期遺構の掘立柱建物《ほったてばしらたてもの》の柱穴です。図4の左右が南北方向、上下が東西方向です。建物が北で西に振れていることがよくわかると思います。一辺一・五mもある大きな柱穴で、宮殿遺構の一部とみてよいと思います。

Ⅰ期遺構はこのように北で西に大きく振れる遺構です。ところで、飛鳥・藤原地域の地形は、大まかにみて、南東が高くて、北西に低くなる傾斜した地形となっています。このような地形条件の中で地形改変をできるだけ少なくして、かつ土地を最大限に有効活用しようとしますと、地形の傾きにあわせて建物を建てる、すなわち、北で西に大きく振れるかたちで建物を建てるのがもっともいいわけです。だから、ある意味で、飛鳥宮のⅠ期遺構は、それほど地形改変を行わずに王宮を造営しているということが言えます。言い換えますと、Ⅰ期遺構は地形条件に制約されている王宮であるということが言えると思います。

飛鳥宮のⅠ期遺構は舒明天皇の飛鳥岡本宮（六三〇年〜）と考えています。ところが舒明天皇は、飛鳥岡本宮が火災に遭いますと飛鳥という地域を出ていってしまって、二度と飛鳥には戻ってきません。飛鳥の北方約三㎞ところにある、百済《くだら》と呼ばれる地に大宮を造ることになります。百済宮です。そこで舒明天皇は政治を執ろうとします。そこで、おそらく飛鳥宮のⅠ期遺構の段階では、王権は、飛鳥を支配拠点として整備しようとする意図はなかったのではないかと私は考えています。

次はⅡ期遺構です。図3で正方位をとる遺構がⅡ期遺構です。王宮の建物が正方位で造営されるようになるのはこの段階からです。先ほども述べましたように、飛鳥という地域はもともと南東が高く北西に傾斜した地形です。このような地形条件のところに正方位の建物を建てるわけですから、かなり大規模な地形改変が必要になったと思います。発掘調査でもⅠ期遺構が大規模に削平を受けたところや、また大規模な整地の跡などが見つかっています。Ⅱ期遺構、すなわち正方位の建物を建てるにあたって、かなり大規模な土地造成を行っていることは間違いないと思います。私は、このように王宮が

**図４　飛鳥宮のⅠ期遺構**（奈良県立橿原考古学研究所提供）

正方位を向くようになる、正方位で造営されるようになる段階を、王権による支配拠点としての飛鳥が整備される端緒として積極的に評価すべきと考えます。そこで、飛鳥宮の変遷を見るかぎり、飛鳥宮のⅡ期遺構の造営が一つの大きな変化点になると見てよいと思います。

Ⅱ期遺構は飛鳥板蓋宮（六四三年〜）だと私は推定しています。大化改新《たいかのかいしん》のはじまりとなるクーデターがあった王宮です。Ⅱ期遺構が正方位で造営されていることと、大化改新と呼ばれる一連の政治改革、王権の権威強化とは無関係ではないと考えます。皇極天皇の時代はすごく短いのですが、大化改新の先駆的なことがすでに考えられていたと思います。クーデターの後、王宮は難波に移ります。孝徳《こうとく》天皇の難波長柄豊碕宮《なにわながらとよさきのみや》（白雉《はくち》三年〈六五二〉〜）です。大阪府大阪市で発掘調査が進められている前期難波宮があたります。そして、前期難波宮も正方位で造られます。おそらく、飛鳥宮のⅡ期遺構にはじまる王宮が正方位を指向することを継承しているのだと思います。

そして、孝徳天皇が亡くなった後、皇極天皇がもう一度即位して斉明天皇になります。斉明天皇は飛鳥板蓋宮（六五五年）で即位しますが、ここが火災で燃えた後、同じ場所に新たにもう一度王宮を造ります。後飛鳥岡本宮（六五六年〜）です。これが飛鳥宮のⅢ—

A期遺構だと考えられているものにあたります。内郭と外郭の空間ができるという段階です。これが斉明天皇の、後飛鳥岡本宮の段階だと思います。図5が、その遺構図です。基本的な大まかな地割りなどは、Ⅱ期遺構である飛鳥板蓋宮の地割りを継承しています。

次の天武天皇の段階が飛鳥宮のⅢ―B期です（図6）。飛鳥浄御原宮（六七二年〜）です。内郭はそのままで、エビノコ郭だけを付加する段階です。この新たに付加されたエビノコ郭の正殿こそが『日本書紀《にほんしょき》』天武一〇年条にみられる「大極殿《だいごくでん》」であろうと私は考えています。ただ、内郭は斉明天皇の王宮をそのまま継承していますので、天武天皇は新しい王宮を造っていないわけです。そして新城《にいき》の造営なども始めますが、結局途中で中止していますので、天武天皇の時代を考える時にこのようなことをどのように考えるかという問題があると思います。

最近、飛鳥宮の変遷、とくに私がⅢ期遺構とするものの変遷について、若干、違う意見が示されております。また、エビノコ郭正殿は「大極殿」ではないという意見も見られます。これは、考古学からは、発掘調査で見つかる建物の名称を証明することは、きわめて困難なことですが、私もいろいろなことを考えて「大極殿」としました。このあたりのことは、これからも続く、飛鳥宮の発掘調査の中で、さらに研究が深化していけばいいと考

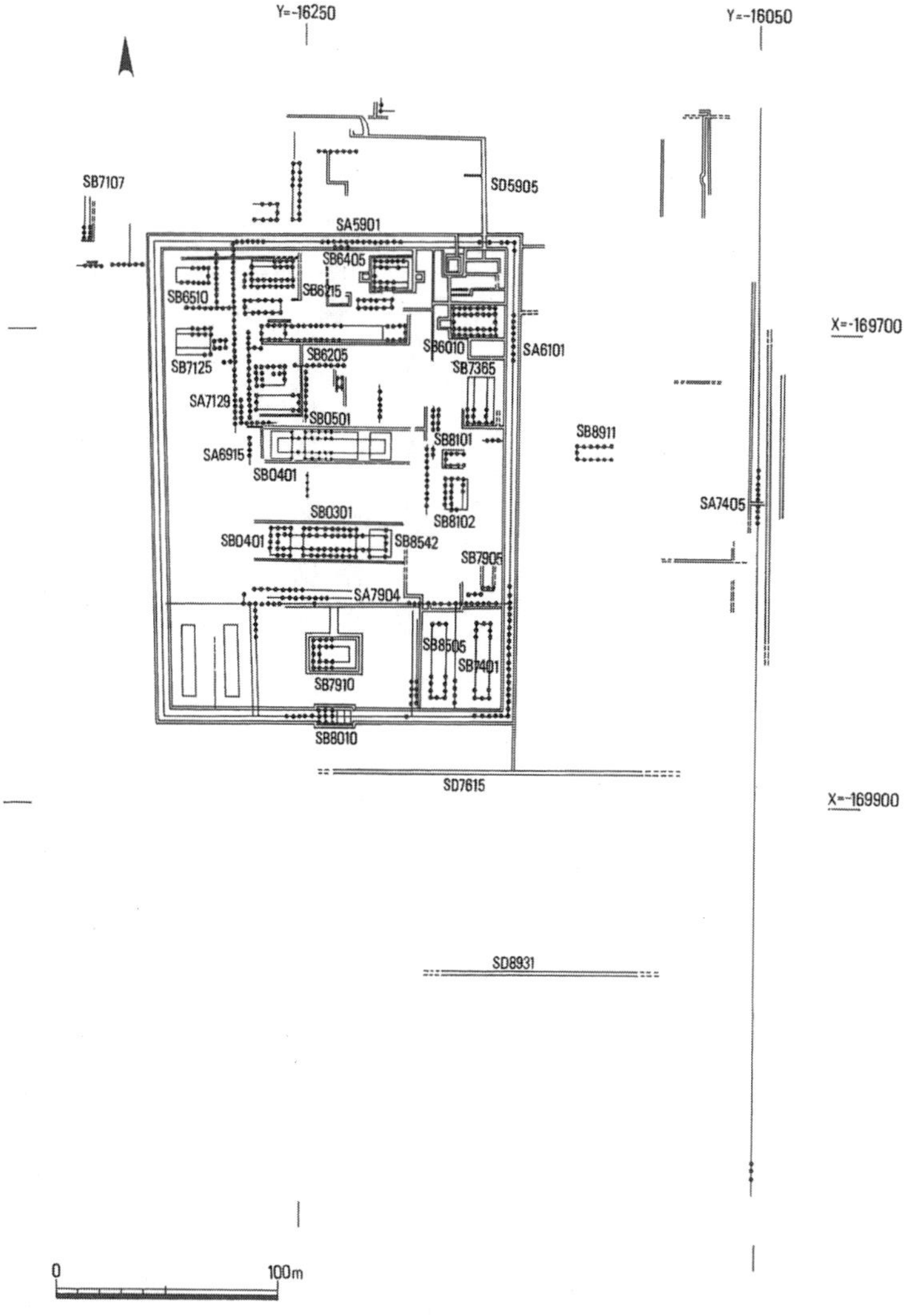


図５　飛鳥宮Ⅲ－Ａ期遺構（後飛鳥岡本宮）

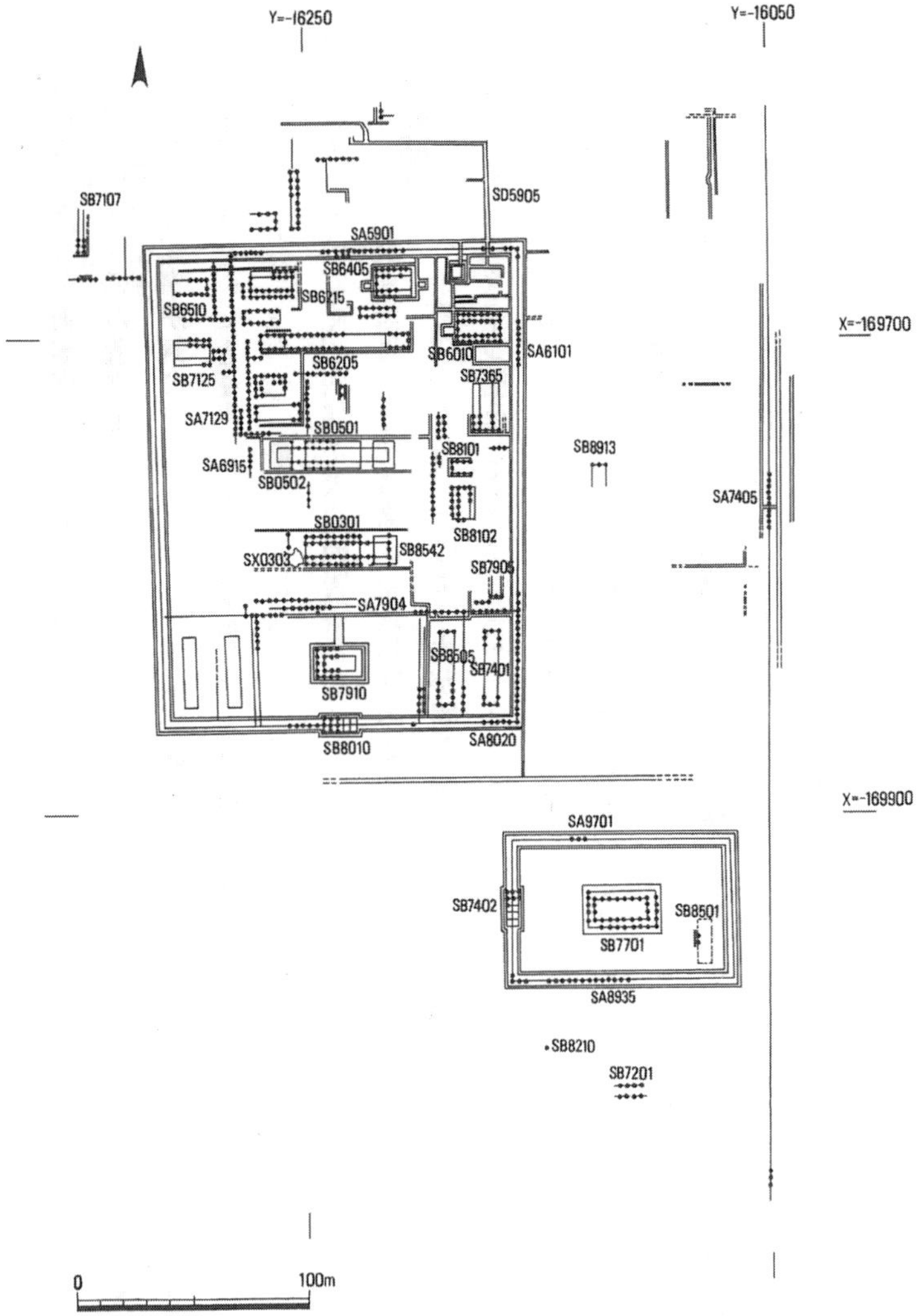


図６　飛鳥宮Ⅲ—B 期遺構（飛鳥浄御原宮）

えています。

このように見ていきますと、飛鳥宮の変遷の中ではⅠ期遺構からⅡ期遺構への移り変わりが大きな変化であることがわかります。そして、Ⅱ期遺構の地割りは基本的にⅢ期遺構にも継承されています。Ⅱ期遺構の後の難波遷都や、Ⅲ期遺構の前半（Ⅲ—A期）と後半（Ⅲ—B期）の間の近《おう》江《み》遷都と、王宮が一時的に飛鳥を離れることはありますが、基本的に飛鳥にある王宮は維持・管理がなされています。そこで飛鳥宮Ⅱ期遺構よりあとは、ほぼ同じ場所に王宮が造られるようになると考えていいと思います。それまでの時代は歴代遷宮ということで大王《だいおう》一代ごとで王宮はその場所を移していましたが、飛鳥宮Ⅱ期遺構からは、王宮の位置がほぼ固定されるようになるということが言えると思います。そこで飛鳥宮Ⅱ期遺構は、飛鳥宮の変遷の中でも大きな変化点であるわけですが、日本の古代の王宮・王都の変遷を考え

図７　飛鳥宮Ⅲ期遺構内郭北区画の南の正殿
（奈良県立橿原考古学研究所提供）

ていくうえでも大きな画期として評価すべきではないかと私自身は考えています。

ここで、少しだけ飛鳥宮で見つかっている建物について説明いたします。

図7は、飛鳥宮Ⅲ期遺構の内郭の中央で見つかりました内郭北区画の南の正殿です。東西に八間、南北に四間で、その両脇に東西二間の複廊《ふくろう》があって、さらに東西三間、南北四間の建物が位置しています。私は、この三つの建物全体で一つの建物に見せようとしたのではないかと考えています。そうしますと、東西一六間もある巨大な建物に見えます。土木事業が好きであると『日本書紀』に皮肉っぽく記述される斉明天皇に相応《ふさわ》しい建物だと思います。ところで、飛鳥宮の建物はすべて掘立柱建物です。瓦は出土しませんので、屋根は檜皮葺《ひわだぶき》、もしくは板葺だったのだと思います。

図8　北区画の南の正殿前面の石敷き広場
（奈良県立橿原考古学研究所提供）

図8は、内郭北区画の南の正殿の前面にひろがる石敷きの広場です。建物の前面を人頭大の平らな石で敷き詰め

図９　飛鳥宮Ⅲ期遺構内郭北区画の北の正殿（奈良県立橿原考古学研究所提供）

図10　エビノコ郭の正殿（奈良県立橿原考古学研究所提供）

ています。『日本書紀』などで、「庭」（オオバ）という言葉で出てくる儀式などをした空間であったと思います。

図9は、これまでお見せした建物の北でみつかった建物です。内郭北区画の北の正殿であります。北の正殿と南の正殿は、まったく同じ構造であり、同じ規模であります。柱筋も南北できれいにそろっています。このように、内郭の中央には、正殿と呼ぶべき大きな建物が南北に配置されていたということです。どうして内郭北区画に二つの正殿があるの

かは、調査をしてすでに一〇年ほどたちますが、いまだにいい解釈が見つかりません。飛鳥宮で今後、考えていかなくてはならない課題です。

図10は、エビノコ郭の正殿です。この建物は東西九間、南北五間の巨大な建物です。内郭とエビノコ郭では最大の建物です。だから、私はこの建物を『日本書紀』で「大極殿」と記された建物ではないかと考えました。建物の周囲には、ここでは拳《こぶし》大の礫《れき》が敷かれています。どうも、飛鳥宮では、地面を舗装する方法で、その空間の性格の違いを表現していたようです。エビノコ郭正殿の周囲のような拳大の礫を敷いている空間は、どうも天皇にとって公的な空間であったようです。そして、内郭北区画のように人頭大の石を敷くところは、私的な空間であったようです。

こういった建物配置や、地面の舗装の仕方などを丹念に分析して、建物の性格などを考えていくことにより、王宮全体の中でのそれぞれの空間の性格を考えることができます。

## 2 飛鳥における「京」の形成

ここから王都の変遷について考えてみたいと思います。

飛鳥宮Ⅰ期、舒明天皇の時代の飛鳥・藤原地域が図11です。先にも述べましたように飛鳥宮Ⅰ期遺構は斜め方位で造られています。王宮以外は、あまり何もないという感じですが、一部で確認されている遺構、たとえば島庄《しまのしょう》遺跡で見つかる七世紀前半に遡《さかのぼ》る建物は、王宮と同様、北で西に約二〇度傾いてつくられています。

飛鳥宮Ⅱ期、皇極天皇の頃の飛鳥・藤原地域が図12です。正方位の飛鳥宮Ⅱ期遺構、飛鳥板蓋宮が造営されます。ただ、皇極天皇の治世は短いので、周辺の整備はあまり進まなかった可能性がつよいと思います。

つぎに飛鳥宮のⅢ期の前半、Ⅲ—A期と私たちが考えている時期の飛鳥・藤原地域が図13です。斉明天皇の後飛鳥岡本宮の段階です。斉明朝になりますと、『日本書紀』などにも、飛鳥をめぐって様々な記事が見られます。斉明天皇は、多くの土木事業を行って、飛鳥という地域をより荘厳に整備しようとしたと考えます。

『日本書紀』斉明二年是歳条には「宮の東の山に石を累《かさ》ねて垣とす」とあります。これは、飛鳥宮の北東の丘陵全体の酒船石《さかふねいし》遺跡で三重の石垣を巡らすような遺跡が見つかっていて、おそらく、これが該当するのだろうと思います。そして、その麓では亀形石槽と小判型石槽といった導水施設がみつかっています。ただ、この導水施設の性格は、国家レベ

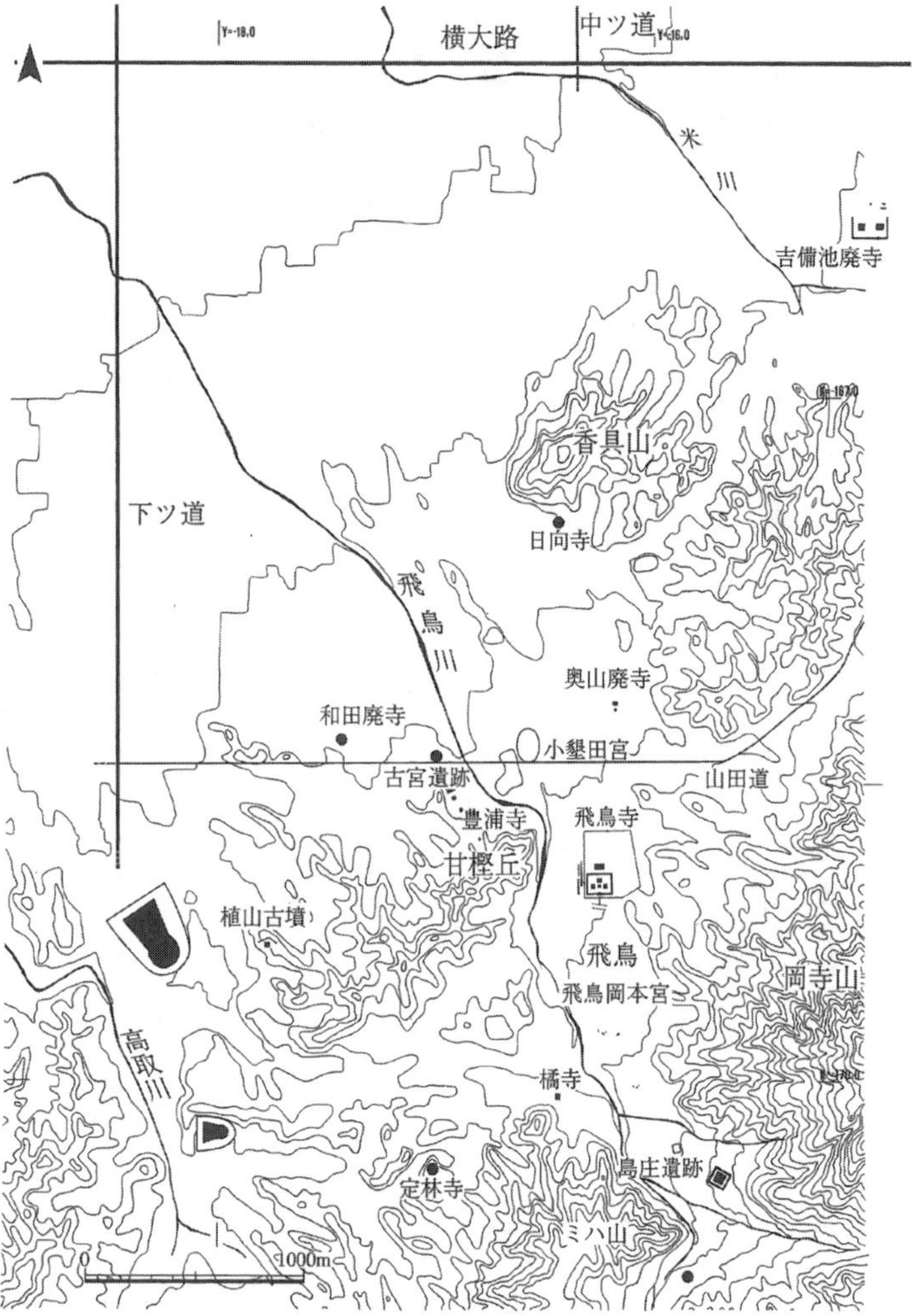


図 11　舒明朝の飛鳥・藤原地域

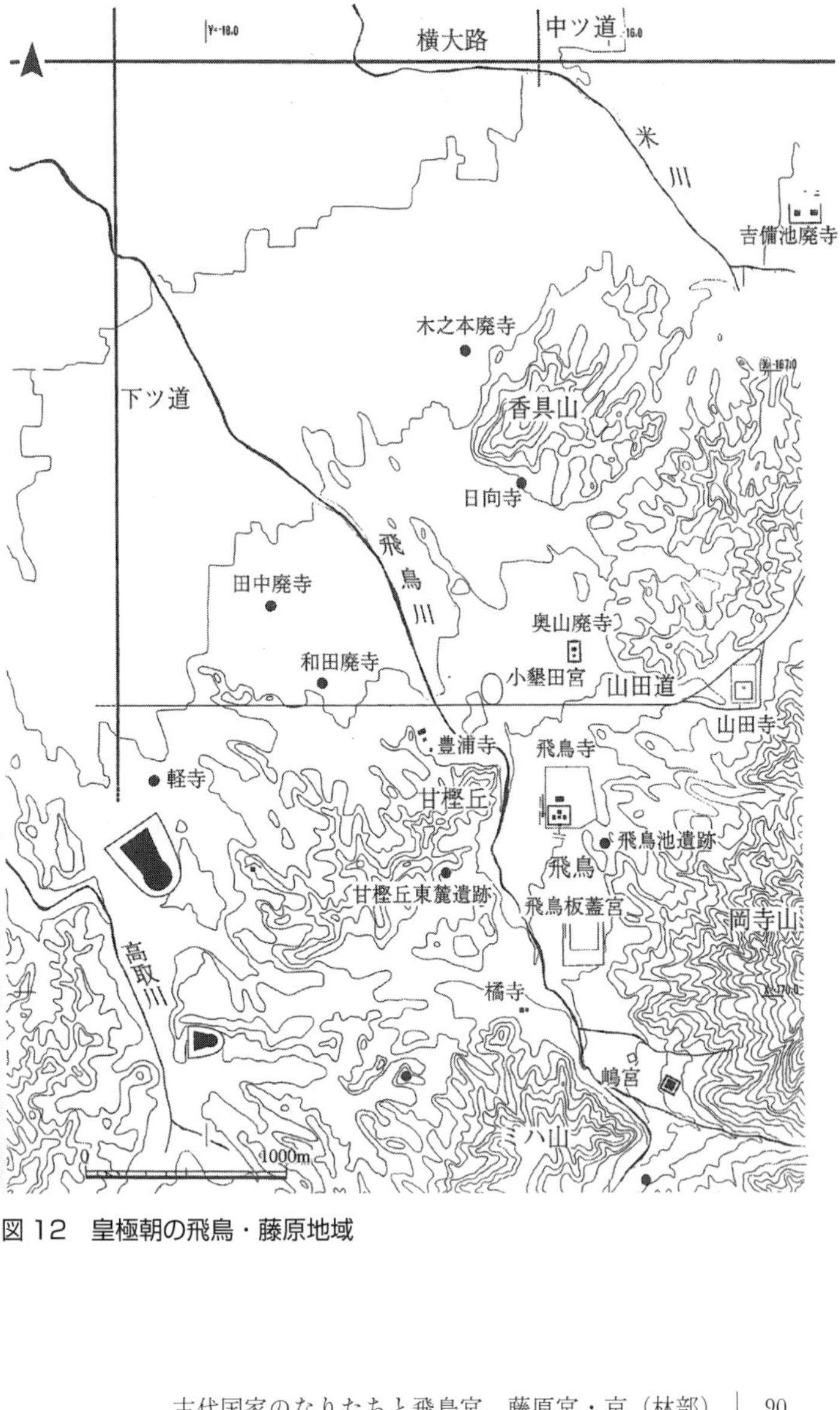


図 12　皇極朝の飛鳥・藤原地域

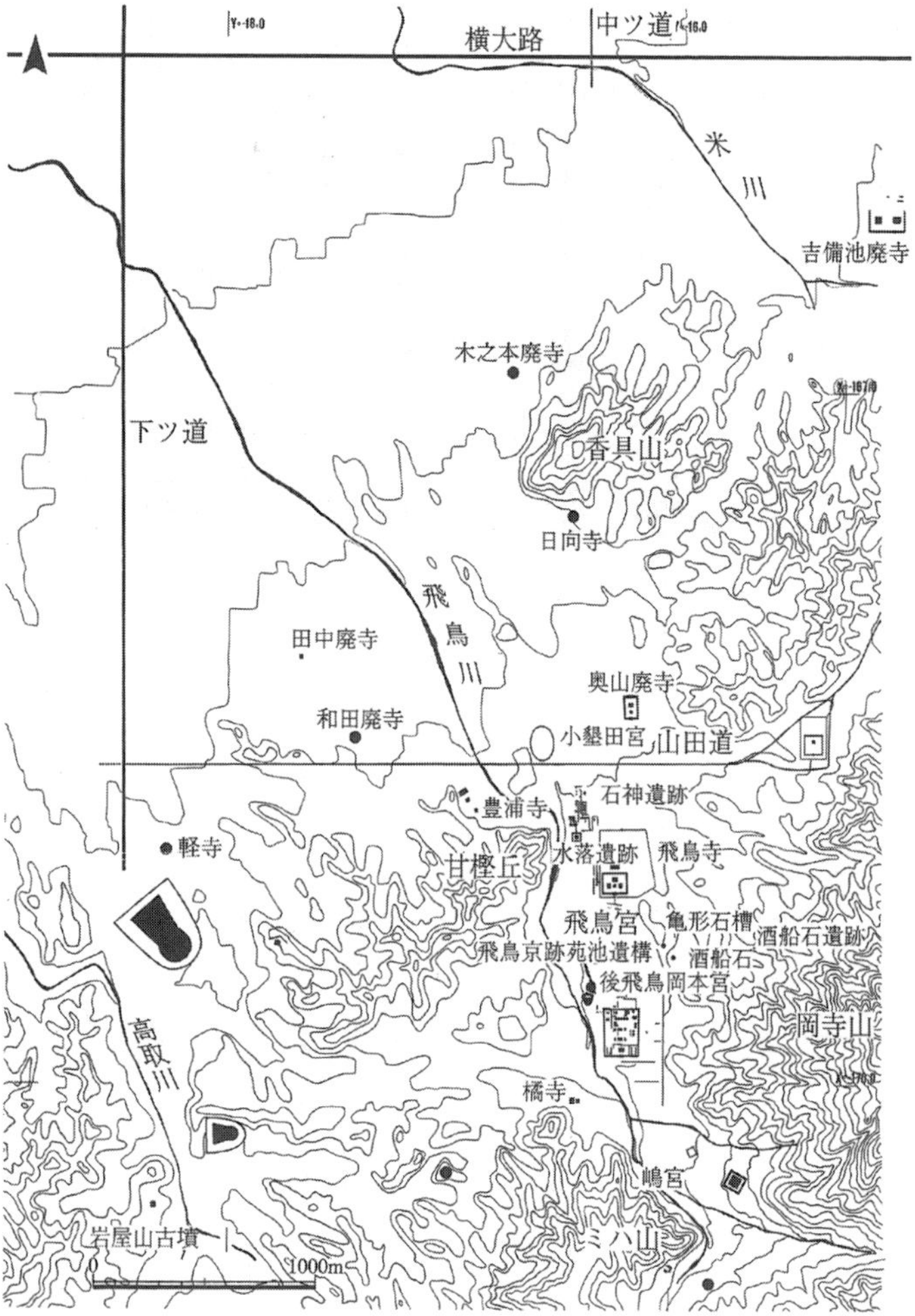


図 13　斉明朝の飛鳥・藤原地域

ルの祭祀《さいし》を行った場であったと推定できますが、具体的に何をしたのかは、よくわかりません。飛鳥水落《みずおち》遺跡は、中大兄皇子（天智天皇）が斉明六年（六六〇）につくった漏刻《ろうこく》を設置した場所であろうと推定されています。

飛鳥の北の端には、石神《いしがみ》遺跡があります。石神遺跡そのものは七世紀前半から遺跡としてありますが、一番整備されるのが斉明天皇の時代であると言われています。石神遺跡がどういう性格の施設なのかは、いろいろと意見があります。外国の使者などをもてなす饗宴の場だろうという意見もあります。石神遺跡では方形の池が見つかっており、ここで蝦《え》夷《み》や隼人《はやと》の服属儀礼などが行われたのではないかと言われています。また、明治の終わりぐらいに須弥山石《しゅみせんせき》と石人像という石造物が見つかっています。饗宴の場所に設置されたのだろうと考えます。ただ、石神遺跡は飛鳥宮に匹敵するくらいの大規模な遺跡であるにもかかわらず、なぜか『日本書紀』などにまったくその名称が出てこない施設のようです。そのため、漠然と饗宴施設、飛鳥の迎賓館などと言われますが、その性格はよくわかりません。

いっぽう飛鳥宮のすぐ北西では、飛鳥京跡苑池《えんち》遺構が見つかっています。おそらく斉明天皇の時代（Ⅲ—A期）に王宮とセットで造営されたと考えられます。北の池と南の池があって、それぞれ高い石垣を組んで護岸として、中島や渡り堤などをもちます。池底には全面に石が敷かれています。最近の調査では、池の中に建物が建っていた痕跡が見つかっています。また、南の池の南端では、出水《でみず》の酒船石と呼ばれる導水施設が見つかっています。さらに、斉明天皇が造った運河で『日本書紀』斉明二年是歳条に出てくる「狂心の渠《たぶれこころのみぞ》」ではないかとされている大きな溝が飛鳥東垣内《ひがしがいと》遺跡で見つかっています。

斉明天皇の時代になりますと飛鳥宮を中心として、酒船石遺跡、飛鳥水落遺跡、石神遺跡、飛鳥京跡苑池遺構、飛鳥東垣内遺跡と、飛鳥と呼ばれる範囲が非常に整備されて、飛鳥という地域が飛鳥宮としてより立派に荘厳になっていくと考えます。飛鳥が、まさに支配拠点として整備がなされたのが、飛鳥宮Ⅲ—A期、斉明天皇の後飛鳥岡本宮の段階であったと考えられます。

そして、次の段階、飛鳥宮Ⅲ—B期になったらどうなるのか。天武朝になったらどうなるのか（図15）。斉明朝の時は、飛鳥宮のⅢ—A期では、飛鳥と呼ばれる範囲、飛鳥宮とその周辺が整備されました。Ⅲ—B期になると、さらにその範囲はひろがって、飛鳥・藤原地域の広い範囲が整備されるようになります。正方位に基づく空間整備がさらに周辺地域まで拡大されたということです。具体的に建物などが、正方位で整備されている様子を

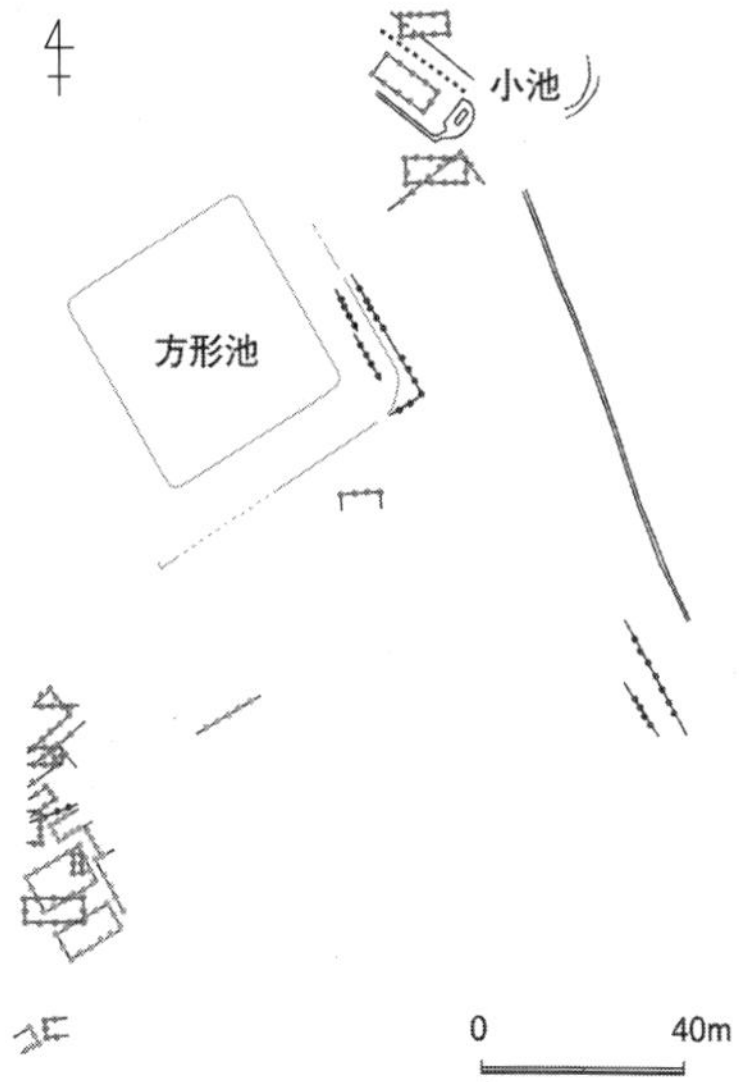


図14　島庄遺跡

見てみましょう。

島庄遺跡は飛鳥宮の南に位置する遺跡です。蘇我馬子《そがのうまこ》の邸宅があったところです。また、草壁皇子《くさかべ》の嶋宮《しまのみや》があった場所とも推定されています。図14で、斜め方位をとる建物は七世紀前半ぐらいのものです。そして、正方位をとる建物は、七世紀後半ぐらいです。ここでは、七世紀後半ぐらいを境にして建物が正方位で建て替えられます。だいたい飛鳥宮Ⅲ―B期ぐらいの時期です。王宮では、飛鳥宮Ⅱ期遺構から、斜め方向に傾いていた建物が正方位に建て替えられるということを先に述べましたが、王宮の周辺でも、時期は異なりますが、同じようなことが起こっているわけです。

もうひとつ、そのような例を紹介しましょう。飛鳥宮からずっと西の方にある丘陵で、植山《うえやま》古墳などがある地域に、五条野向イ遺跡、五条野内垣内遺跡という遺跡があります（図

15）。この二つの遺跡は、有力氏族の居宅、あるいは有力な皇子の王宮ではないかと言われていますが、ともに南東方向にのびていく丘陵を平坦にカットして平らな面をつくって正方位で建物を造営しています。あまり造成をせずに土地を有効に活用しようとするならば、丘陵ののびる方向に沿って建物を建てるのが一番いいのですが、わざわざ丘陵を平坦に造成して建物を正方位で建てています。

このような状況は飛鳥宮の北方でも特に変わりません。藤原京の調査でも北で西に約二〇度振れている建物が、七世紀後半ぐらいを境に正方位に建て替わっていく状況が確認できます。さらに藤原宮の下層には宮内先行条坊というかたちで、なぜか条坊の区画割りにあった道路があるわけですが、それに沿ったかたちで建物が建っている様子がわかります。これは当然のことながら正方位で建っています。

斉明朝に飛鳥の空間整備が行われます。そして、その次の段階、天武の段階になるとさらに広い範囲に空間整備が広がります。飛鳥・藤原地域まで拡大した段階というようにとらえることができると思います。その結果、飛鳥・藤原地域は、建物が正方位で建ち並ぶという非常に特殊な空間になったのだと思います。

さらにこういった飛鳥・藤原地域の周辺地域では、地形条件に制約された建物群などがつくられています。当然のことながら、造営方位が正方位にそろわないわけです。建物が地形条件に制約されてバラついています。そのような状況の中で、飛鳥・藤原地域が、正方位で建物が建ち並ぶことになるわけですから、視覚的にも周辺地域と異なった特殊な景観が飛鳥・藤原地域に出現してきたと考えられます。私自身はこれを飛鳥宮に伴う「京」「都」（ミヤコ）と呼んでも何ら問題はないと思っています。考古学は文献史学と違って、実際に発掘調査で検出される建物などの遺構といったモノ資料を基準にして考えていかなくてはなりませんので、正方位で建物を建てる範囲というものを基準にして、「京」「都」の空間の成立ということが証明できないかと考えています。天武の段階になって、飛鳥宮に対する飛鳥の「京」、「飛鳥京」と呼んでもいい空間が飛鳥・藤原地域に出現したと考えます。

飛鳥の「京」は、図15でも明らかなように北のほうには「新城《にいき》」と呼ばれる方形のメッシュをもった都市計画はありますが、南のほうにはそういったものは一切ありません。建物の造営方位を正方位でそろえるという程度の決まりがあっただけですが、「京」「都」の成立には大きな意味があると考えます。

あらためて「京」「都」という空間の形成について考えますと、「京」「都」の形成にとってもっとも重要なことは、王権がどの範囲を支配拠点として意識して整備するのか。そ

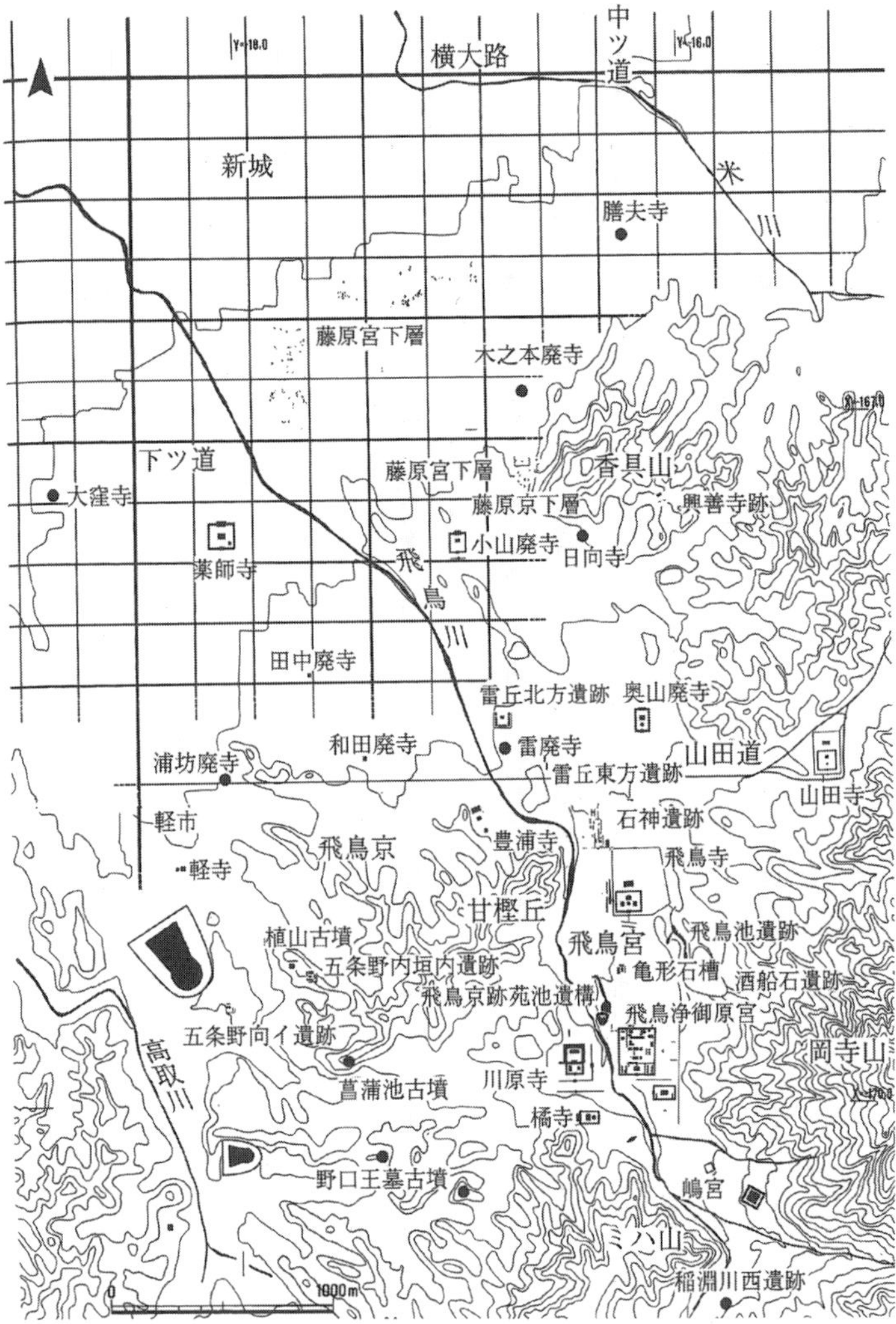


図 15　天武朝の飛鳥・藤原地域

して、その結果としての、空間の視覚的な差別化と、その範囲の確定にあったと私自身は考えています。こういった条坊制のない段階の「京」、飛鳥の「京」の段階があって、初めて藤原京で条坊制が導入できたのではないでしょうか。そういった意味でこうした「京」の成立をもう少し評価してもいいと私は思っています。

## 3 条坊制の導入と藤原京

次に条坊制の導入と藤原京の問題について述べさせていただきます。

近年は、藤原京を十条十坊に復元する説が有力になってきています。ただ、これについてはまだまだしっかりと検証しなければいけない課題がたくさんあるということです。有力な仮説であることはもちろん認めますが、これからもまだ検証していかなければいけないと考えています。

図16は、藤原京を復元したものです。真ん中にあるのが藤原宮です。その周囲で条坊が施工されている範囲が藤原京となります。先ほども述べましたように、藤原京の京域についてはまだいろいろな説があります。図17にそれを示しておきました。いろいろな説が

図16　藤原京の復元模型（橿原市教育委員会提供）

あることがおわかりになっていただけると思います。かつて岸俊男先生が復原された藤原京は図の中のＡＢＣＤです。一番有力視されている十条十坊説はＫＬＭＮです。ただ、あくまで仮説であって、これから検討していかなければならないということです。

実際に条坊が見つかっているところ、条坊にかかわる道路遺構が見つかっている地点だけを落としたのが図18です。平成一七年（二〇〇五）当時の調査例に基づいて作図をしています。実際に道路はこのような感じで見つかっています。もう、一〇年以上前に作成した図ですから、最近は、もっとたくさん見つかっていることと思います。

ところで、藤原京は『日本書紀』では「新益《あらまし》の京《みやこ》」と呼ばれています。新たに益した「京」とい

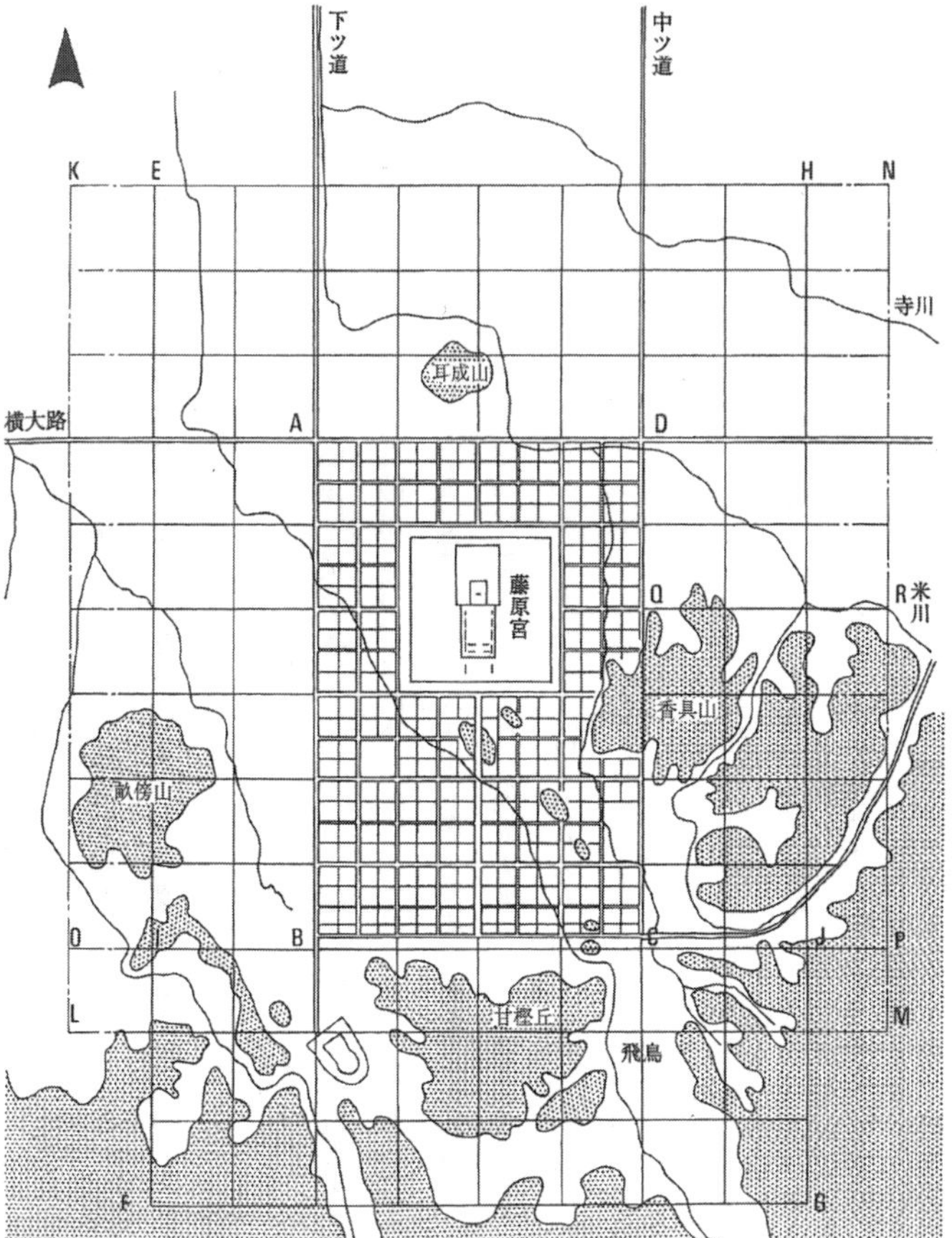


図 17　藤原京の京域復元の諸説（ABCD= 岸俊男説、ＥＦＧＨ＝阿部義平・押部佳周説、EIJH= 秋山日出雄説、KOPN= 竹田政敬説、KLMN= 小澤毅・中村太一説　小澤毅『日本古代宮都構造の研究』をもとに作図）

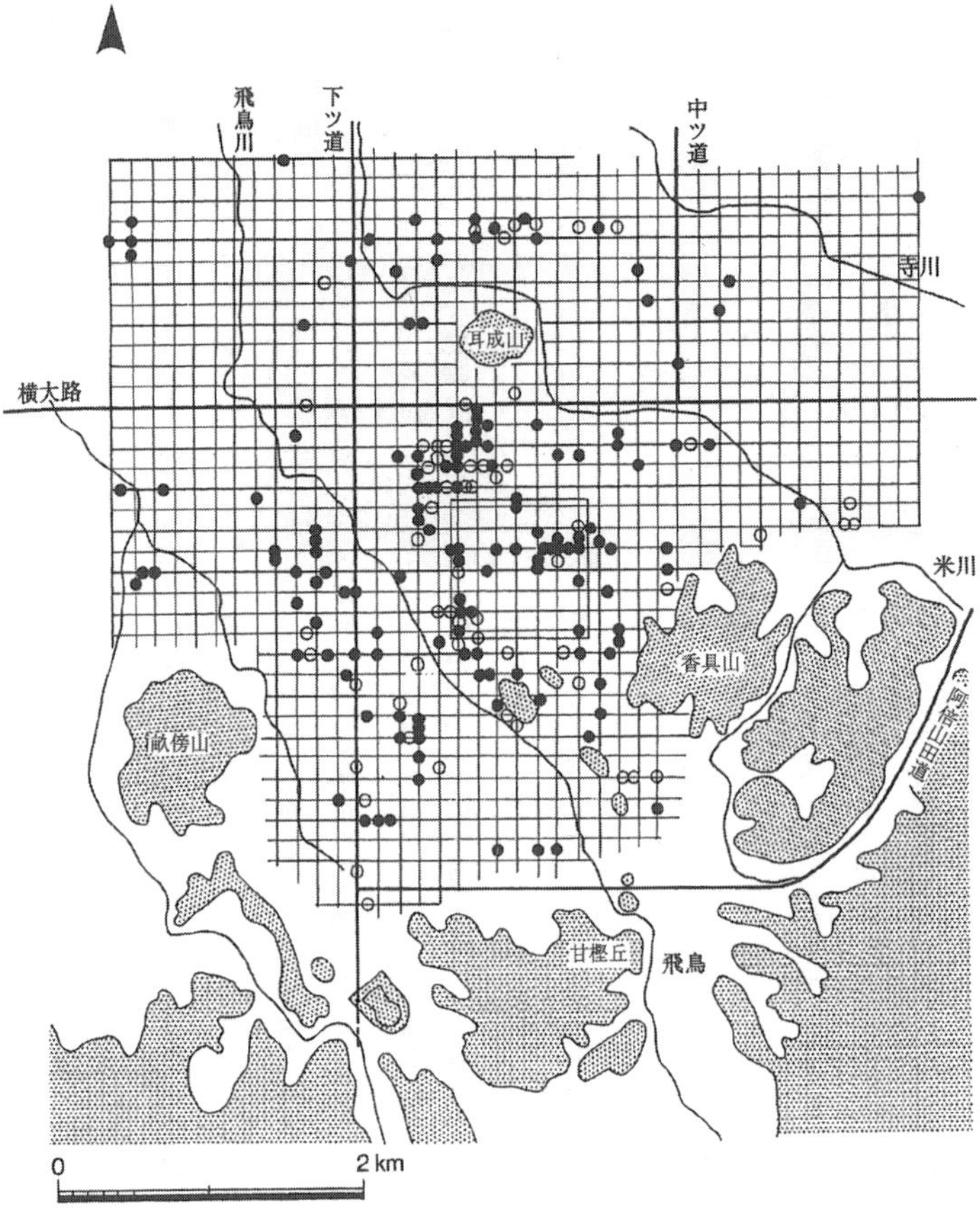

図18　藤原京の条坊検出地点(2005年3月現在。●は両側溝を確認した地点、○は一方の側溝のみを確認した地点を示す)

うことは、もともとの都があって、新たに益したと見るのが自然です。近年はそのように解釈すべきではないという意見もありますが、私はひとまずそのように考えるのが自然であると思います。もともとの「京」があった、それが先ほど述べました天武天皇の時代の飛鳥浄御原宮にともなう飛鳥の「京」であったと考えたらいいのではないかと思います。それをイメージしたのが図19です。もともとの飛鳥の「京」があります。それも含めて新たに益した「京」であったために「新益京」と呼ばれたのではないでしょうか。

持統八年（六九四）、飛鳥浄御原宮から藤原宮に持統天皇は移ります。しかし、藤原宮に遷居しても飛鳥がいまだ利用されていた形跡があります。たとえば、飛鳥京跡苑池遺構では、藤原宮期に何らかの役所があったことを示す木簡が出土しています。また、石神遺跡にも建物群が残ります。これも、おそらく役所でしょう。そして、飛鳥宮周辺の寺院や有力氏族の居宅が、藤原遷都にともなって、とくに藤原京に移ったという形跡もみられません。それから普通は遷都する時には留守司という官司を置いて、都の警備や維持・管理をしっかりとするわけですが、藤原遷都にあたっては、留守司が置かれた形跡がありません。このようなことから飛鳥をはじめとして、もともとの「京」の部分と、条坊を施工した部分とが一体として都と意識されて使われていたと私は考えたいと思います。

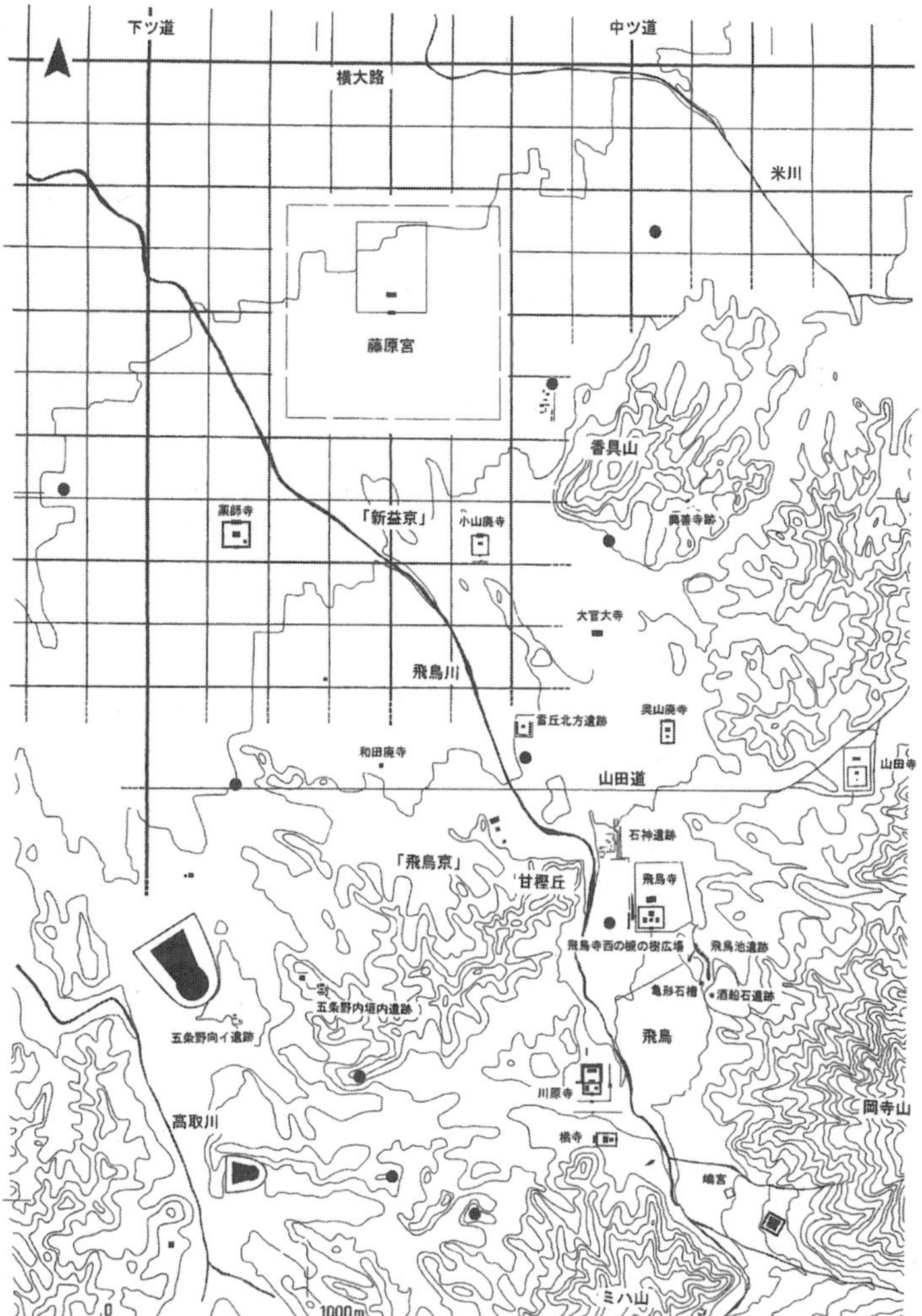
下ツ道
中ツ道
横大路
米川
藤原宮
香具山
薬師寺
「新益京」
小山廃寺
奥香寺跡
大官大寺
飛鳥川
香丘北方遺跡
奥山廃寺
和田廃寺
山田寺
山田道
石神遺跡
「飛鳥京」
甘樫丘
飛鳥寺
飛鳥寺西の槻の樹広場
飛鳥池遺跡
亀形石槽
酒船石遺跡
五条野内垣内遺跡
五条野向イ遺跡
飛鳥
川原寺
岡寺山
高取川
橘寺
嶋宮
ミハ山
1000m
図 19 「新益京」と藤原京

そのように言うと、飛鳥と藤原京はすごく近くて、移る必要がなかったから移らなかっただけだというご意見を、よくいただきますが、藤原京での条坊制の導入のもつ意味を考えたとき、宅地を班給して役人たちを集住させるということに意義があったと思いますので、やはり移らないこと、移った形跡のないことに何らかの意味があると私は考えます。

飛鳥宮にともなう「京」と北方の条坊が施工された地域が一体となって都であったので、「新益京」と呼ばれることになったのではないでしょうか。もともと条坊制を持たない「飛鳥京」に新たな条坊制を導入して、一つの都として「新益京」としたわけですから非常に変則的な形態だったと思います。これが条坊制というか、グリッドプランの都市計画を初めて導入した藤原京のもつ特徴でもあったわけです。そして、このことにこそ条坊制導入期の複雑な様相が示されていると考えます。

藤原京は存続期間が藤原遷都の持統八年（六九四）から平城遷都の和銅三年（七一〇）までの都でした。そして、その途中、大宝《たいほう》元年（七〇一）に大宝律令が制定されます。そのあたりを境に藤原京の統治・管理の方法が整備されて、変化している可能性を考えていいと思います。藤原京が右京・左京に分かれるのが、文献で確認できるのは大宝二年以降です。東西の市の設置についても大宝三年以降です。実際、藤原京の発掘調査を見ておりますと、大宝律令が施行されたあとに、大規模な土地造成の痕跡や役所を再編しているようすが見てとれます。藤原京は大宝律令の段階で再整備が行われ、条坊制の施工された範囲が改めて都と認識される空間になったと考えます。これは、あくまで藤原京の発掘調査を長くさせていただいた私の発掘現場から得た感触に基づく解釈です。だから、たくさんのご批判をいただいていますし、もっと検証しなくてはならない課題がいっぱいあるということもわかっています。

しかし、どのようなかたちであれ、藤原京において変則的ではあるけれども、条坊制を導入した意義は大きいと思います。次の平城京では、条坊制が整備された範囲、施工された範囲がまさに都と認知されるようになります。条坊制は、都と呼ばれる空間を、他の地域と視覚的に明確に区別する指標となっていきます。ただ、条坊制そのものは、もともと役人たちに土地を班給して、集めて住まわせることが目的で導入されたわけです。それが藤原京の段階において、どの程度達成されたかについては定かではありませんが、都と呼ばれる空間を視覚的に、より荘厳に見せるために導入したのが条坊制であると思います。すなわち、条坊制は、より明確に都と呼ばれる空間を視覚的に認識させるための舞台装置だったと思います。王権が「都」として空間を支配しようとした範囲に条坊制が導入され、ほかとは異なる特別な空間として「都」という認識がなされるようになったと考えています。

## おわりに

飛鳥宮と藤原宮・京を中心に取り上げて、日本における王宮の変遷の様相、そして「都」「京」という空間がどのように形成されるのか、グリッドプランを持った、都市計画をもつ条坊制都城がどのように導入されるのかについて述べてきました。おそらくそこには、古代の国家形成に向けた複雑な過程が反映されていると思います。

王宮の変遷を見ても七世紀半ば以降、前期難波宮、飛鳥宮、近江大津宮、そして再び飛鳥宮、藤原宮、平城宮となります。その中枢だけの変遷をまとめたのが図20です。この王宮の中枢の変遷図を概観するだけでも、前期難波宮から単純に発展しているだけではないということがわかります。大きくなったり、小さくなったり、新たな施設がくっついたり、また無くなったり、さらに、もとのかたちに戻ったり、中枢が二つになったり、どうも複雑な変遷をしていることがわかってきました。おそらくこういった王宮のかたちには当時の政治形態が強く反映されると思いますので、古代国家の複雑な形成過程を読み取ること

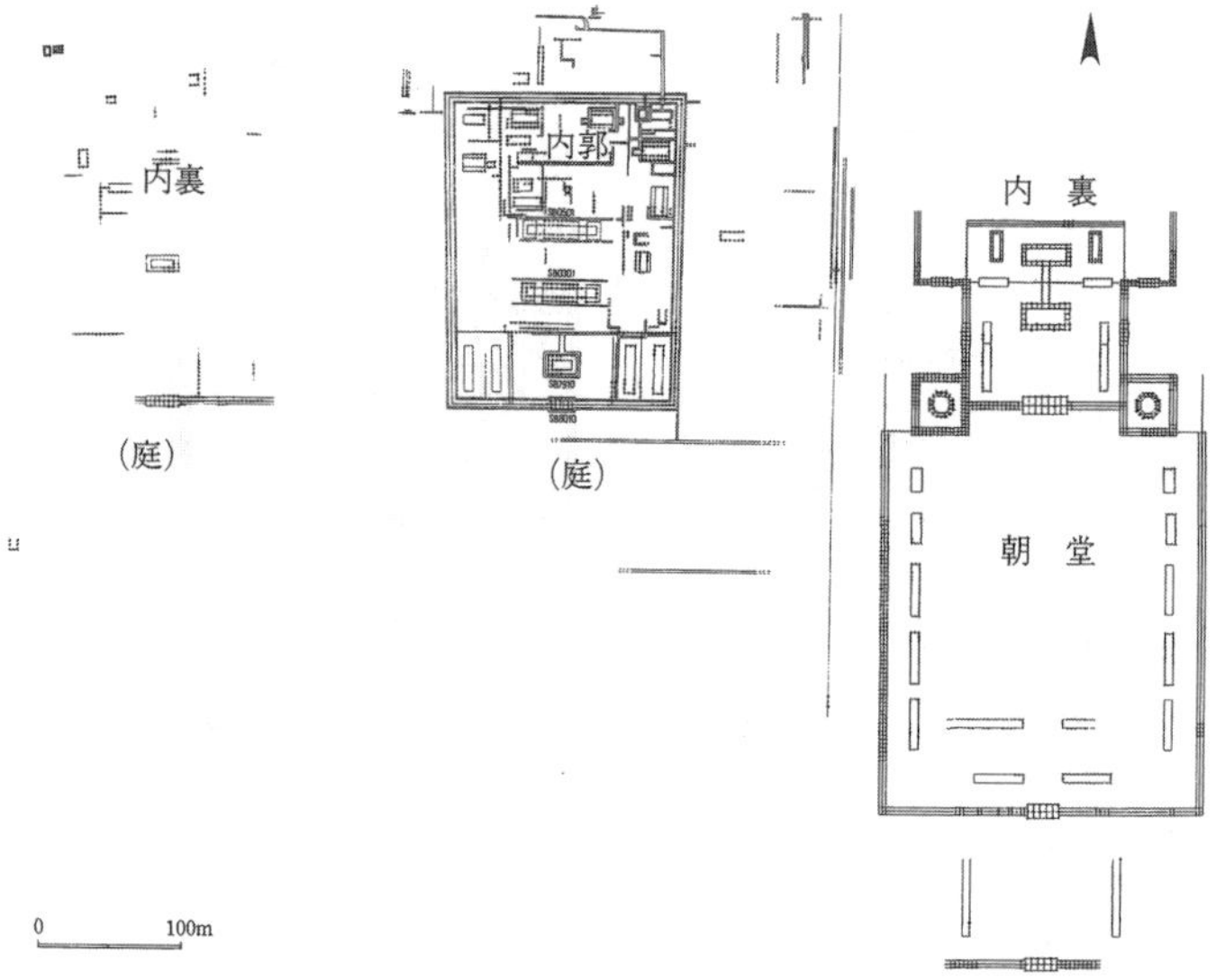


図 20　古代王宮の変遷 1（右，前期難波宮・中，飛鳥宮Ⅲ—A期遺構・左，近江大津宮）

ができると思います。

また王都の形成についても、先ほど藤原京について、条坊制の導入過程が複雑な様相であることを述べました。もちろん、まだまだ、検証しなくてはならないことは多々残っておりますが、そこにも古代国家の複雑な形成過程を読み取ることができると考えています。それぞれの変化、その年代、変化の内容についても単純ではありません。古代国家の形成について、七世紀代を単純な発展だけで考えるのは困難ではないでしょうか。いろいろな視点でものを見ていかなければいけないということを

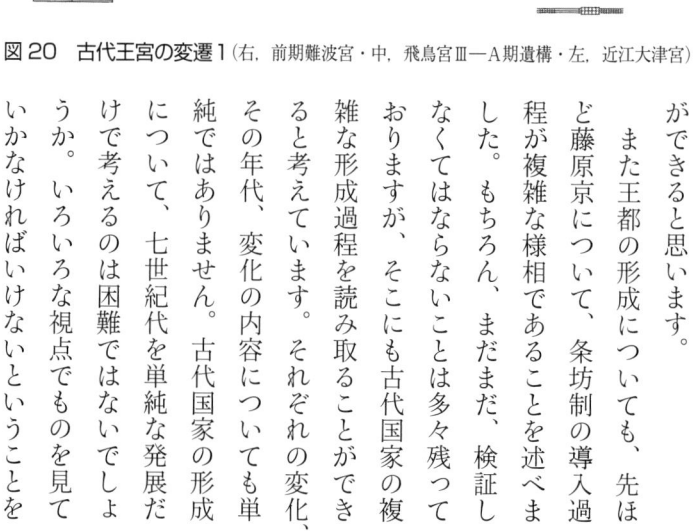

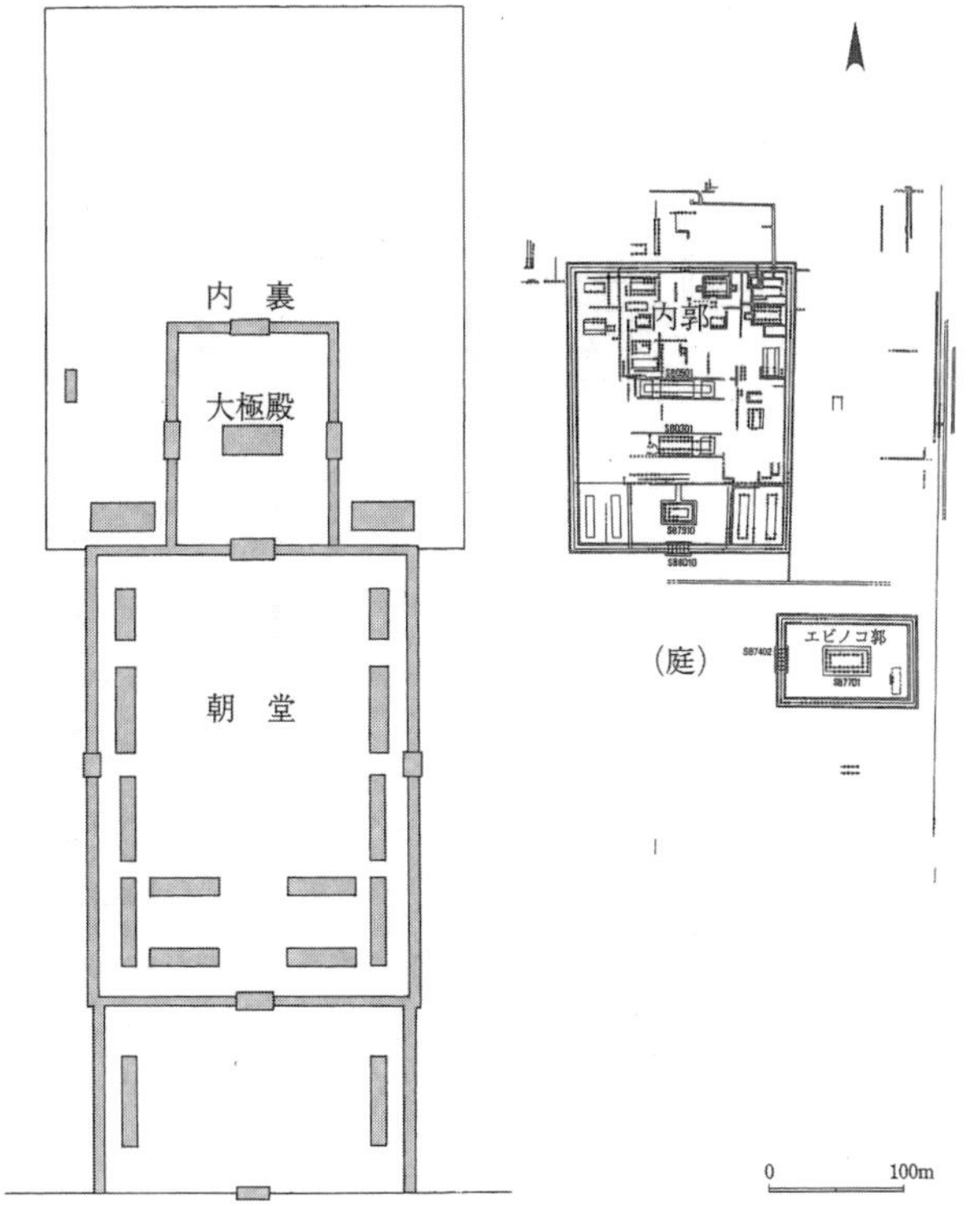


図 20　古代王宮の変遷 2（右，飛鳥宮Ⅲ—B 期遺構・左，藤原宮）

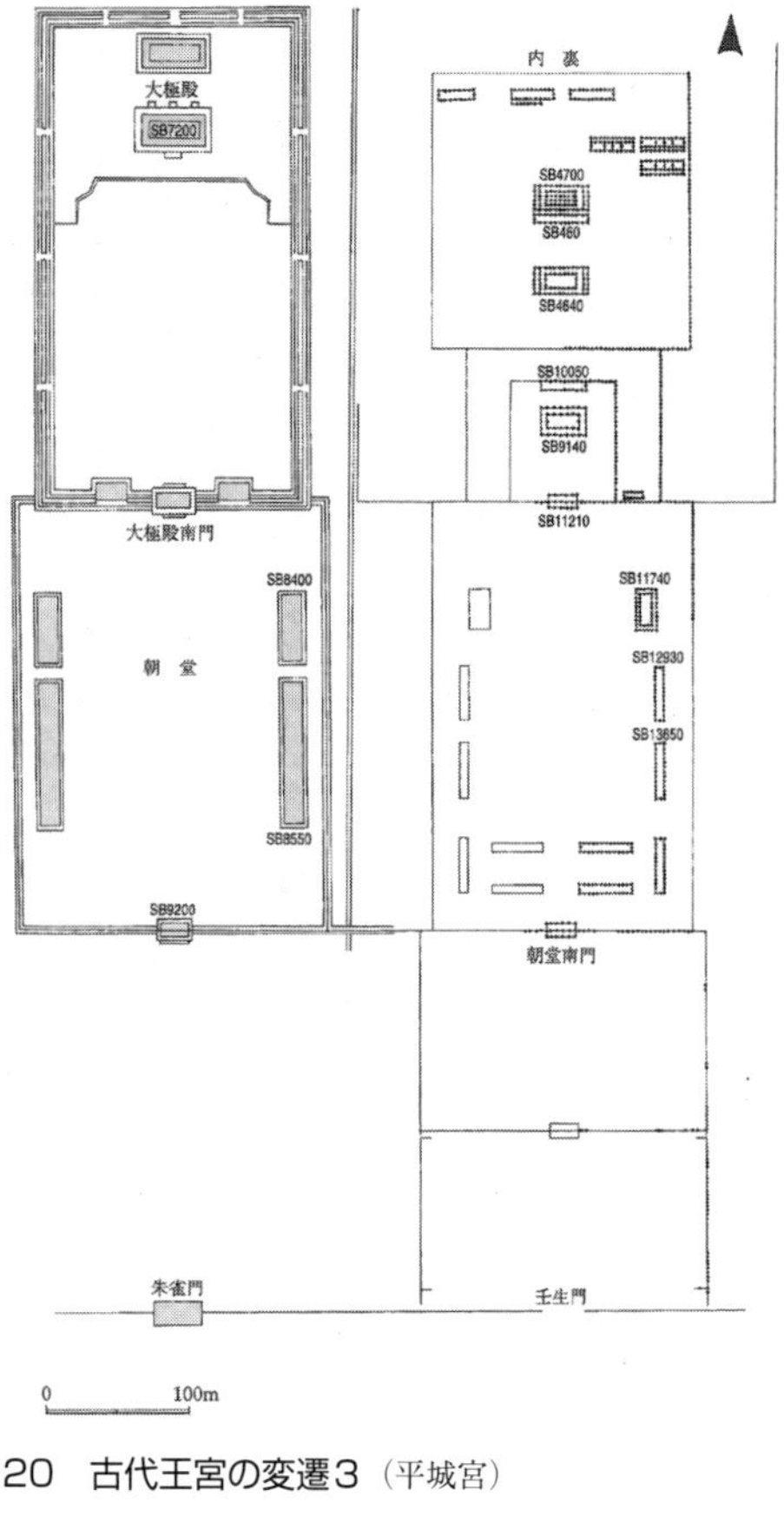


図 20　古代王宮の変遷 3（平城宮）

感じています。

今日、私にいただいた課題は、王宮・王都ということでしたので、飛鳥宮や藤原宮・京の形成過程から、古代における国家形成の複雑な様相を考えましたが、王宮・王都以外のいろいろな考古学の資料を積み重ねて、それぞれがどのようなかたちで変化していっているのかを検討していき、総合的に分析していく中で、よりリアルな七世紀史というか、飛鳥時代の歴史というものを考古学の立場から考えていくことができると思っています。

## 参考文献


今泉隆雄『古代宮都の研究』吉川弘文館、一九九三年
小澤　毅『日本古代宮都構造の研究』青木書店、二〇〇三年
岸　俊男『日本古代宮都の研究』岩波書店、一九八八年
岸　俊男『日本の古代宮都』岩波書店、一九九三年
木下正史『飛鳥・藤原の都を掘る』吉川弘文館、一九九三年
林部　均『古代宮都形成過程の研究』青木書店、二〇〇一年
林部　均「飛鳥の諸宮と藤原京―都城の成立―」吉村武彦・山路直充編『都城　古代日本のシンボリズム―飛鳥から平安京へ―』青木書店、二〇〇七年
林部　均『飛鳥の宮と藤原京―よみがえる古代王宮―』（歴史文化ライブラリー）吉川弘文館、二〇〇八年

# 飛鳥・藤原の宮都と古代寺院

花谷　浩

## はじめに

飛鳥を離れて九年余りがたちましたので、飛鳥のことを少し思い出そうと思って先月（二〇一五年九月）、奈良国立博物館の「白鳳展」を見てまいりました。薬師寺《やくしじ》東塔の水煙《すいえん》・擦銘《さつめい》など実物を間近にして気分だけは戻りました。今回は飛鳥・藤原地域の古代寺院と瓦を題材に、この地域の六世紀から七世紀について述べたいと思います。まず、前提としての、飛鳥時代から奈良時代の日本仏教の大まかな流れを述べていきます。

## 1　仏教伝来と造寺

日本に仏教が伝来したのは、欽明朝《きんめいちょう》の五三八年、あるいは五五二年という説があります。大正一四年生まれの私の父は戦前に「イチニイチニと仏教公伝」というふうに習ったそうです。五五二年を「皇紀」で数えると一二一二年ですからイチニイチニとなるということのようです。最近は五三八年説が有力と思いますので、これをとると飛鳥寺が創建された崇峻《すしゅん》元年（五八八）は、ちょうどその五〇年後になります。

一〇一年後の舒明《じょめい》一一年（六三九）に舒明天皇が百済大寺《くだらのおおでら》を創建します。近年の飛鳥地域の寺院発掘では一番大きな発見になると思いますが、百済大寺の遺跡が見つかっています。一五〇年後は持統《じとう》二年（六八八）ですが、その八年前、天武《てんむ》九年（六八〇）に発願された薬師寺（本《もと》薬師寺）が藤原京にでき、無遮大会《むしゃだいえ》（かぎりなきおがみ）を設けるという記事が六八八年に出てきます。朱鳥《しゅちょう》元年（六八六）、天武天皇の死の直後には「五寺」（寺名は六つを記載）で無遮大会をしていますが、この中に薬師寺が出てきませんので、ようやく六八八年の時点で金堂などの伽藍《がらん》が一定程度できあがり、仏教行事を行えたのだろうと考えます。これが仏教公伝から一五〇年です。

一九九年後の天平《てんぴょう》九年（七三七）には、国ごとに釈迦《しやか》三尊像の造像と『大般若経《だいはんにやきょう》』の写経を命じ、これが七四一年の国分寺《こうぶんじ》建立の詔《みことのり》へつながっていきます。全国に官立寺院が展開していくのに二〇〇年近くかかったということです。

二五〇年後の延暦《えんりやく》七年（七八八）には最澄《さいちょう》が比叡山寺《ひえのやまでら》を造り、それから六年後その足元に平安京が建設されます。これが二五〇年間の大まかな流れになろうかと思います。本章はその中の五〇年後から百数十年後までの間を対象としています。

当時の天皇の代に瓦の編年をあてはめてみますと、飛鳥寺の創建瓦が崇峻朝から推古《すいこ》朝の初めぐらいになり、斑鳩寺《いかるがでら》も推古朝になります。推古朝の終わりから舒明朝にかかる瓦としては、斑鳩寺の船橋廃寺《ふなはしはいじ》式の瓦があります〈図1—8〉。図1最下段の左端、斑鳩寺の北方建物に使われていると推定している船橋廃寺式〈図1—15〉が、推古朝の終わりから舒明朝の前半ぐらいとなります。最下段の中央は百済大寺の軒瓦〈図1—17・18〉ですが、これが舒明一一年。山田寺《やまだでら》の創建軒瓦〈図2—1～4〉が舒明一三年から、孝徳《こうとく》朝の初期、大化年間の四、五年までぐらいの瓦です。図2の二段目の川原寺《かわはらでら》〈図2—5～8〉は天智《てんじ》朝から天武朝初めぐらいと考えています。図3の紀《き》寺式〈図3—1〉が天武朝の早いころに

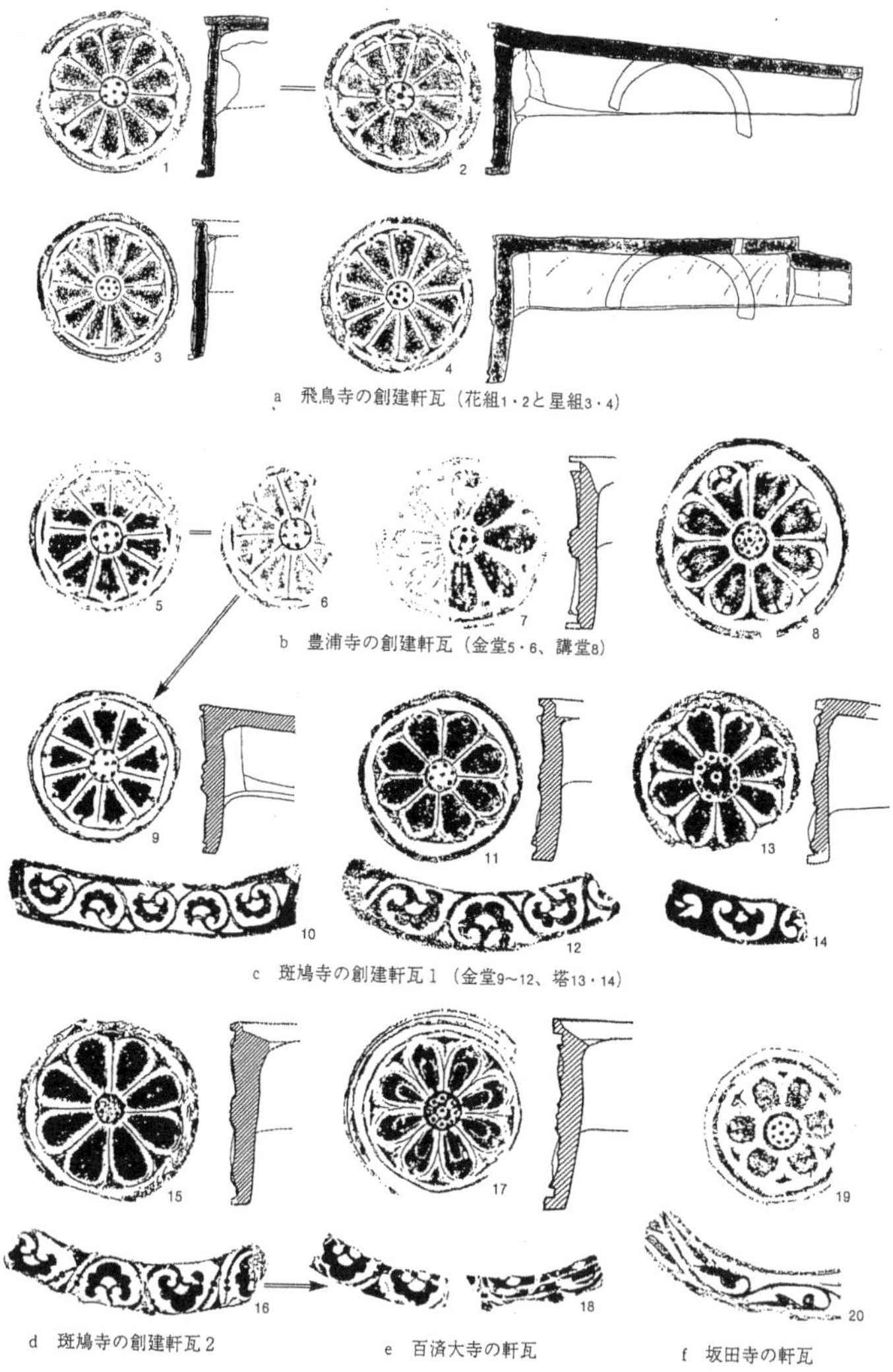


図1　飛鳥時代軒瓦様式変遷図1（古代土器研究会 1997）

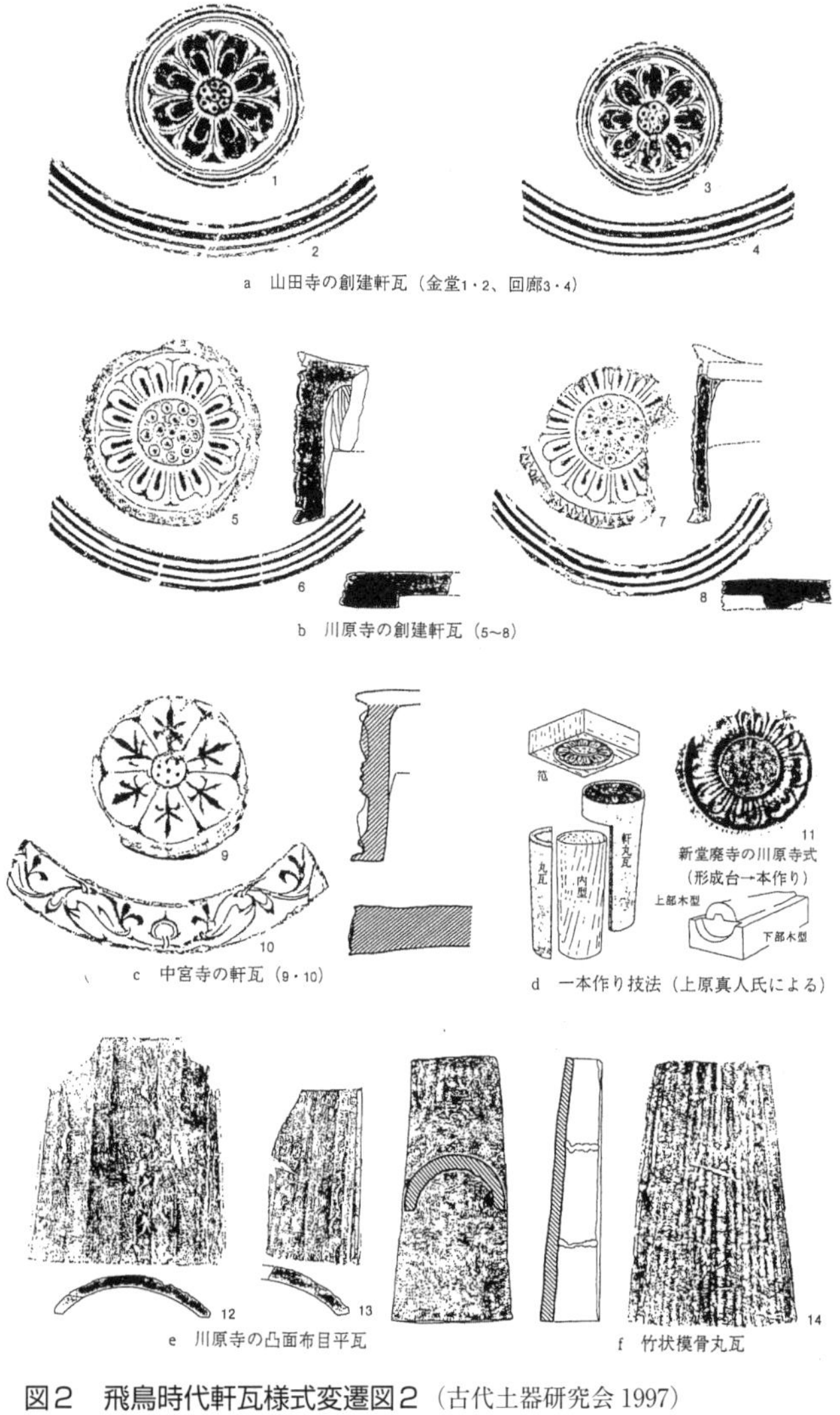

a　山田寺の創建軒瓦（金堂1・2、回廊3・4）
b　川原寺の創建軒瓦（5~8）
c　中宮寺の軒瓦（9・10）

d　一本作り技法（上原真人氏による）
e　川原寺の凸面布目平瓦
f　竹状模骨丸瓦

図2　飛鳥時代軒瓦様式変遷図2（古代土器研究会 1997）

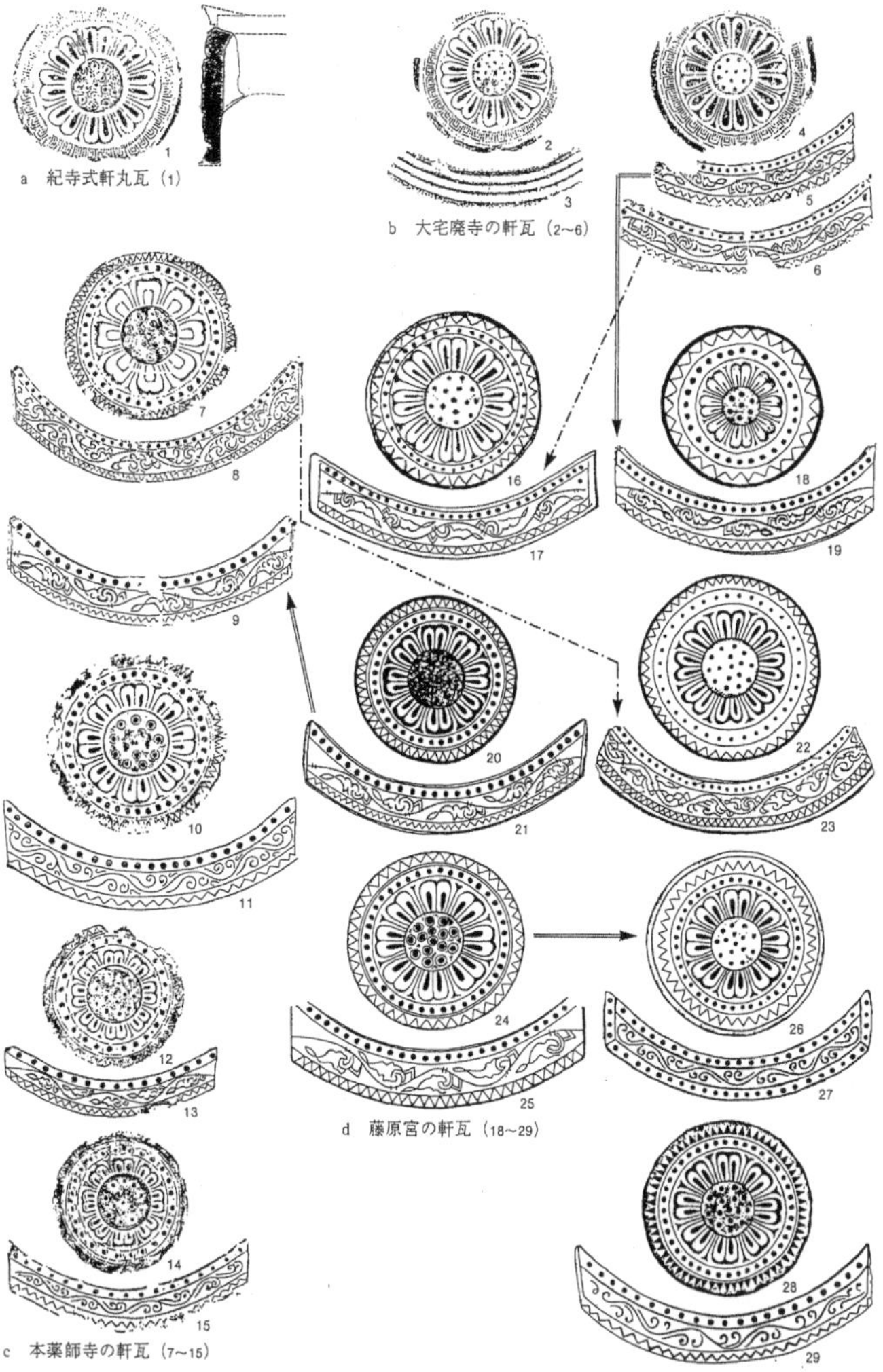


図３　飛鳥時代軒瓦様式変遷図３（古代土器研究会 1997）

登場します。その後、本薬師寺〈図3―7～15〉と藤原宮式〈図3―16～29〉が天武朝から持統朝にかけての時代を表現しています。このような編年観で説明したいと思います。

## 2 飛鳥寺の創建と初期の仏教

まず飛鳥寺の創建です。飛鳥寺は崇峻元年（五八八）に創建されて、五九二年に仏堂と回廊が建設されます。推古四年（五九六）に塔が完成して露盤が上げられます。六〇六年あるいは六〇九年に丈六《じょうろく》釈迦像が完成します。

飛鳥寺に次いで七世紀前半（六三〇年代まで）つまり山田寺式が出てくるまでの、瓦でいうと素弁《そべん》の瓦を出土し、推古朝から舒明朝の初めぐらいのところで創建されたと考えられる寺は飛鳥の盆地部にほぼ集中しています。せいぜい北が日向寺《にっこうじ》で、南は坂田寺、一つだけ離れて檜隈《ひのくま》寺があります。これらすべてを包含する範囲というと広くみえますが、実際は飛鳥の盆地部の寺と檜隈寺ぐらいがこの時期に造られたということになります。

そして、飛鳥寺の伽藍とその源流について述べていきます。飛鳥寺の中心伽藍の地割計画図〈図4〉ですが、飛鳥資料館の図録『飛鳥寺』（一九八六年）に掲載されたものです。

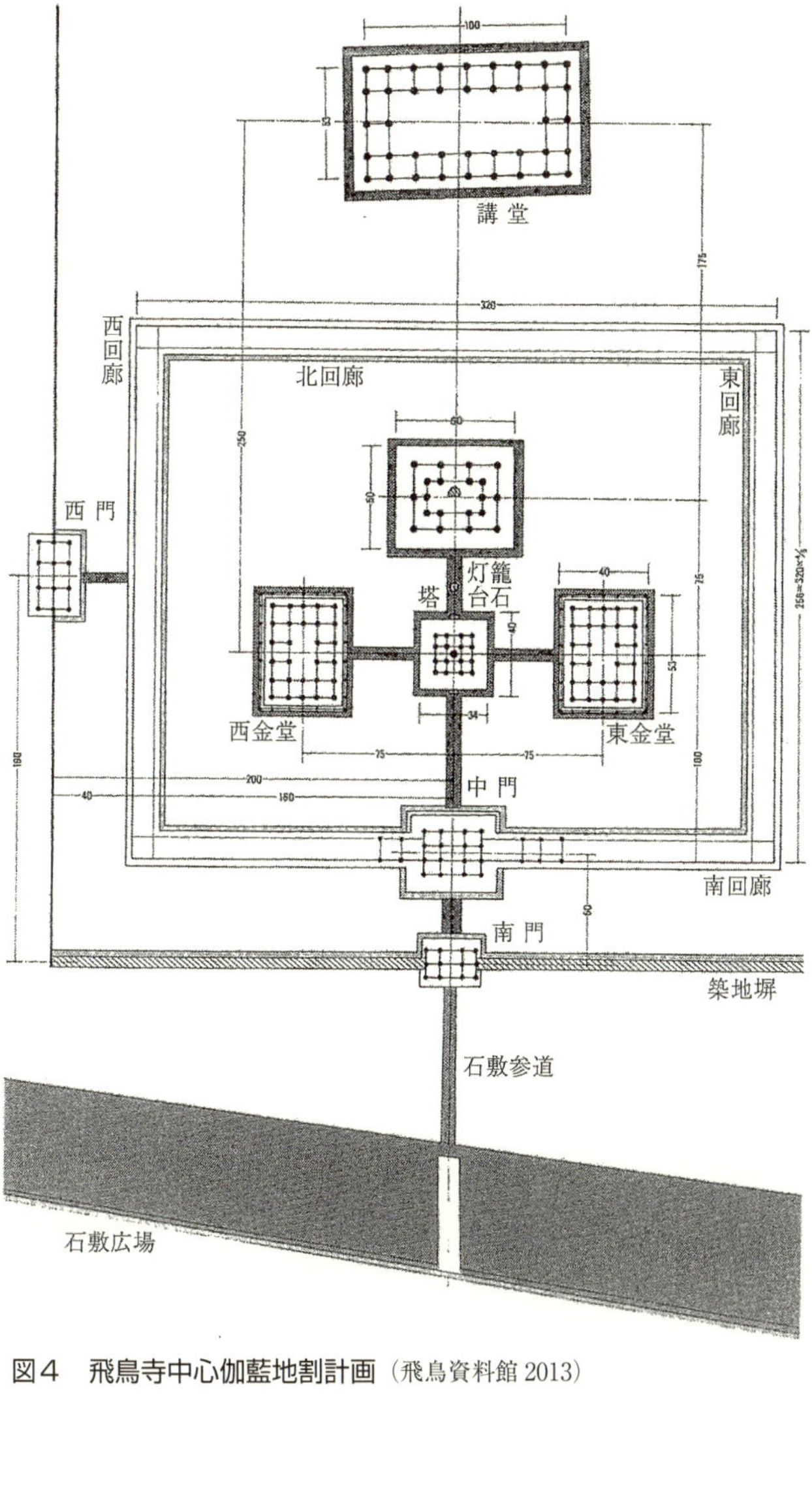


図４　飛鳥寺中心伽藍地割計画（飛鳥資料館 2013）

ご存じのように塔を中心として三つの金堂が建つという伽藍配置です。一塔三金堂を囲む回廊には中門が開きますが、中門のほうが南門よりも大きくて、南門よりもさらに西門のほうが大きいという特徴をもっています。講堂は回廊の外にあって、わずかに建物軸線に振れがあります。昭和三〇年代の発掘当初から高句麗《こうくり》の清岩里廃寺《せいがんりはいじ》（塔は八角形の平面形ですが）と同じような伽藍配置だということで、高句麗の影響が考えられ、聖徳太子《しょうとくたいし》の師にも高句麗の僧がいることと関わるのではないかといわれています。

最近の百済での調査を見ていきますと、昔からわかっていたように中門・塔・金堂・講堂が一直線上に並ぶ、いわゆる四天王寺《してんのうじ》式の伽藍配置が百済では中心的です。たとえば王興寺の伽藍配置ですと、金堂と講堂の間に回廊状のものはないけれど、講堂の東西の回廊に付属の建物があったり、この外に建物があったりということで、佐川正敏さんなどは、飛鳥寺の伽藍の一つの源流に百済の伽藍の影響があるのではないかというようなことを述べられておられます。大脇潔さんはその見解に対しては少し否定的な意見を述べておられます。

これは佐川さんの研究によりますが、百済では、塔心礎が深いタイプの地下式から浅いタイプの地下式を経て、基壇の直下になり、最終的には七世紀前半に地上式が出てきます〈図5〉。このような変化が日本でもほぼ並行して起こっています。いままで百済との関

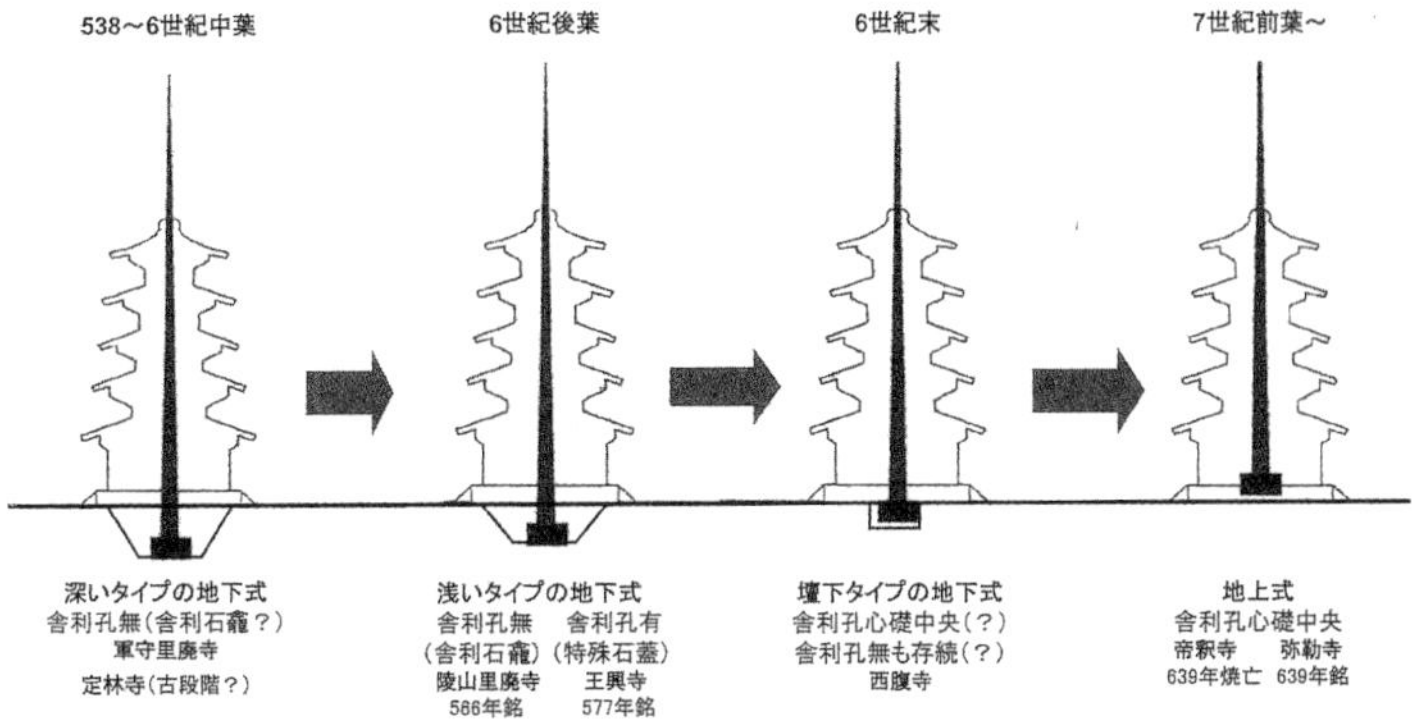


**図5　百済の塔心礎の移り変わり**（佐川 2010）

係はおもに瓦を中心に行われていました。もちろん飛鳥寺のいわゆる花組・星組という瓦の様式区分が、王興寺や旧衙里《くがり》などの瓦にもあるということで、瓦工人が『日本書紀《にほんしょき》』に書いてあるように百済から来たことはまちがいないのですが、それ以外の建築技術の系譜も追えるようになってきました。あるいは王興寺や弥勒寺の石塔の舎利奉安施設や舎利容器なども明らかになってきましたので、そういった儀礼の面でも百済と飛鳥を比較できるようになってきたというのが最近の大きな成果だろうと思います。

現在の飛鳥寺本堂には、飛鳥大仏とよばれる本尊があり、頭部ほか一部にオリジナルな部分が残っています。昭和四八年（一九七三）に奈良文化財研究所の美術研究室が飛鳥大仏の推定復元図を作りました。これをかつて『飛鳥藤原京展』の図録に掲載したところ、坪井清足さんから怒られました。もっと後に調査をしているだろうとのことでした。それを受けて修正を加えました。これは法隆寺釈迦三尊に飛鳥寺の頭部の画像をはめ込んで、脇侍を左右反転させたものです〈図6〉。最初の復元図とは本尊の裳《も》裾《すそ》の高さがずいぶん変わっています。現在、飛鳥大仏が鎮座する竜山石製の台座が創建当初のものであるのがわかったこと、そして、脇侍が乗る蓮華座《れんげざ》のほぞ穴が残っていたということで、このような復元を試みました。

図6　飛鳥寺釈迦三尊推定復元図（飛鳥資料館 2013）

もう一つ、飛鳥時代初期の仏教を考えるうえで私が重要だと考えるのは、僧寺《そうじ》（＝法師寺《ほうしでら》）と尼《あま》寺の関係です。『元興寺伽藍縁起《がんごうじがらんえんぎ》』（醍醐寺本《だいごじ》）の丁未の年（五八七年）に、これは百済の使いの言葉ですが、この国には尼寺はあるけれど僧と僧寺（＝法師寺）がない、僧寺と尼寺は互いに鐘の声が聞こえる程度の近くに建てるべきだというのです。この文言を蘇我馬子《そがのうまこ》と厩戸皇子《うまやど》（聖徳太子）が聞いた、このようなことが書かれています。飛鳥池遺跡の出土瓦の中に「丁未」のヘラ書き瓦があります。これは用明二年（五八七）を示している可能性があります。六〇年後ですと大化三年（六四七）で乙巳《いっし》の変《へん》から二年後ということですから、それはないだろうと思われます。普通、瓦に干支が書いてあると、その年に造ったと解釈されます。いままで『日本書紀』によって五八八年創建ということで、基本はそれでいいのでしょうが、この「丁未」銘瓦が少し気になるところです。

丁未年（五八七年）に本当に飛鳥寺が造られているのであれば、『日本書紀』にみえる物部守屋《もののべのもりや》を滅ぼしてから飛鳥寺や四天王寺を造ったというストーリーがどこまで本当なのかということになります。その一〇年ほど前に百済へ行った大別王《おおわけのおおきみ》らに付けて経論や、技術者あるいは法師や比丘尼《びくに》が来たという記事（五七七年、敏達六年一一月朔日条）がありますので、これを評価する一つのきっかけになるかもしれません。

飛鳥寺以降の寺院造営過程は一九八〇年代ぐらいから進んだ軒瓦の同笵《どうはん》関係、あるいは笵の彫り直しの過程の解明などでかなり詳しくわかってきました。飛鳥寺の次に豊浦寺《とゆらでら》が造られ、その次に斑鳩寺が造られました。軒丸瓦の同じ型（飛鳥寺Ⅷ型式ａ）が飛鳥寺から豊浦寺へ行き（蓮子二個を追刻）、それがまた斑鳩寺へ移っていく（斑鳩寺三型式Bb）。そして斑鳩寺から四天王寺へと別の型（斑鳩寺四型式A）が動いていく。明日香《あすか》村にいた納谷守幸さんが星組と名付けた瓦作りの工人グループが、大和の飛鳥から斑鳩を経て摂津《せっつ》へ出ていくというすがたがわかってきています〈図1〉。

斑鳩宮は聖徳太子が推古一三年（六〇五）に造りますが、それに付属するかたちで斑鳩寺と中宮寺《ちゅうぐうじ》を建てますから、王子の宮殿に付属・隣接して仏教伽藍も造営されます。しかも僧寺（＝法師寺）と尼寺がセットになる関係を最初に造るのが厩戸皇子（聖徳太子）であることは重要だろうと思います。そのかたちを天皇自身が実現したのが舒明天皇の百済宮であり、それに付属する百済大寺です。百済大寺の所在地は諸説ありました。百済川はどこか、を中心に文献史の研究がありましたが、結局、決着がついたのは吉備池廃寺《きびいけはいじ》を掘り当てた時でした。

その場所は、香具山《かぐやま》の北方、磐余《いわれ》の一画でした。吉備池廃寺が見つかる以前は、奈良文化財研究所藤原調査部（都城調査部藤原地区）のある木之本廃寺から出てくる瓦〈図1―17・18〉が、様式的には山田寺より先行しますし、年代もちょうど合致するということで、ここに考える説がありました。吉備池でも瓦が拾われていましたが、採集瓦に須恵器《すえき》が付着していたので、窯跡だろうと考えられていました。実際に吉備池の土手には「吉備池瓦窯」という看板が立っていました（今も立っているかどうか確かめていませんが）。吉備池の改修工事に合わせ、「瓦窯の調査」に着手したところ突然、巨大な基壇《きだん》がすがたを現し、皆が驚いたのです。

東側にある金堂の基壇が最初に調査されました。人の背の高さと比べてもらうとわかるように、最初に見た時は信じがたいものでした〈図7〉。巨大な基壇を持つ寺だったということです。塔跡は、一番上に心礎の抜き取り穴があり、さらに基壇の西半分を断ち割ると心礎の据えつけ用スロープが断面で確認できました。このようなスロープを造って心礎を引きずり上げ、その周りに基壇を積み足して基壇を完成します。百済の塔心礎の変遷をまとめた佐川正敏さんの研究成果〈図5〉によれば、その最終段階の弥勒寺のようなものです。吉備池廃寺の金堂の調査をされたのが小澤毅さん（現、三重大学）で、塔跡を調査されたのは佐川正敏さん（現、東北学院大学）です。このお二人、あるいはその後に調

**図7　吉備池廃寺金堂跡基壇**（奈文研 2003）

査された箱崎和久さん（奈良文化財研究所）などが近年の研究を進められています。

報告書では伽藍配置を復元し、示しました〈図8〉。三〇ｍ規模の塔と金堂が東西に並ぶ、いわゆる法隆寺式伽藍配置をとるものでした。中門は今のところ二つを想定しています。その南側には溝が確認されていますが、ここに南門があるのではないか、と推定しています。講堂は、池の真ん中にあたり、たぶん掘っても出てこないと思いますが、その北側では僧房の掘立柱建物《ほったてばしらたてもの》跡を見つけています。

この吉備池廃寺の成果の一つは、東アジアのなかで王家が造営した寺院を考える地平を拓《ひら》いたことです。もちろんそれに続く

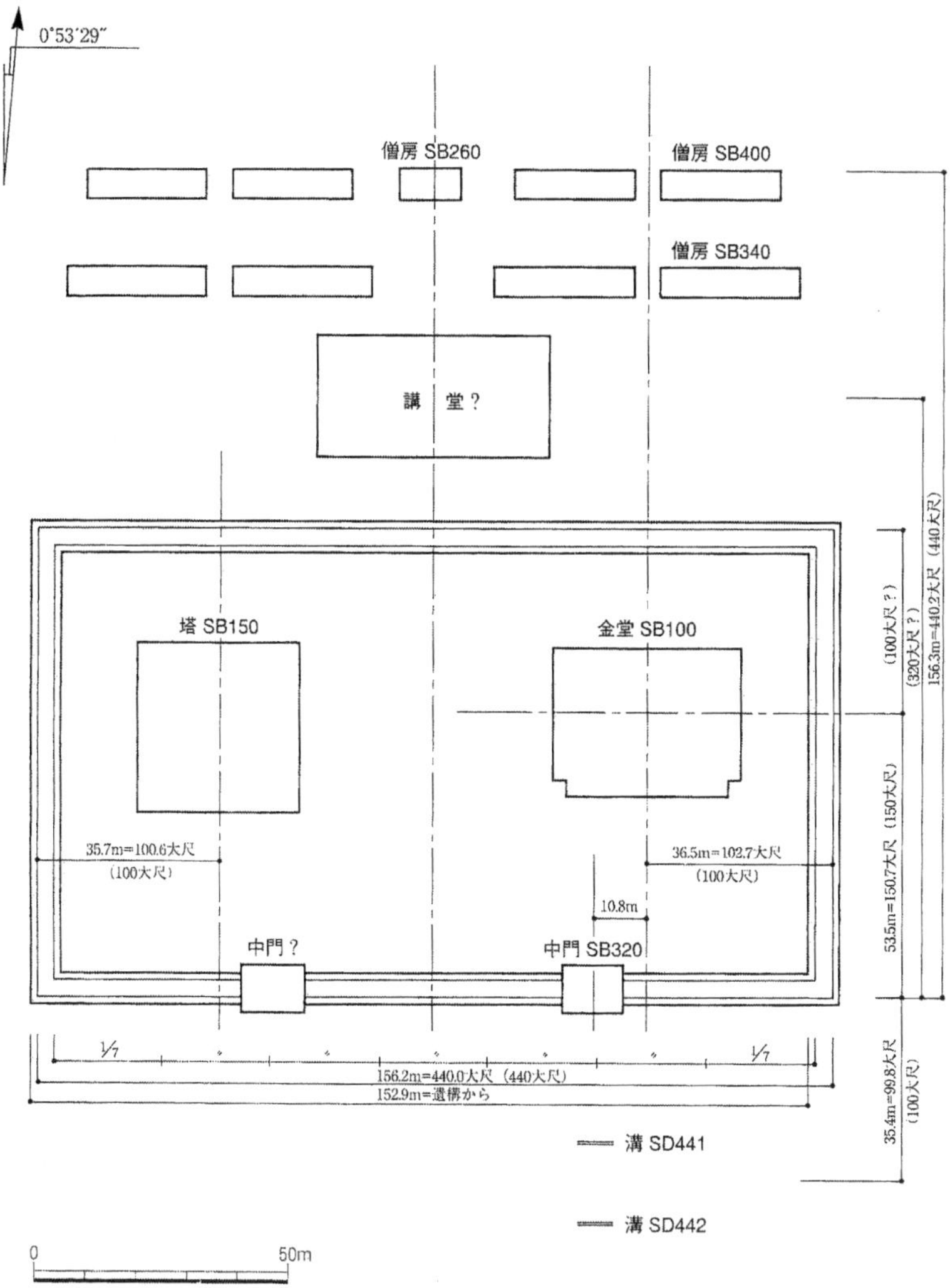


図８　吉備池廃寺伽藍復元図（奈文研 2003）

文武《もんむ》朝の大官大寺《だいかんだいじ》は一九七〇年代に発掘調査をしていますが、文武朝になりますと比較の対象が新羅か唐かということになります。舒明一一年（六三九）の百済大寺ということですと、中国はもちろんですが、百済や新羅や高句麗とどういう関係になるかを考えることが重要になります。巨大な木造塔として、唐の永寧寺、あるいは新羅の皇龍寺の木塔と、日本の吉備池廃寺の木塔を比較することができます。このように東アジアの中での九重の塔、高い木塔などの比較検討ができる、これが日本古代仏教の研究にとって画期的な成果だろうと思っています〈図9〉。

さて、百済大寺の軒瓦ですが、軒丸瓦はよく似ていますが、AとB、二つの笵型があります。軒平瓦の型は、斑鳩寺からの転用品（斑鳩寺二一三型式B）です〈図10〉。

宮に付属して寺を建てるという方式は、その後の孝徳天皇が難波宮《なにわのみや》に四天王寺を修造した事実に受け継がれます。吉備池廃寺の軒丸瓦、その瓦の笵型が四天王寺へと動き、四天王寺からさらに海会寺《かいえじ》（泉南市）へ移っていきますので、難波宮と四天王寺という関係が孝徳朝にはあったこともわかってきました。

舒明朝には山田寺ができますが、蘇我倉山田石川麻呂《そがのくらやまだのいしかわまろ》がこれもやはり「山田の家」に隣接して造営しています。天皇、豪族の居宅・居館と寺が隣接するというすがたが続いてい

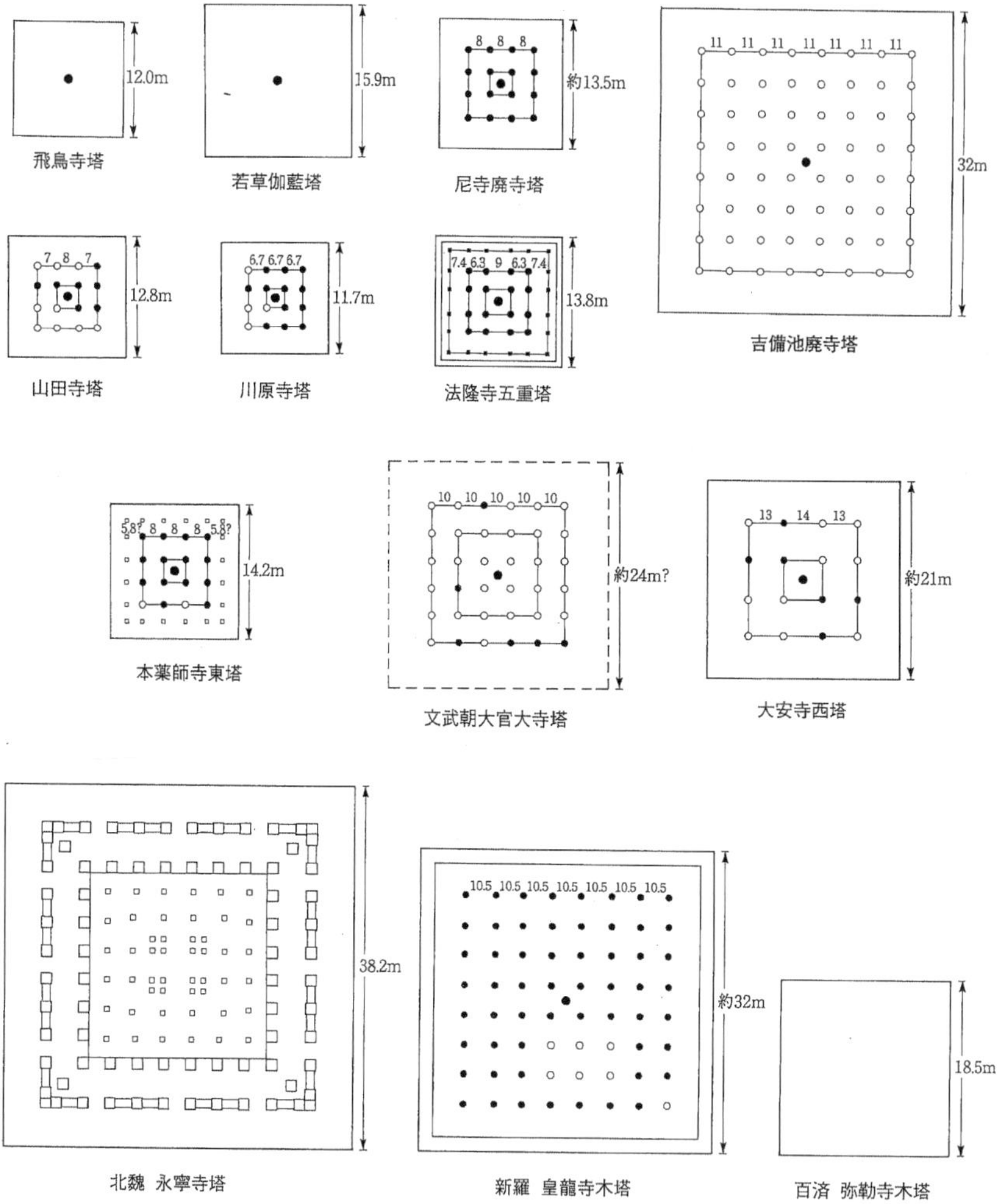


図９　古代の塔の平面比較（奈文研 2003）

ます。ただ、山田寺の場合には特殊な部分があります。大化五年（六四九）に石川麻呂が自害してしまいますので、六四一年から六四九年段階に完成したのは金堂と中門、回廊であると考えています。これは『上宮聖徳法王帝説《じょうぐうしょうとくほうおうていせつ》』裏書などを参考に考えています。金堂の軒瓦は軒丸瓦A—軒平瓦AⅡ、中門回廊は軒丸瓦D—軒平瓦AⅠのセットです〈図2—1～4、図11〉。

工事が再開されるのは天智二年（六六三）で、天武一二年（六八三）までに塔ができています。塔の軒瓦は、軒丸瓦B—軒平瓦AⅠです。興福寺仏頭として有名な本尊丈六像完成の六八五年までに講堂ができます。講堂も山田寺式軒丸瓦と重弧紋軒平瓦（軒丸瓦C—軒平瓦B）です〈図11〉。一見すると、同じ紋様で造られているというのが山田寺の特徴です。わずかな相違点は、重弧紋の模様が微妙に違うとか軒丸瓦の笵型が違

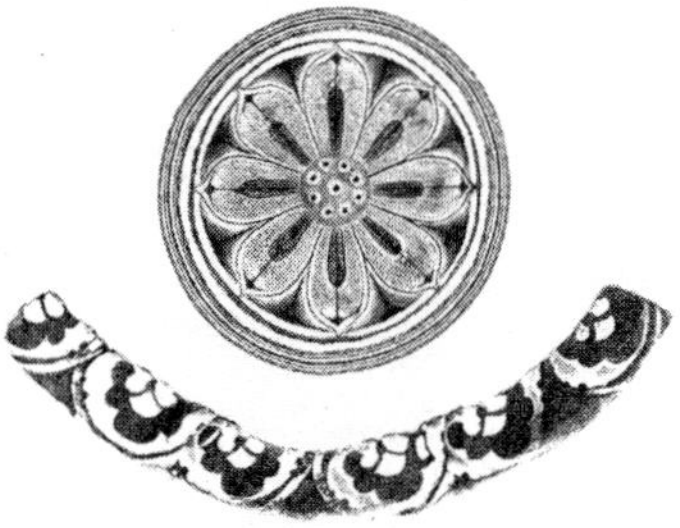
軒丸瓦ⅠA - 軒平瓦ⅠA

軒丸瓦ⅠB - 軒平瓦ⅠB

図10　吉備池廃寺創建軒瓦
（奈文研 2003）

塔創建瓦の組み合わせ

金堂創建瓦の組み合わせ

推定講堂創建瓦の組み合わせ

中門・回廊創建瓦の組み合わせ

図 11　山田寺創建軒瓦（箱崎 2012）

うなどで、それぞれの軒瓦の作り方にも違いがあります。飛鳥地域の山田寺式も、孝徳朝や六四〇年代に属するものと、それより年代のやや降るものの両者があるだろうと考えています。回廊の屋根の軒先を復元すると、軒瓦の下にある垂木《たるき》先には瓦（垂木先瓦）を付けていますが、垂木先瓦には色を塗り、さらにその中房に金メッキした金具をはめ込むという斬新なものでした。

山田寺式までのところの寺院分布をみると、飛鳥盆地を越えて耳成山《みみなしやま》の北にまで、あるいは檜隈寺よりさらに南のほうまで分布が広がっています。飛鳥の中では寺の数自体も増えていきます。六四五年、『日本書紀』には、難波遷都の予兆をしたとされる伊勢大神《いせのおおかみ》の使いが「或いは阜嶺《おかたけ》に、或いは河辺《かわべ》に、或いは宮寺《みやてら》の間に」出現したとの記事があります（皇極《こうぎょく》四年春正月条）。飛鳥の景観は板葺きや柿葺きの宮殿と瓦葺きの寺院で構成されるすがたに変わっていったのだろうと思います。

次は飛鳥宮と川原寺・高市《たけち》大寺です。飛鳥宮は飛鳥川の右岸にあって、その反対側、左岸の斉明天皇の川原宮を踏襲する場所に川原寺が造られます。川原寺とセット関係で橘寺（尼寺）が整備されることになります。

川原寺の伽藍は西金堂と中金堂を持っていますが、昔、森郁夫さんがいわれたように西金堂は阿弥陀仏を置いていたのではないでしょうか。斉明《さいめい》の川原宮の跡に建てられ、飛鳥宮から西を見ると川原寺があるというすがたになります。川原寺の軒丸瓦（図2―5～8）は複弁で、しかも立体的な意匠になっています。昔から「大唐様式」という言われ方をしていますが、軒丸瓦や軒平瓦だけでなく、丸瓦も平瓦も、丸瓦は凸面側、平瓦は凹面側ですが、非常にていねいに磨いています。なぜここまで磨くのだろうと思っていましたが、おそらく唐で使われている青黒い瓦を何とか真似ようとしているのではないか、とは考えられないでしょうか。そういう点で百済のデザインなり様式から、中国・唐のデザインへと転換するというのが、この川原寺の瓦がもつ一つの特徴なのかしれません。くわえて堂内荘厳のために塼仏《せんぶつ》が使用されるのも、おそらく道昭《どうしょう》が唐から導入して広がっていったことと考えられます。

天武朝の初期、天武が百済大寺を高市の地に移したと『大安寺伽藍縁起《だいあんじがらんえんぎ》幷流記資財《ならびにるきしざい》帳《ちょう》』に書かれているのが天武二年（六七三）です。「高市の地」これがどこなのかが議論になっています。神護景雲《じんごけいうん》元年（七六七）の太政官符《だいじょうかんぷ》に出てくる大安寺関係に、「路東十一橋本田」と「路東十二岡本田」というのが「専古寺地西辺」にあると書かれています。かつて田村吉永さんが文武朝大官大寺の所在地の東側を当てておられましたが、小澤さんは西側を当てておられます。こちらのほうがたぶん合うのでしょう。高市大寺が、文武朝の大官大寺の西側に隣接していたとすると、飛鳥宮の北方に百済大寺の系譜を引く寺が出現してきたということになろうかと思います。

## 4 天武朝の仏教政策と寺院

次に天武朝の革新です。天武の仏教政策として天武朝の仏教、寺院建築をどう考えるかということです。即位してすぐに百済大寺を移してきますが、六八〇年代の前半から中ごろにかけては、官立の寺を制限する中で飛鳥寺を「官治の例《かぎり》」に加えます。あるいは三寺、あるいは四寺というふうに、三大寺、四大寺の制度を確立したようです。六八〇年に無遮大会を催しますが、その八年後には大官大寺、川原寺、飛鳥寺、薬師寺が四大寺に定まります。この段階ではこういう制度面の整備が中心なのかもしれません。大宝元年（七〇一）には僧尼令が大官大寺で説かれて、七〇二年以降は僧綱の任命を薬師寺で行うことになったので、大官大寺、薬師寺の性格がこの段階でほぼ決まってきたと考えられます。

都を考えるうえでは、天武九年（六八〇）に「京内廿四寺に施入」という記録があり、『金光明経《こんこうみょうきょう》』を講説させたという記事が出てきます（『日本書紀』天武九年五月朔日条）。六八〇年という時点での「京」の範囲を考える材料となる記事で、かつて岸俊男先生が注目されましたし、また秋山日出雄先生もそれの比定をされています。この六八〇年という年が薬師寺の発願の年だと着目し、これをメルクマールとして「廿四寺」を選定する方法、これを最初に提示したのが大脇潔さんでした。

この薬師寺（本薬師寺、図3―8～15）よりも古い瓦が出土する寺を拾っていくと、北は後の藤原宮の位置あたり、南は栗原《くりはら》寺、西は畝傍《うねび》山、東は安倍《あべ》寺あたりとなります〈図

12〉。この東西約五km、南北約七kmの範囲に六八〇年以前に建立されたと推定できる寺が分布している。蘇我倉山田石川麻呂の山田の家と山田寺、あるいは上宮王家の斑鳩宮と斑鳩寺の例にならえば、創建者の居宅と寺が近い場所にあると推測できます。つまり、寺の分布域はその造営氏族の居住域とほぼ重なると推測してよい、と考えます。そうすると「京内廿四寺」といったときの「京」の範囲は、本薬師寺以前の寺院分布範囲をさすことになります。十条十坊説の藤原京より広い範囲が「京」として認識されていたのだろうと思います。

つぎに藤原京と寺院です。天武九年（六八〇）時点での「京」の範囲からすると、藤原京はその北側に寄った平坦地に造成されていることになります。藤原京ができたことによって寺院はどうなったのでしょうか。一つは、藤原京の範囲にもともとあった寺でそのまま存続します。そして、もともとあった寺が、藤原京の条坊で少し改造を加えられました。これは田中廃寺で一例確認されています。それから、条坊に則るかたちで造営された寺院が問題になりますが、それが小山廃寺、本薬師寺、そして文武朝の大官大寺です。

この中で文献史料から造営経緯がわかっていて重要なのは薬師寺です。六八〇年に発願、持統二年（六八八）に無遮大会を行っていますから、六八〇年代に主要部が造営されたは

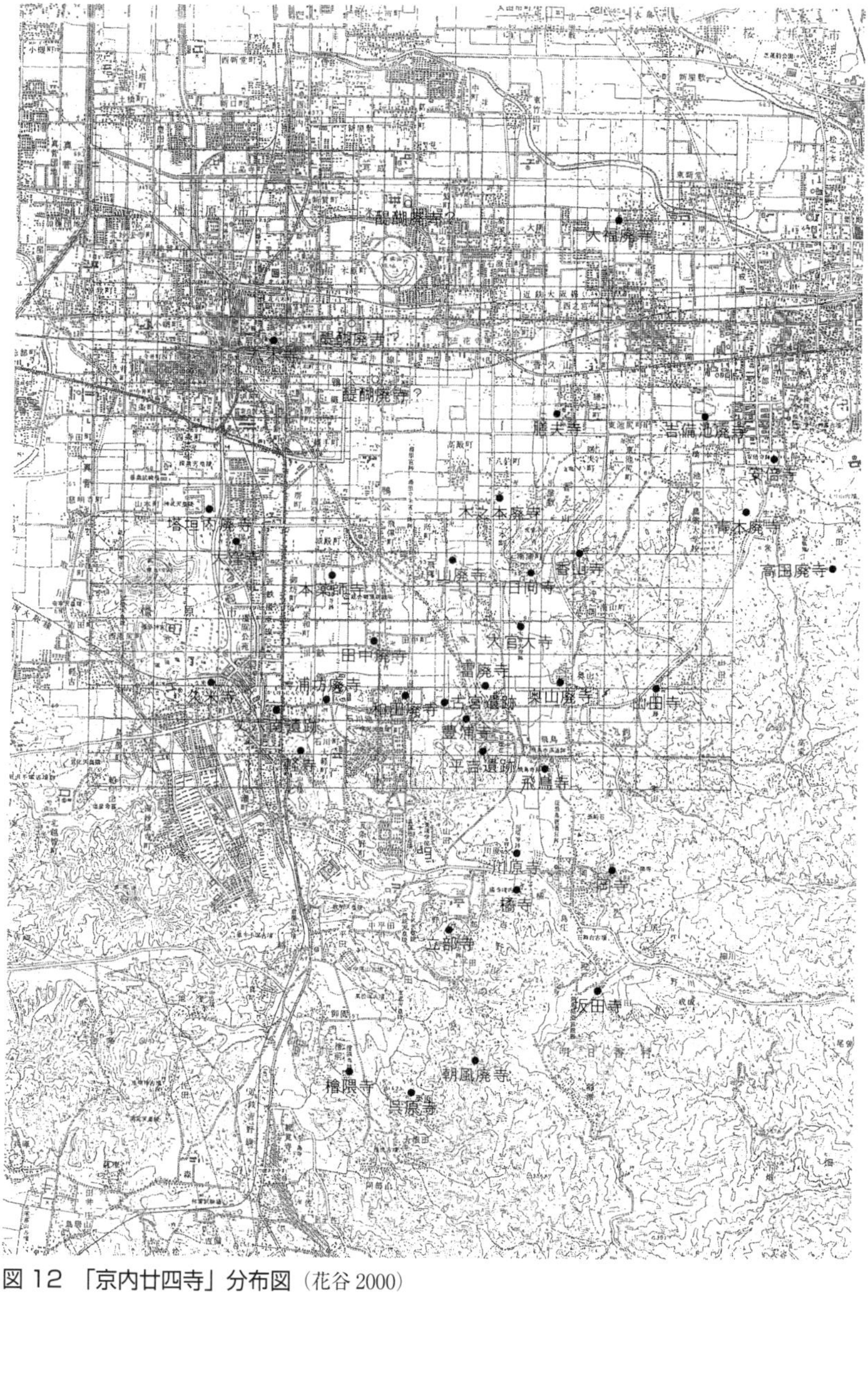


図 12 「京内廿四寺」分布図（花谷 2000）

ずです。六八八年の段階で完成していたと推定されるのが、金堂と中門回廊です。

本薬師寺中門跡の発掘調査では、基壇と礎石抜き取り穴、さらに石組みの雨落溝などが見つかりました。北側と南側の雨落溝がよく残っており、中門の北東コーナーも確認できました。

中門基壇には礎石の抜き取り穴と据付け掘形がありましたが、基壇を断ち割って下を調べると、その下層から条坊側溝が発見されました。中門基壇の下から藤原京の条坊側溝が発見されたこと、これが一つ重要な発見になります〈図13〉。つまり、条坊が存在したところに中門が建てられたということです。中門の北側の東方に東塔があります。薬師寺には塔が二つあります。東塔と西塔が金堂の前面、中門と金堂の間の左右にある伽藍配置です。金堂前の参道跡でもやはり整地土の下から条坊側溝が出てきました。この範囲を少し広めに掘ると側溝に沿ったかたちで柵列や建物の跡が出てきましたので、天武九年（六八〇）以前に条坊側溝が施工されていて、どういう性格かまではとらえられませんが、ある程度利用されていた状況が発掘調査で確認できたわけです。

薬師寺はご存じのように、藤原京の本薬師寺と平城京の薬師寺がまったく同じ伽藍配置で造られており、昔から移転説がありました。瓦にも同笵瓦があります。しかし平城薬師寺と本薬師寺（藤原京薬師寺）では軒平瓦の笵型が違うことを根拠に、主要伽藍の移転はなかったのだろうと、以前、私は述べました。最近、高田貫太さん（国立歴史民俗博物館）が両方の軒丸瓦を細かく調べて、それにほぼ決着をつけておられます。

図13　本薬師寺中門跡写真（奈文研2002）

本薬師寺の軒丸瓦（六二七六型式Aa）は、当初は、非常にきれいなシャープな笵型（Aa1）です。これがAa1、Aa2、Aa3、こういう順番でだんだん崩れていきます。笵型が摩耗して紋様がかなりひどくなったので彫り直しをした段階のもの、これがAb1、Ab2、Ab3です。Ab3段階では、ほとんど紋様がわからなくなって、さらに完全に違う紋様に彫り変えたのがAc段階です。当初の華麗な複弁蓮華紋の面影はありません。

高田さんの検討によると、本薬師寺、つまり藤原京の薬師寺には、六二七六型式Aa1〜Aa3が供給されました。これに対して、六二七六Ab

1・Ab2は平城京の薬師寺でしか出土しません。さらに、六二七六型式Ab3とAcは本薬師寺でしか出土しません。本薬師寺創建の六二七六型式Aは、同じ笵型をずっと使い続けていますが、藤原京の本薬師寺から平城京の薬師寺に笵型が移って瓦を生産し、そして最後は再度、本薬師寺用に瓦を生産しています。おそらく、これが本薬師寺西塔に使われた瓦の一部を構成していたのだろうと思われます。本薬師寺は双塔形式で計画されていますが、西塔が完成するのは平城京薬師寺の工事が一段落した以後、ということがこれでほぼ確定します。

文武朝大官大寺は『扶桑略記《ふそうりやっき》』に、燃えたという記事が出てきます。発掘調査によって、まさにそういう焼け跡が見つかり記事を裏づけています。藤原京における大官大寺と薬師寺の位置関係は、藤原宮の前面左側に大官大寺があって、右側前方に本薬師寺があるというかたちです。本薬師寺と平城薬師寺は伽藍配置・寸法等々までまったく同じもので造られています。

大官大寺は平城京では大安寺《だいあんじ》ですが、奈良市の森下恵介さんに伺いましたところ、大安寺のほうも当初計画は大官大寺と同じものを造ろうとしていたのではないか、それを道慈《どうじ》が改造して今のようなかたちになってくるのではないか、とのことでした。

そうすると本薬師寺と大官大寺（大安寺）は、本来、両方とも藤原京の姿を再現する形を造ろうとしていた、その可能性が浮かんできたわけです。おそらくこの二つの寺院の位置関係が、平安京の東寺《とうじ》と西寺《さいじ》の位置関係へと続いていきますが、奈良時代の大安寺のほうには道慈が絡むという前例がありますし、そこがおそらく東寺が弘法大師《こうぼうだいし》空海《くうかい》に託されて、西寺がそうはならなかったところにもつながっていくのだろうと思います。

## おわりに

最近の発掘成果で大きいのは吉備池廃寺だと思います。大安寺と大官大寺の関係もおもしろくなってきています。そうすると、百済大寺、高市大寺、大官大寺・大安寺という流れの中で唯一、場所を特定できていないのが高市大寺です。奈良を去って外野からエールをおくるだけですが、ぜひ高市大寺を発見してほしいと願っています。そうすると、天皇勅願寺として大安寺までつながる天皇家の寺がどういうすがたであったのか。おもしろい世界が見えてくるのではないかと思います。平城京の大安寺に奈良時代にあった仏像は、文武朝のものが欠けていて、それより古いものが記載されるという不思議な資財帳になっていますが、その解明もできるのではないかと思います。

僧寺と尼寺には少しこだわりがあります。『出雲国風土記《いずものくにふどき》』には寺一一ヵ所が挙がり、うち一〇ヵ所が「新造院」です。大原郡の新造院三ヵ所のうち、斐伊《ひい》郷の二ヵ所は僧寺と尼寺です。奈良時代初めころには地方でも僧寺と尼寺を一つの郷の中で抱えるというような実態が記されています。河内《かわち》ですと百済寺と百済尼寺というセット関係が渡来系氏族（百済王氏）にはあります。そういうかたちがどこまで実現されているのかが少し気になるところです。

ただ、飛鳥地域で見ますと、飛鳥寺と豊浦寺という推古朝の寺、それから川原寺と橘寺という斉明天皇を追悼する寺、くらいが確実なところです。その後の奈良時代には東大寺《とうだいじ》と法華寺《ほっけじ》という聖武天皇と光明皇后《こうみょうこうごう》に関わるもの、そして称徳《しょうとく》天皇に関わる西大寺《さいだいじ》と西隆《さいりゅう》寺があります。ですから、やはり天皇あるいは皇后といったものが絡まないとこういったものが出てこないのかなというところはあります。藤原京内の寺院でどちらが僧寺（法師寺）で尼寺かというところはなかなかわからないかもしれませんが、そういったことがわかればと願っています。

平城遷都《へいじょうせんと》に際して、川原寺や橘寺といった寺院は平城京に移っていきませんが、田中廃寺は大和《やまと》郡山《こおりやま》市の平松廃寺に移っているといわれています。あと小山廃寺の性格も気になります。「紀寺」なのかどうなのでしょうか。藤原京内から平城京内へ移った寺と残った寺がどういう意味をもつのか、違いは何なのでしょうか。十条十坊説の外にある、南側にある寺は一つも移遷していないようですが、そういった関係が都という平面の装置、原理とどのようにつながるのか。外野的な発想ではありますが、このようなことがわかってくるとおもしろいなと思います。奈良におられる方にぜひ解明をお願いしたいです。

## 参考文献


飛鳥資料館『飛鳥寺二〇一三』図録第五八冊、奈良文化財研究所、二〇一三年
小笠原好彦『日本の古代宮都と文物』吉川弘文館、二〇一五年
古代土器研究会『古代の土器研究―律令的土器様式の西・東五　七世紀の土器―』一九九七年
佐川正敏「王興寺と飛鳥寺の伽藍配置・木塔心礎設置・舎利奉安形式の系譜」鈴木靖民編『古代東アジアの仏教と王権―王興寺から飛鳥寺へ―』勉誠出版、二〇一〇年
帝塚山大学考古学研究所・古代の土器研究会編『飛鳥・白鳳の瓦と土器―年代論―』帝塚山大学考古学研究所歴史考古学研究会・古代の土器研究会共催シンポジウム、一九九九年
奈良文化財研究所『古代瓦研究Ⅰ―飛鳥寺の創建から百済大寺の成立まで―』（古代瓦研究会シンポジ

ウム記録）奈良文化財研究所、二〇〇〇年
奈良文化財研究所『飛鳥・藤原京展　古代律令国家の創造』朝日新聞社、二〇〇二年
奈良文化財研究所『大和吉備池廃寺　百済大寺跡』（奈良文化財研究所学報第六八冊）二〇〇三年
奈良文化財研究所『古代瓦研究Ⅱ―山田寺式軒瓦の成立と展開―』（古代瓦研究会シンポジウム記録）、奈良国立文化財研究所、二〇〇五年
奈良文化財研究所『古代瓦研究Ⅲ―川原寺式軒瓦の成立と展開―』（古代瓦研究会シンポジウム記録）奈良文化財研究所、二〇〇九年
奈良文化財研究所『古代瓦研究Ⅳ―法隆寺式軒瓦の成立と展開　雷文縁・輻線文・重圏文縁複弁蓮華文軒丸瓦の展開―』（古代瓦研究会シンポジウム記録）奈良文化財研究、二〇〇九年
奈良文化財研究所『古代瓦研究Ⅴ―重弁蓮華文軒丸瓦の展開・藤原宮式軒瓦の展開―』（古代瓦研究会シンポジウム記録）、奈良文化財研究所、二〇一〇年
箱崎和久『奇偉荘厳の白鳳寺院　山田寺』（シリーズ「遺跡を学ぶ」）新泉社、二〇一二年
花谷　浩「本薬師寺の発掘調査」『佛教藝術』二三五、毎日新聞社、一九九七年
花谷　浩「京内廿四寺について」『研究論集XI』（奈良国立文化財研究所学報第六〇冊）、二〇〇〇年

# 木簡にみる日本古代国家のなりたち

市 大樹

## はじめに

日本で最初に木簡《もっかん》が出土したのは戦前のことですが、広く認知されるようになったのは、一九六一年になってからです。平城宮跡のゴミ穴から約四〇点の木簡が出土したことに端を発します。その後、平城宮跡や平城京跡を中心に、奈良時代の木簡が大量に出土しました。一方、それ以前の飛鳥時代の木簡はといえば、点数的にかなり見劣りするものでした。ところが、一九九〇年代後半になって、飛鳥池遺跡から約八〇〇〇点の木簡が出土したのを皮切りに、飛鳥時代の木簡の点数が飛躍的に増えていきました。現在、日本列島からは、小断片や削屑《けずりくず》も含めて、約四〇万点の木簡が出土しており、飛鳥地域の木簡は約一万五〇〇〇点、藤原地域の木簡は約三万点を数えるまでになっています。

私は二〇〇一年一月から二〇〇九年三月まで奈良文化財研究所に在籍する機会に恵まれ、二〇〇二年五月からは飛鳥・藤原宮跡発掘調査部で仕事をすることになりました。ちょうど飛鳥時代の「木簡ラッシュ」を迎えていたこともあって、とても忙しい日々でしたが、木簡の整理を通じて、実に多くのことを学ばせていただきました。今回はそんな飛鳥時代の木簡をいくつか取り上げながら、日本古代国家の形成はどのように考えられるようになったのか、研究現状の一端を紹介してみたいと思います。

## 1 朝鮮半島からの影響

現在、年紀の書かれた日本最古の木簡は、難波宮跡《なにわのみや》（大阪市）出土の「戊申年」と書かれた木簡です。西暦六四八年で、大化四年にあたります。これ以後、三条九ノ坪《さんじょうくのつぼ》遺跡（兵庫県芦屋市《あしや》）出土の「壬子年」（白雉《はくち》三年〈六五二〉）、藤原宮跡出土の「辛酉年」（斉明《さいめい》七年〈六六一〉）、同遺跡出土の「癸亥年」（天智《てんじ》二年〈六六三〉）、石神《いしがみ》遺跡（明日香《あすか》村）および屋《や》代《しろ》遺跡群（長野県千曲市《ちくま》）出土の「乙丑年」（天智四年〈六六五〉）と続きます。

年紀がなくても、木簡の出土した地層などの状況から、ある程度木簡の時期がわかる場合があります。その最も著名なものが、山田寺《やまだでら》の下層から出土した木簡です。山田寺の創建にともなう大規模造成の際に投棄された木簡で、『上宮聖徳法王帝説《じょうぐうしょうとくほうおうていせつ》』裏書に記された山田寺の造営過程を参照すると、舒明《じょめい》一二年（六四〇）～皇極《こうぎょく》二年（六四三）という廃棄年代が導き出されます。

その他の事例も含めて、確実な日本最古級の木簡は六四〇年代頃のものです。当時政治の中心であった飛鳥・難波とその周辺地を中心に出土しています。全部で一〇〇点もありませんが、文書・記録・荷札・付札・呪符《じゅふ》・習書など多彩な木簡が確認できます。木簡を削り取った際の削屑もみつかっています。日本の木簡の基本的な使い方は、すでに六四〇年代には始まっていたといえそうです。

念のため述べておきますが、紙がなかったから木簡を使ったわけではありません。木と紙それぞれのメリットを活かして、使い分けをしていたのです。木のメリットとしては、削れば繰り返し利用できる、頑丈なため持ち運んでも壊れにくい、並び替えが容易で情報処理に便利である、紙より安価である、といった点があげられます。その一方、書写面積が限られる、印を捺《お》して権威付けできない、容易に改竄《かいざん》されてしまう、といったデメリットもありました。したがって、重要な内容であったり、少し込み入った内容になったりすると、基本的に紙が使われることになります。

ところで、発掘調査による出土品ではありませんが、法隆寺に興味深い資料があります。それは金堂釈迦三尊像《こんどうしゃかさんぞんぞう》の台座の補足材です。もともと建物の扉材でしたが、建物を解体したのち、加工して台座の補足材に転用したものです。「辛巳年」（推古二九年〈六二一〉）の墨書があり、発掘調査で出土する最古級の木簡よりも古いものです。「留保分七段」「書《ふみ》屋《や》一段」「尻官《しろのつかさ》三段」「ツ支与《つきよ》三段」「椋費《くらのあたい》二段」などの墨書があり、当時「段」は布の単位として使われたことなどから、どうも布の出納状況を記したものと考えられます。建物の扉材と述べましたが、布などを納めていた倉庫であった可能性が高いでしょう。普通、出納記録であれば、木簡もしくは紙を使いますが、このときは何か特別な事情があったのか、扉材に書いてしまったわけです。いわばメモ書きです。

私が最も注目している墨書は、「椋費二段」です。まず「椋」ですが、「クラ」と訓《よ》みます。京都の巨椋池《おぐらいけ》を思い浮かべる方もいらっしゃるでしょう。実は「椋」を倉庫の意味で使うのは、中国ではなく、朝鮮半島で始まったものです。この墨書の場合、「椋」は氏族の名称として使われています。つぎに「費」ですが、「費直」と二文字で書く場合もあります。これらは氏族のカバネのひとつ「直」（アタイ）の古い表記です。「椋費」はクラの出納業務に携わった渡来系氏族《とらいけいしぞく》となります。

クラの出納業務に従事するためには、どうしても文字の使用が不可欠となってきます。しかし日本列島には、もともと文字を操ることのできる者はほとんどいないため、文筆作業は主に朝鮮半島に出自のある人々に頼らざるを得ませんでした。こうした点を念頭におくと、倉庫扉材の布の出納記録に椋費が登場していることは、たいへん示唆的といえます。

『日本書紀《にほんしょき》』の欽明紀《きんめいき》や敏達紀《びだつき》には、百済《くだら》から渡来した王辰爾《おうしんに》とその一族が文筆に深く関わったことを示す記事が複数でてきます。そのなかに、欽明三〇年（五六九）に王辰爾の甥である胆津《いつ》が白猪屯倉《しらいのみやけ》の「田部丁籍《たべのよほろのふみた》」を検定し、その功績で白猪史《しらいのふひと》のウジ・カバネを賜り、田令《たつかい》に任命されたことや、敏達三年（五七四）に白猪屯倉と田部とが増益したのを受けて、胆津に「田部名籍」を授けた話があります。また、『日本書紀』欽明元年（五四〇）八月条に、秦人《はたひと》・漢人《あやひと》などの渡来人を招集して地方に安置し、「戸籍」に編貫したことがみえます。岸俊男先生が随分と昔に指摘していますが、日本の「戸」および編戸の源流は朝鮮半島からの渡来集団に求められる可能性が高いといえます。白猪屯倉の「籍」

もそうでしたが、造籍の技術は渡来人がもたらしたのです。「戸籍」を「ヘノフミタ」(戸の文板)、「名籍」を「ナムフタ」(名の札)とする古訓が伝わっており、木簡を使って戸籍のようなものが作成された可能性が高いと思います。

さて、日本の六世紀代の確実な木簡はありませんが、韓国では複数の遺跡から出土しています。たとえば、百済の首都である扶余《ふよ》の陵山里寺址《りようざんりじ》からは、六世紀後半頃の木簡一四五点(うち削屑一二五点)が出土しています。文書・記録・付札・習書など多彩な木簡がありますが、物や人の管理と関わって使用されたものが目立ちます。また、七世紀にくだりますが、扶余の双北里《そうほくり》遺跡・宮南池《きゆうなんち》遺跡や、百済の郡役所と推定されている伏岩里《がんり》遺跡(羅州《らしゆう》市)からも、物や人の管理に関わる木簡が出土しています。そのひとつ、双北里遺跡出土の「佐官貸食記」木簡は、三上喜孝さんの研究によって、日本の出挙《すいこ》制が朝鮮半島から強い影響を受けたことを示す証拠として注目を集めています。

これに関連して、当時の代表的な初学書である『論語《ろんご》』と『千字文《せんじもん》』を取り上げましょう。『古事記《こじき》』応神《おうじん》記に、百済の照古王《しようこおう》が和邇吉師《わにきし》を派遣して、『論語』十巻と『千字文』一巻を伝えた話がみえます。朝鮮半島の百済を経由して、両書が日本に伝わったことが説話化したものです。

日本列島の各地から、『論語』『千字文』の表題や一節を記した木簡がたくさん出土しています。日本の木簡は板材を用いるのが一般的ですが、飛鳥時代の木簡に目を向けると、日本では珍しい角材を使った『論語』『千字文』の木簡が四点も確認できます。遺跡別に内訳を述べますと、富本銭《ふほんせん》の鋳造で名高い飛鳥池遺跡（明日香村）のものが二点、飛鳥浄御原宮《あすかきよみはらのみや》の官衙跡の可能性が指摘されている石神遺跡（明日香村）のものが一点、阿波国《あわのくに》の国府跡《こくふあと》の可能性がある観音寺《かんのんじ》遺跡（徳島市）のものが一点です。なかでも、観音寺遺跡出土木簡は目を引きます〈図1〉。六〇cm以上の長大な角材を使い、隷書体《れいしょたい》を思わせる独特の字体で、四側面に墨書をしています。うち一面には「子曰　学而習時不孤□乎□自朋

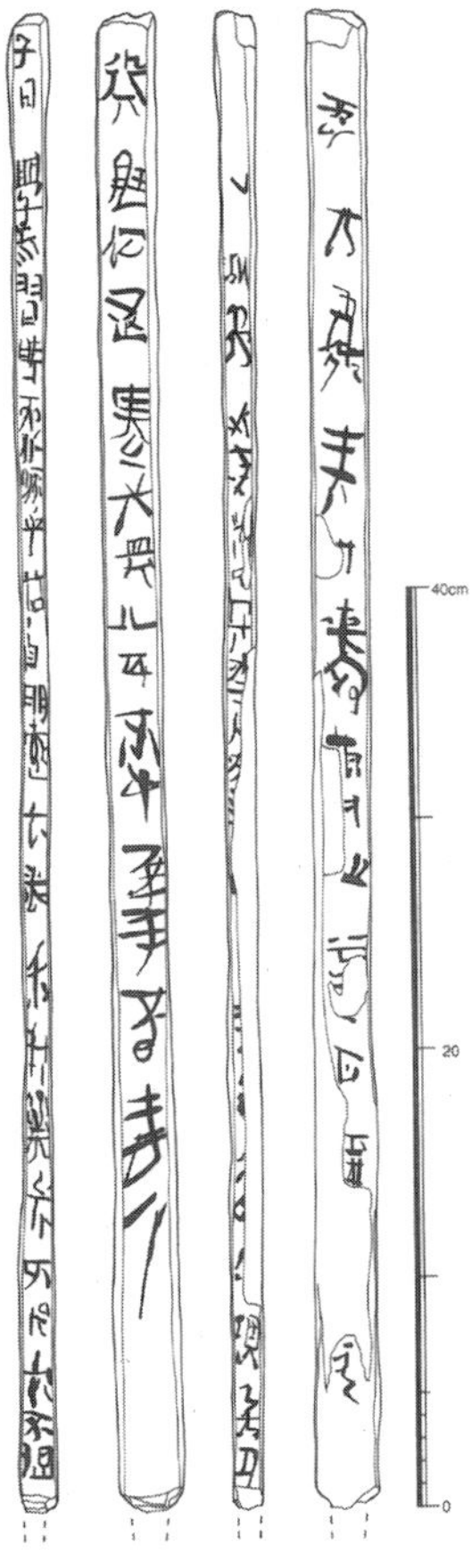

図1　観音寺遺跡出土木簡（徳島県埋蔵文化財センター編『観音寺遺跡Ⅰ』より転載）

遠方来亦時楽乎人不知亦不慍」とあります。少し文字の異同があったり、順番が入れ替わったりしていますが、『論語』学而篇《がくじへん》の冒頭部を書こうとしたことは明らかです。

近年、韓国の鳳凰洞《ほうおうどう》遺跡（金海市）と桂陽山城《けいようさんじょう》遺跡（仁川市）からも、『論語』木簡が出土しました。ともに角材であり、前者は四側面に、後者は五側面に、公冶長《こうやちょう》篇の一連の文章が記されています。橋本繁さんが指摘していますが、字配りから本来は一m以上あったと推定される長大な木簡です。韓国木簡では多角面体はさほど珍しくありませんが、日本の木簡は板状の材であるのが一般的です。日本では例外的な角材が初期の『論語』『千字文』木簡にみいだせるのも、朝鮮半島からの影響が考えられそうです。

ちなみに、朝鮮三国のうち、高句麗《こうくり》の木簡は発見されていませんが、百済と新羅《しらぎ》の木簡の点数は徐々に増えつつあります。新羅の木簡は、木の枝を使って表面の皮を軽くはぎ取り、簡単な整形を加えただけのものが多く、板状に整形するのが一般的な日本木簡との違いが大きく感じられます。一方、百済の木簡は、新羅の木簡と同じような特徴を示すものもありますが、七世紀初頭頃の伏岩里遺跡出土木簡に典型的なように、板状に整形したものが少なくありません。木の植生の違いも考慮に入れる必要がありますが、日本木簡が百済木簡を直接のモデルとしたことを強く示唆しています。

さて、独自の文字を持たなかった日本列島の人々が、中国で発明された漢字と最初に出会ったのは、今から約二〇〇〇年前の弥生《やよい》時代のことでした。当初、漢字は呪力をもった文様《もんよう》として認識されたようです。漢字が文字として広く普及し始めるのは、約一四〇〇年前の飛鳥時代です。そして、約一二〇〇年前の平安時代初頭までには、漢字の草書体を簡略化した平仮名《ひらがな》や、漢字の部首の一部をとって片仮名《かたかな》を生み出すようになります。

日本語は中国語と言語体系や文法構造がまったく違うため、漢字で日本語を表現するためには、さまざまな工夫が必要不可欠です。しかし、これらも朝鮮半島に先例があり、その多くを摂取したものでした。漢字の音訓を借りて朝鮮語を表記する「吏読《りとう》」、文章の切れ目を示すため、少し文字の間隔をあける「空格《くうかく》」、朝鮮語の文法構造に多く則《のっと》って文字を配列する「変体漢文」などがそれです。

一例として、新羅慶州月城《げつじょう》から出土した木簡をみてみましょう〈図2〉。これは変体漢文で書かれており、あえて日本語的に訓読すれば、

大鳥知郎の足下《そっか》に万拝《よろずおが》みて白《もう》し白す。経に入用と思しめし、白にあらずと雖《いえど》も紙一二斤を買えと、牒《ちょう》を垂れ賜えと教在《きょう》り。後事は命を尽《つく》せ。

となるでしょう。末尾の「使内」は、「取りはからう」という意味の吏読です。そのため、

図2　新羅慶州月城跡出土木簡

・大烏知郎足下万拜白々

・経中入用思買白不雖紙一二斤

・牒垂賜教在之　後事者命盡

・使内

189.5 × 12 × 12

訓読には直接反映させていません。「之」と「後」の間には空格があります。また、「垂賜」の「賜」は尊敬の補助動詞です。

これを飛鳥京跡苑池《えんち》遺構（明日香村）出土木簡と比べてみましょう〈図3〉。これは、

大夫《まえつきみ》の前に恐《かしこ》みて万段《よろずたび》頓首して白す。僕《やつこ》真乎、今日、国に下り行く故に、道の間の米无《な》し。寵命《おおみこと》に坐《ま》せ、整え賜え。

と訓読できます。急遽《きゅうきょ》地方へ下向することになった真乎という人物が、道中の食料米の支給を「大夫」に対して願い出たものです。変体漢文体である点、「白」と「僕」の間に

空格がある点、「整賜」の「賜」が尊敬の補助動詞である点が、月城の木簡と共通します。さらに「大夫―大鳥知郎」、「前―足下」、「万段―万」、「頓首―拝」、「白―白々」という語句の対応関係も認められます。

この「某前白（某の前に白《もら》す）」は、飛鳥時代の日本で典型的な上申文書の書式です。「前」と「白」を組み合わせて、「前白木簡《ぜんぱくもっかん》」と呼び慣《な》らわしています。①宛先を冒頭に書く、②宛先は地位・尊称・官職が一般的である、③差出をしばしば省略する、④日付をほとんど書かない、といった特徴があり、口頭伝達と密接な関係をもつと考えられています。「某前白」という文句は、祝詞《のりと》で使用されることもあって、日本独自とみられがちですが、明らかに朝鮮半島の影響を受けています。

図3　飛鳥京跡苑池遺構出土木簡（奈良県立橿原考古学研究所提供）

・大夫前恐万段頓首白　□〔僕カ〕真乎今日国

・下行故道間米无寵命坐整賜

293×31×6　011

詳しい事例の列挙は省略しますが、漢字の字音や書風も、同時代の中国ではすでに時代遅れの、古韓音・呉音《ごおん》・六朝風書風《りくちょうふうしょふう》が飛鳥時代には普及していました。これらも朝鮮半島を経由して学んだものです。日本は国家形成と連動しながら文字文化を育んでいきますが、少なくとも七世紀末までは、同時代の中国以上に、朝鮮半島からの影響力が大きかったと考えられます。

## 2 飛鳥の木簡

飛鳥寺の南方に、乙巳《いっし》の変《へん》の舞台ともなった、飛鳥板蓋宮《あすかいたぶきのみや》の伝承地があります。この一帯を長年にわたって発掘調査してきた橿原《かしはら》考古学研究所は、「飛鳥京跡」と呼んでいます。下層のⅠ期が飛鳥岡本宮《おかもとのみや》（六三〇～六三六年）、中層のⅡ期が飛鳥板蓋宮（六四三～六四五年、六五五年）、上層のⅢ－A期が後飛鳥岡本宮（六五六～六六七年）、Ⅲ－B期が飛鳥浄御原宮（六七二～六九四年）に比定されています。大多数の木簡はⅢ－B期の遺構から出土しましたが、それ以前の木簡も少数ながら含まれています。

そのひとつが、飛鳥京跡第五一次調査出土木簡です。土坑《どこう》状の窪地《くぼち》から、木簡二七点が出土しました。大化《たいか》五年（六四九）から天智《てんじ》三年（六六四）にかけて使用された冠位「大花下」と記された木簡が含まれており、他の木簡もほぼ同時期のものとみられます。この窪地はⅢ期遺構の造成の際にできた落ち込みで、おそらく斉明朝《さいめいちょう》（六五五～六六一年）の木簡と思われます。

第五一次調査出土木簡のなかには、冠位を記した付札のほかに、図4のような荷札木簡があります。なかなか強烈な文字の書きぶりです。「五十戸」は「里」の前身表記です。「里」の表記が使われるのは、天武《てんむ》一二年（六八三）以後です。当時の地方行政単位は「国―評―五十戸」でしたが、国名や評名は省略されています。「皈」は見慣れない文字ですが、鍬《くわ》を意味します。古代の中央役人は「季禄《きろく》」と呼ばれる給与を受け取っており、そのひと

図4　飛鳥京跡出土「白髪部五十戸」木簡（奈良県立橿原考古学研究所提供）

・白髪部五十戸
・皈十口
157×26×4　032

つが鉄製の鍬でした。鍬は農作業に使われる道具ですが、商品価値としての意味もありました。冠位を記す木簡が多数出土したこととあわせ、役人の位に応じて支給される季禄に関わる可能性が高いと考えられます。

著名な大化の改新詔の第一条では、子代《こしろ》の民・屯倉・部曲《かきべ》の民・田荘《たどころ》を廃止し、その代償に食封《じきふ》・布帛《ふはく》を支給することを宣言しています。部民制《べみんせい》を廃止し、いわゆる公地《こうち》公民制《こうみんせい》を目指したものです。食封は高級役人の給与、布帛は一般役人の給与で、後者は季禄にあたります。部民制がある程度廃止されないと、役人に給与を支払うこともできません。孝徳《こうとく》天皇の難波長柄豊碕宮《なにわのながらのとよさきのみや》に比定される前期難波宮跡では、複数の倉庫と一棟の管理棟、中心の庭からなる空間がみつかっており、大蔵省の前身官衙《かんが》と推定されています。律令《りつりょう》制下には、大蔵省の庭に禄を山積みにし、ここに集まった役人に賜う儀礼がありました。この点に注目した古市晃さんは、こうした儀礼が孝徳朝に遡る可能性を指摘しています。

図4の木簡とあわせ、大化改新の進展度をうかがう上で重要です。

後述する石神遺跡から出土した図5の荷札木簡も、大化改新の進展度を知る上で注目されています。「乙丑年」の年紀があり、天智四年（六六五）に相当します。この時期までに、①「国―郡―里」の前身となる「国―評―五十戸」という重層的な地方行政区分が成立していたこと、②「大山」という地名にもとづくサト名が存在していたことなどを示します。特に②は注目されます。なぜならば、古代史の有力な見解では、天武四年(六七五)に部曲が廃止されるまで、図4の「白髪部五十戸」などを根拠に、「白髪部《しらかべ》」のような前代的な部民集団をそのまま編成したサトしかないと考えられていたからです。しかし「大山」は部ではありません。すでに居住地にもとづく地域的な編成が始まっていたのです。二一世紀になって、たくさんの五十戸の木簡が出土しましたが、サト名は部とは無関係の地名が圧倒的に多い状況です。『日本書紀』をみると、孝徳朝に部民を廃止するための政策がたくさん登場します。これまで記事自体に信憑性がないとされたり、実行性に乏しい

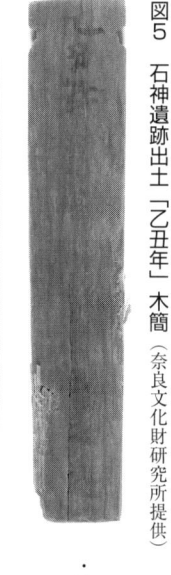

図5　石神遺跡出土「乙丑年」木簡（奈良文化財研究所提供）

・乙丑年十二月三野国ム下評
・大山五十戸造ム下部知ツ
　従人田部児安
152 × 29 × 4　032

と評価されたりしがちでしたが、必ずしもそうとはいえなくなってきたわけです。

孝徳朝に続く斉明～天智朝（六五五～六七一年）には、倭京の改造、阿倍比羅夫《あべのひらふ》の遠征、朝鮮出兵、国土防衛線の構築、庚午年籍《こうごねんじやく》の作成などの大事業が展開されました。それが可能となったのも、孝徳朝に「国―評―五十戸」制が曲がりなりにも成立し、地方支配が強化されたことが大きいと思います。

さて、日本列島における木簡の出土点数が爆発的に増え、出土遺跡が列島各地まで広がるようになるのは、天武・持統天皇の飛鳥浄御原宮の時期（六七二～六九四年）のことです。それ以前の木簡は数百点しか出土していませんが、この時期のものは一気に一万点を突破します。出土遺跡も拡大し、従来の都城とその周辺地域に加えて、伊場《いば》遺跡群（静岡県浜松市、遠江国敷智《とおとうみのくにふち》郡家跡）、西河原《にしがわら》遺跡群（滋賀県野洲《やす》市、近江国《おうみのくに》野洲郡家跡か）、屋代《やしろ》遺跡群（長野県千曲《ちくま》市、信濃国埴科《しなののくにはにしな》郡家跡か）、観音寺遺跡（徳島市、阿波国府跡か）など、地方遺跡（中心は郡家や国府）の事例も顕著になってきます。

天武・持統朝の木簡が大量に出土した遺跡のひとつが、飛鳥寺の北西に位置する石神遺跡です。石神遺跡というと、斉明朝の迎賓館《げいひんかん》としてのイメージが強いですが、その後大改造がおこなわれ、官衙（役所）へ生まれ変わります。それを裏付けたのが、石神遺跡出土の約三五〇〇点の木簡です。全国各地から貢進《こうしん》された税物に装着された荷札木簡のほかに、文書行政の場で使用された文書木簡や記録木簡がたくさんあります。和歌・論語・九九などの習書木簡もあります。再利用にともなう削屑木簡や、廃棄の際に人為的に割ったり折ったりした木簡も多く含まれており、木簡を使った事務が活発であったことを示しています。

図６　石神遺跡出土具注暦木簡（奈良文化財研究所提供）

少し変わったものとしては、文書行政には欠かせない界線を引くための定木《じょうぎ》や、書信を差し挟んで使う封緘《ふうかん》木簡、持統三年（六八九）三月・四月の具注暦《ぐちゅうれき》木簡があります。具注暦木簡は図６のようなものです。二次的加工のため円盤状になっていますが、本来は横長の板材でした。表面が三月、裏面が四月のカレンダーとなります。中国で五世紀代に使われた元嘉暦《げんかれき》にもとづいています。それが七世紀末の日本で使用されているのは不思議に思われるかもしれませんが、暦の技術は百済から学んでおり、百済でも元嘉暦が長く使われたことが関係しています。

当時、全国各地から「仕丁《しちょう》」と呼ばれる農民たちが都に集められ、官衙のさまざまな雑事に使役されましたが、そうした木簡も多く含まれています。仕丁らは出身地ごとにまとまって勤務していたこともわかりました。また、仕丁の都での生活費を「養」といいますが、これらは仕丁を送り出した地元が負担する体制になっていました。それを裏付けるかのように、「養」に関わる荷札木簡も仕丁の出身地との対応関係が認められます。

石神遺跡にどのような官衙が置かれていたのか、たいへん気になるところです。「大学官」、「勢岐官《せきのつかさ》」「道官」と書かれた木簡が含まれていましたが、他にこれらの官司の活動を明瞭に示す木簡はありません。石神遺跡は雷丘のすぐ東南に位置しますが、『日本書紀』や『万葉集』から、雷《いかづちのおか》丘の近辺には民官《かきのつかさ》（民部省《みんぶしょう》の前身官司）の管理するクラがあったことが知られています。仕丁の生活費となる「養」はいったん民官のクラに収納されますので、その可能性も考えたくなります。しかし、養の荷札は最終消費地で廃棄されるのが一般的ですので、積極的な根拠とすることはできません。

残念ながら、石神遺跡の具体的な官衙の比定はできませんが、飛鳥寺によって隔てられた場所にまで、飛鳥浄御原宮の官衙域が広がっていたことを明らかにした意義は大きいです。もし飛鳥京跡の発掘調査が進んでいなかったら、石神遺跡に飛鳥浄御原宮の本体があったと誤認された恐れもあります。

もうひとつ、天武・持統朝の木簡が大量に出土した遺跡が、飛鳥寺の東南隅にある飛鳥池遺跡です。ここからは、飛鳥最多となる八〇〇〇点以上の木簡が出土しました。飛鳥池遺跡は、工房の置かれた南地区と、飛鳥寺および道昭《どうしょう》の建立した禅院との関係が強い北地区に分かれます。

南地区からは約三〇〇点の木簡が出土しました。木簡を廃棄したのは、生産に従事した各種の工房です。命令伝達・原料管理・製品の管理や発送などの多様な場面で、木簡は使用されました。図7は小刀・針の製作を命じた木簡で、これらを製作した後に、木簡の天地を逆にして、使用した鉄の重量が追記されています。天皇の命令である「詔《みことのり》」の語がみられる点も注目されます。このほか、広瀬行宮《あんぐう》の可能性のある「散支《さぬき》宮」、天武天皇の皇子《みこ》・皇女《ひめみこ》である「舎人皇子《とねりのみこ》」、「穂積皇子《ほづみのみこ》」、「大伯皇子《おおくのみこ》」（大伯皇女。当時は男女ともに皇子と表記）、皇族の「石川宮」、貴

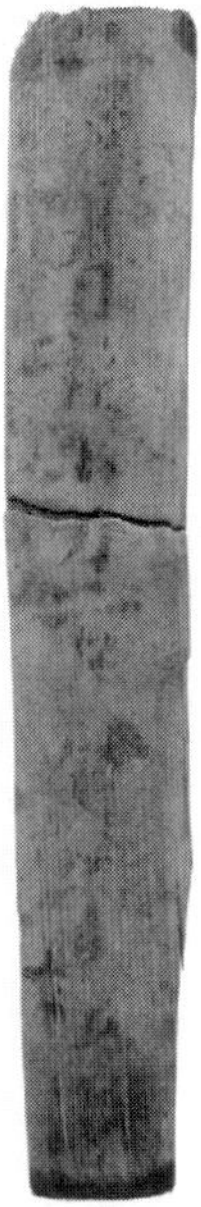

二月廿九日詔小刀二口　針二口「□斤半」　182×29×3　011

図7　飛鳥池遺跡南地区出土木簡（奈良文化財研究所提供）

族の「大伴《おおとも》」などが登場し、飛鳥池工房が内廷・皇子・貴族の需要に応えていたことがわかります。また、「鉦《しょう》」と書かれた木簡があり、仏像鋳型などとあわせて、寺院の需要にも応えていたと考えられます。木簡からは明確にいえませんが、富本銭《ふほんせん》の鋳造からみれば、国家的な需要に応じる面もあったと思われます。

工人《こうじん》としては、「阿佐ツ麻人《あさつまのひと》」「文《ふみ》」「甲可《かふか》」「鉾打主寸《ほこうちのすぐり》」など東漢氏《やまとのあやうじ》系が登場する点が注目されます。このうち「阿佐ツ麻人」は葛城《かつらぎ》の朝妻《あさつま》出身の工人です。同じく葛城地域の地名として、「佐備《さび》」も登場します。『元興寺伽藍縁起《がんごうじがらんえんぎ》 幷《ならびに》 流記資財帳《るきしざいちょう》』所引の塔露盤銘《とうろばんめい》によれば、蘇我《そが》氏の氏寺である飛鳥寺の造営に、「山東 漢大費直《やまとのあやのおおあたい》」（東漢直）を総責任者として、「意奴弥首《おぬみのおびと》」（忍海首）・「阿沙都麻首《あさづまのおびと》」（朝妻首）といった葛城の工人が関与していました。その後、大化元年（六四五）の乙巳《いっし》の変《へん》で蘇我本宗家が滅ぼされると、天皇家に接収され、飛鳥池工房の工人として編成されたのでしょう。

飛鳥池遺跡出土木簡を遺構の状況と組み合わせながら考えると、飛鳥池工房が本格的に稼働し始めるのは、天武七年（六七八）頃と推定できます。そこで興味深いのが、前年の天武六年に、東漢氏がかつて犯した七つの悪事を天武天皇が糾弾した上で、特別に罪を赦《ゆる》していることです。飛鳥池工房の稼働を軌道に乗せるためにも、工人を直接掌握していた東漢氏の全面的な協力が不可欠と考えられたことが、ひとつの大きな要因となったように思います。

つぎに、北地区からは約七八〇〇点の木簡が出土しました。飛鳥寺および道昭の建立した禅院との直接的な関係が強く、木簡は寺院所有の資財管理に関わるものが多いという特徴があります。竹内亮さんは、北地区には「飛鳥寺三綱政所《さんごうまんどころ》」とでも称すべき機関が置かれ、三綱と道昭（および道昭の代理機関としての禅院）の統括下、飛鳥寺全体の資財や人員などを管理していたと推定しています。北地区出土木簡は七世紀後半から八世紀初頭にかけての木簡群で、道昭の活動時期にほぼ重なっています。文武《もんむ》四年（七〇〇）に道昭は入滅《にゅうめつ》し、平城遷都《せんと》直後の和銅《わどう》四年（七一一）になると、禅院《ぜんいん》は飛鳥寺本寺と袂《たもと》を分かって、平城京右京四条一坊の地に移転しました。これを禅院寺といいます。北地区出土木簡が八世紀初頭をもって終わるのは、こうした点が関係するように思います。

北地区出土木簡をみると、狭義の宗教活動の枠内にとどまらず、さまざまな医療活動や経済活動をおこなっていたことがわかります。少し珍しいものとしては、音義《おんぎ》木簡、漢詩風木簡、伎楽面墨書木簡《ぎがくめんぼくしょ》などがあり、寺院が知の拠点であったことを再認識させます。古代の寺院は、いわば現在の大学に相当するといえるでしょう。

## 3 藤原京の木簡

つづいて、藤原京の木簡をみていきましょう。藤原京は持統八年（六九四）から和銅三年（七一〇）までの都ですが、その建設は天武五年（六七六）の新城建設計画まで遡《さかのぼ》ります。このとき新城建設は一旦中断されますが、天武一一年に再開されます。天武一三年には「宮室の地」が決定され、藤原宮の造営も本格化します。藤原宮跡の下層からは、造営時の運河跡がみつかっています。そこから、建築部材・手斧削屑《ちょうな》・牛馬骨とともに、「壬午年」（天武一一年）、「癸未年」（同一二年）、「甲申年」（同一三年）という紀年銘の書かれた木簡が出土しました。また、天武一四年に制定された冠位の「進大肆」、官司名「陶官《すえのつかさ》」、「舎人官《とねりのつかさ》」などの木簡も出土しており、天武朝の末年には工事が始まっていたことが裏付けられます。しかし、天武天皇が死去したこと、藤原京は五・三km四方の巨大な都ということもあって、藤原宮・京の完成は困難を極めました。藤原京遷都が実現するまで、一八年近くもかかったことになります。

藤原宮は、天皇の居所である内裏《だいり》、国家的な政治・儀式・饗宴の場である大極殿《だいごくでん》・

朝堂院地区《ちょうどういんちく》、日常業務をするための官衙域、によって構成されます。このうち宮の中枢部である大極殿・朝堂院地区の完成は、実はかなり遅れました。それを明らかにしたのが、朝堂院東面回廊の東南隅部付近の溝から出土した約八〇〇〇点の木簡です。東面回廊を造営する際に掘削され、その完成とともに埋められた溝です。この溝から大宝《たいほう》三年（七〇三）の年紀をもつ図8の木簡が出土した結果、この時点まで東面回廊は完成していなかったことが判明しました。

『続日本紀《しょくにほんぎ》』も使って総合的に判断すると、大極殿は文武元年（六九七）末頃に、朝堂は同四年末頃に、朝堂を取り囲む回廊は大宝三年（七〇三）末頃に、それぞれ完成したと考えられます。大極殿・朝堂院地区には瓦葺《かわらぶ》きの大型建物が並び、回廊にも瓦が葺かれたこともあって、完成までに膨大な時間がかかったのです。藤原京遷都時に藤原宮は完成し

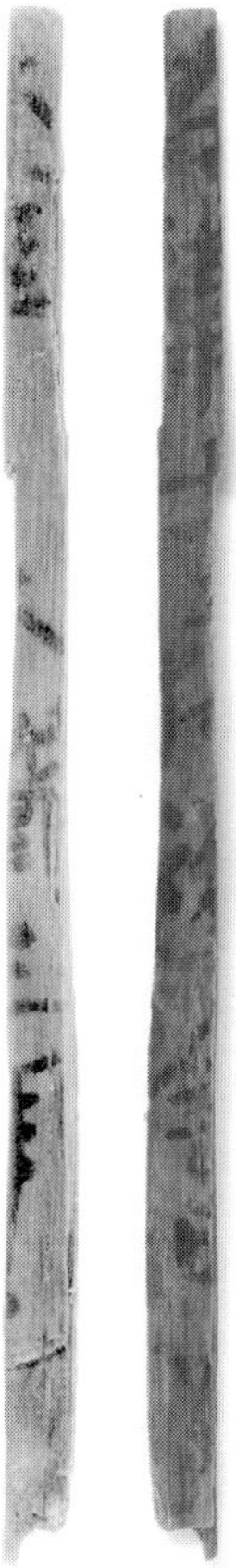

図8　藤原宮朝堂院東面回廊跡出土「大宝三年」木簡（奈良文化財研究所提供）

・右衛士府移□〔今カ〕日□〔可カ〕□
・大国　大宝三年□
(191)×(8)×5　081

ていたわけでは決してありませんでした。

さて、藤原宮木簡約一万六〇〇〇点のうち、半数近くが前述の朝堂院地区から出土しました。それ以外には、藤原宮外周部を構成する外濠と内濠、宮を東西に三分する二本の南北基幹排水路を中心に出土しています。このうち東面北門（山部門《やまべもん》）付近では、官司名の書かれた木簡がまとまって出土しました。木簡の動きなども踏まえると、官奴司《かんぬし》・大膳職《だいぜんしき》・内膳司《ないぜんし》・大炊寮《おおいりょう》・造酒司《ぞうしゅし》といった宮内省《くないしょう》被管官司や、皇太妃宮職《こうたいひぐうしき》・大舎人寮《おおとねりりょう》・図書寮《ずしょりょう》・陰陽寮《おんようりょう》といった中務省《なかつかさしょう》被管官司などが、この近辺に官衙を構えていた可能性が高いです。

また、西面南門（玉手門《たまてもん》）前の内濠からは、「芎窮《きゅうきゅう》」「当帰《とうき》」「薬烏《やくう》」「薬桔梗《やくききょう》」「人参《にんじん》」「五茄《ごか》」などの薬物の貢進荷札・物品付札、薬物請求に関わる文書ないし記録簡、「外薬□」と記された削屑が出土しています。鉱物性薬物と考えられる鉱物類も一緒にみつかっています。平城宮・平安京における官衙の配置の上からも、西面南門のすぐ近くに典薬寮《てんやくりょう》（その前身官司）が立地した可能性が高いといえます。なお、薬物関係の木簡は、藤原宮の北辺からも多数出土しています。藤原宮の北方には「テンヤク」「天役」の小字名が残っており、典薬寮附属の薬園が置かれていた可能性があります。

飛鳥浄御原宮では官衙が各所に散在していましたが、藤原宮以後は官衙が宮内に集約されるようになります。ただし、すべての官衙が宮内に取り込まれたわけではありませんでした。藤原宮のすぐ南に位置する藤原京左京七条一坊では、約一万三〇〇〇点もの大宝元年（七〇一）・二年頃の木簡が一括した形で出土し、その内容から衛門府《えもんふ》の本司が立地していたことが判明しました。当地は約二六五m四方の広大な敷地で、衛門府に所属する門部《かどべ》・衛士《えじ》といった兵士たちの宿所も兼ねていた可能性が高いです。平安京では「諸司《しょし》厨《くりや》町《まち》」といって、役所に付属する施設が京内にあったことが知られていますが、その起源を考える上でも重要な知見が得られたといえます。

この藤原京左京七条一坊の衛門府跡から大量に出土した木簡は、敷地内の建て替えにともなって廃棄されたものでした。木簡の年紀から、大宝令施行（七〇一年）を受けて、建物配置に変更が加えられた可能性が極めて高いです。同様の事例は、藤原宮の内裏東官衙地区でも指摘されています。飛鳥浄御原令と大宝令では官司の呼称が違うばかりではありません。大宝令では、官・省・職・寮・司などの体系に官司が序列化され、それに連動して文書様式も定まるなど、官僚制機構は格段に整備されます。こうした動向が官衙の建物配置にも影響を与えたと思われます。

衛門府のように宮外に置かれた官衙を「宮外官衙」と呼びますが、藤原京の場合、右京七条一坊西北坪に右京職《うきょうしき》が、左京六条三坊に左京職が置かれたことが、その敷地内から出土した木簡によって推定できます。京職は京内の行政を掌《つかさど》る役所であり、宮外に立地することはある意味当然ですが、どちらも藤原宮のすぐ外側である点は注目されます。

藤原京一六年間のうち、大宝元年（七〇一）は日本古代国家の転換点となる極めて重要な年です。その幕開けは、『続日本紀《しょくにほんぎ》』編者に「文物の儀、ここに備われり」と絶賛された元日朝賀でした。元日朝賀は君臣関係を確認する重要儀式です。文武元年（六九七）末頃の大極殿の完成、同四年末頃の朝堂の完成を受けて、大宝元年に盛大な元日朝賀の儀が催されました。しかし、先に述べましたように、朝堂院回廊はいまだ完成していませんでした。しかし、七〇一年はさまざまな意味で画期の年となることが予定されていたこともあり、その初日を盛大に祝う必要があったのです。

大宝元年の出来事としては、大宝律令の制定・施行、遣唐使《けんとうし》の任命、首皇子《おびとのみこ》（後の聖《しょう》武《む》天皇）の誕生が特に重要です。ついでに述べれば、光明子（後の光明皇后）も同年の誕生です。ここでは大宝令と遣唐使について少し触れておきたいと思います。

まず大宝律令ですが、日本で初めて律と令の備わった体系的法典でした。大宝令による施政宣言は大宝元年六月八日ですが、それに先だって、①新令の読習（文武四年三月一五日）、②大宝令官制・位階制および服制の施行（大宝元年三月二一日）、③新令の講説（四月七日）、④大安寺《だいあんじ》における僧尼令《そうにりよう》の講説（六月一八日）を実施しています。その後も、⑤西海道を除く六道に明法博士《みようぼうはかせ》を派遣しての新令講説（八月八日）、⑥大宝律の天下への頒布（大宝二年二月一日）、⑦新令の読習（七月一〇日）、⑧大宝律の講説（七月三〇日）をしました。

このうち②は「大宝」建元《けんげん》と同日に実施されました。「大宝」建元は、対馬《つしま》で産出された金が貢上された慶事にちなみます。しかし、産金は後に詐欺であることが発覚しており、かなり無理をしたようです。また、⑧と同日に天下の罪人を対象に恩赦《おんしや》をおこなっていますが、赦宥儀礼《しやゆうぎれい》をともなったことでしょう。大宝律令の施行を印象づけるために、各種儀礼を組み合わせているのは興味深い点です。

つぎに遣唐使ですが、大宝元年正月二三日に任命されました。天候不順のため渡海は翌年に延期されましたが、本来はこの年に派遣する予定でした。実に三〇数年ぶりのこととなります。この大宝の遣唐使は、唐との国交を回復し、新国号「日本」を承認してもらう重要な使命を帯びていました。それまで朝鮮半島を通じて大陸由来の文物や諸制度の摂取

図9　藤原京衛門府跡出土「本位大進壱」木簡（奈良文化財研究所提供）

本位進大壱　今追従八位下　山部宿祢夜部
冠
215×28×6　011

に努めてきましたが、今後は同時代の中国に対して、より直接向き合うように転換していくことになります。

先に触れた衛門府木簡は大宝令施行直後の木簡群で、大宝令施行のインパクトを探る上で興味深い素材です。ここでは二点について取り上げてみましょう。

まず図9は、山部乎夜部《やまべのおやべ》が「進大壱」から「追従八位下」に昇進したことを示す木簡です。四十八階冠位制（天武十四年制定）から三十階官位制（大宝令制）へ切り替えるにあたり、新官位の「従八位下」に旧冠位の「追」を付すことで、両者の対応関係を明示しています。儒教的な徳目や冠の素材などで呼ばれていた冠位から、数字を基本とする官位へ転換しています。数字で上下関係を示す方法は唐の官品制にならったものです。

つぎに図10をみましょう。「門傍」は「門膀《もんぼう》」のことで、物品を宮外へ搬出する際の通行証です。搬出品は「布十一端《たん》」と「糸二十二斤《きん》」です。これらは「紵《ちょ》」や「羅《ら》」の購入

代金ですが、

羅二匹＝銀十一両＝糸二二斤

紵二（籠）＝銀五両二文＋布三尋《ひろ》＝布一一端

といった具合に、いったん銀や布を媒介して換算している点は興味深いところです。この時期、富本銭《ふほんせん》が存在していましたが、木簡にそれが登場しないのは、あまり流通していなかったからでしょう。

さて、門牓は中務省が発給する決まりで、本木簡は内蔵寮《くらりょう》が中務省にその申請をしたも

図10　藤原京衛門府跡出土「内蔵寮解門傍」木簡（奈良文化財研究所提供）

・内蔵寮解　門傍　紵二□　…銀五両二文布三尋分
　　　　　　　　　　　　　　布十一端　○
・羅二匹直　銀十一両分糸廿二□　…蔵忌寸相茂　○佐伯門
　　　　　「中務省□」

(155 + 102) × 21 × 5　011

ものです。「解《げ》」は被管官司から所管官司に上申する際の書式で、大宝令で新たに登場したものです。それまでは前白木簡が一般的でした。官司の名称も大宝令制によっています。

この門牓申請木簡を受け取った中務省は、その余白に「中務省□」という判を加え、申請に許可を与えました。他の事例から、「中務省移《いす》」と追筆された可能性が高いです。「移《い》」は直属の関係にない官司間で使用される書式で、やはり大宝令で新たに規定されました。この場合、中務省から衛門府の門司に宛てたと推測されます。判の一例に「中務省移如令勘宜耳」（中務省移《い》す、令の如く勘《かんが》うべし）があり、大宝令の施行を強く受け止めた官人のきまじめさがよく伝わってきます。

内蔵寮はこの門牓木簡を携行して、佐伯門《さえきもん》（藤原宮西面中門）を通過しました。その際、佐伯門を警備する衛門府の門司によって、この門牓木簡は回収されます。そして、木簡に孔《あな》をあけて紐《ひも》を通し、同類の木簡と束ねて、一時保管されました。これをもとに、宮城門では門司が通過記録を作成し、衛門府の本司へ送り届けています。このとき、通過記録の根拠となる回収した門牓木簡もわざわざ添え、衛門府の本司で厳密なチェックができるようにしております。

しかし、こうした厳格な門牓制の運用は長続きしないことが、その後の藤原宮・平城宮跡出土木簡によって判明しました。大宝令施行からわずか数年で、中務省は門牓の発給に直接関与しなくなり、宮城門で回収された門牓木簡も本司に送らなくなります。慶雲《けいうん》年間（七〇四〜七〇八年）になると、大宝律令の施行にともなう矛盾が露呈して、軌道修正が試みられますが、門牓制の制度変更もそのひとつとみられます。和銅《わどう》五年（七一二）に元明《げんめい》天皇が発した詔に「法を制してより以来、年月淹久《ひさ》しくして、律令に熟せず、多く過失有り」とあります。しかし、これは必ずしも官人の怠慢ばかりとはいえません。もともと日本の律令は中国の律令を継受したものでした。日本の実状にあわせるため、一部改変を施したものの、運用するのが無理な規定も多かったと思われます。

大宝の遣唐使が帰国した慶雲元年（七〇四）、藤原京の廃都が決まり、同三年には平城京造営に要する多大な労働力を徴発するための格《きゃく》が発布され、翌年には五位以上に対して「遷都の事」を議させています。先に述べましたように、藤原宮中枢部の最終的な完成は大宝三年（七〇三）頃ですが、その直後には次なる遷都計画が浮上したことになります。しかし、天武五年（六七六）以来の長い建設の歩みを考えると、実に複雑な気分になります。しかし、都城は国家理念を示す場でもあるため、どうしても藤原京では駄目だと判断されたと考えざるを得ません。

すでに指摘されているように、南東から北西方向に向かって下る地形の藤原京は、汚水を含む排水が宮内に流入するのみならず、宮のすぐ南には日高山がそびえ、背後には飛鳥川が迫ることもあって、朱雀大路《すざくおおじ》のメインストリートとしての機能を十分には発揮できず、都城の正面となる羅城門《らじょうもん》も存在しないなど、国家の威容を示せないという弱点がありました。約三〇年ぶりに派遣された大宝の遣唐使は、唐長安城《とうちょうあん》の威容から大きな衝撃を受けたに違いありません。藤原京は浄御原令段階の都であり、新たに大宝律令が施行されると、小手先の改変では如何《いかん》とも対処できないという問題もありました。本格的な中国式都城として建設された藤原京でしたが、すでに時代遅れになっていたのです。

## おわりに

たいへん駆け足でしたが、飛鳥時代の木簡をいくつか取り上げながら、そこからどのように日本古代国家の形成過程を描き出すことができるのか、私見を述べてみました。

木簡は基本的に用済みとなって「ゴミ」として捨てられたものです。わざわざ後世に残そうとしたものではありません。内容も日常的な、ごく些細なものにすぎません。しかしそれだけに、当時の実態を考える第一級の史料となります。文飾の可能性が絶えずつきまとう、『日本書紀』（七二〇年成立）など、編纂史料との大きな違いです。

木簡を研究する上で最も重要なことは、古代の人々が捨てたゴミを出発点に、木簡の作成・使用・廃棄の過程、つまり「木簡の一生」を再現することだと思います。木簡は極めて断片的な史料であり、それ単独でわかる情報はごく限られています。しかし、その木簡がどのような遺跡・遺構から出土したのかをきちんと踏まえ、一緒に出土した木簡やその他の遺物にも目配りをすることで、多くの情報を引き出すことが可能となります。その上で、『日本書紀』などとつきあわせることで、豊かな歴史が描けるのではないかと思います。こうした視点を忘れずに、今後も木簡を勉強していきたいと考えています。

## 参考文献


市　大樹『飛鳥藤原木簡の研究』塙書房、二〇一〇年
市　大樹『飛鳥の木簡—古代史の新たな解明—』（中公新書）央公論新社、二〇一二年
市　大樹「大化改新と改革の実像」『岩波講座 日本歴史二　古代二』岩波書店、二〇一四年
市　大樹「黎明期の日本古代木簡」『国立歴史民俗博物館研究報告』一九四、二〇一五年

岸　俊男「日本における「戸」の源流」『日本古代籍帳の研究』塙書房、一九七三年（初出一九六四年）
岸　俊男「「白髪部五十戸」の貢進物付札」『日本古代文物の研究』塙書房、一九八八年（初出一九七八年）
竹内　亮「飛鳥池遺跡北地区出土木簡と飛鳥寺」『日本古代の寺院と社会』塙書房、二〇一六年
東野治之「近年出土の飛鳥京と韓国の木簡」『日本古代史料学』岩波書店、二〇〇五年（初出二〇〇三年）
橋本　繁『韓国古代木簡の研究』吉川弘文館、二〇一四年
古市　晃「前期難波宮内裏西方官衙の再検討―庭に物を積み上げて賜う儀式について―」『ヒストリア』一五八、一九九七年
三上喜孝「古代東アジア出挙制度試論」『日本古代の文字と地方社会』吉川弘文館、二〇一三年（初出二〇〇九年）
山本　崇「オシテフミ考―大宝令制以前の文書について―」『文化財論叢Ⅳ』奈良文化財研究所、二〇一二年

# 東アジアからみた古代朝鮮と日本の都城

山田隆文

## はじめに

私は奈良県で考古学の仕事をさせていただいていますが、大学は東洋史学の出身で、ずっと朝鮮や中国の都城や考古学に関心を持っていました。そこで私からは今回のタイトルにありますように、飛鳥藤原と同時代の東アジアの都城、特に古代朝鮮の都城を紹介させていただいて、藤原京との比較検討の材料を提供できればと思います。

日本で飛鳥時代と言われている推古《すいこ》元年（五九三）から和銅《わどう》三年（七一〇）までの間は、わが国が中国・朝鮮半島から新しい宗教・思想・文化・技術などを導入して、さまざまな変革を遂げた時代です。これらは全て平和裏に成し遂げられたわけではなく、乙巳《いっし》の変《へん》や壬申《じんしん》の乱《らん》も大きな契機となったことは周知のとおりです。そして、変革は日本だけのことではありませんでした。中国のほうに目を向けますと、五八九年に隋《ずい》が南北朝を統一しますが六一八年にはもう滅亡してしまって、代わって唐《とう》が興るという状態です。

朝鮮半島で高句麗《こうくり》・百済《くだら》・新羅《しらぎ》の三国の攻防が激しくなってきました。そこに隋や唐の侵攻が加わってくるようになり、六六〇年には百済が滅亡し、六六八年には高句麗が滅亡します。その時には連携していた新羅と唐もお互いに反発するようになって六七〇年から羅唐戦争と称される戦争状態に突入します。六七六年に唐が朝鮮半島から撤退することで、それ以降、統一新羅と称される時代に変わっていきます。そして高句麗があった朝鮮半島東北部、中国の東北地方、さらに北のロシアの沿海州にかけては六九八年に渤海《ぼっかい》が建国されます。このように六世紀末から七世紀末は、日本だけではなく、東アジア全体が激動の時代、変革の時代であったということです。

今回は特に飛鳥・藤原と同時代の都城ということで、高句麗の長安《ちょうあん》城、百済の泗沘《しひ》城、そして新羅の金京の構造について紹介させていただき、その朝鮮半島の都城が中国からどういう影響を受けていたのか、日本の藤原京と比較してどういう関係になるのか、このよ

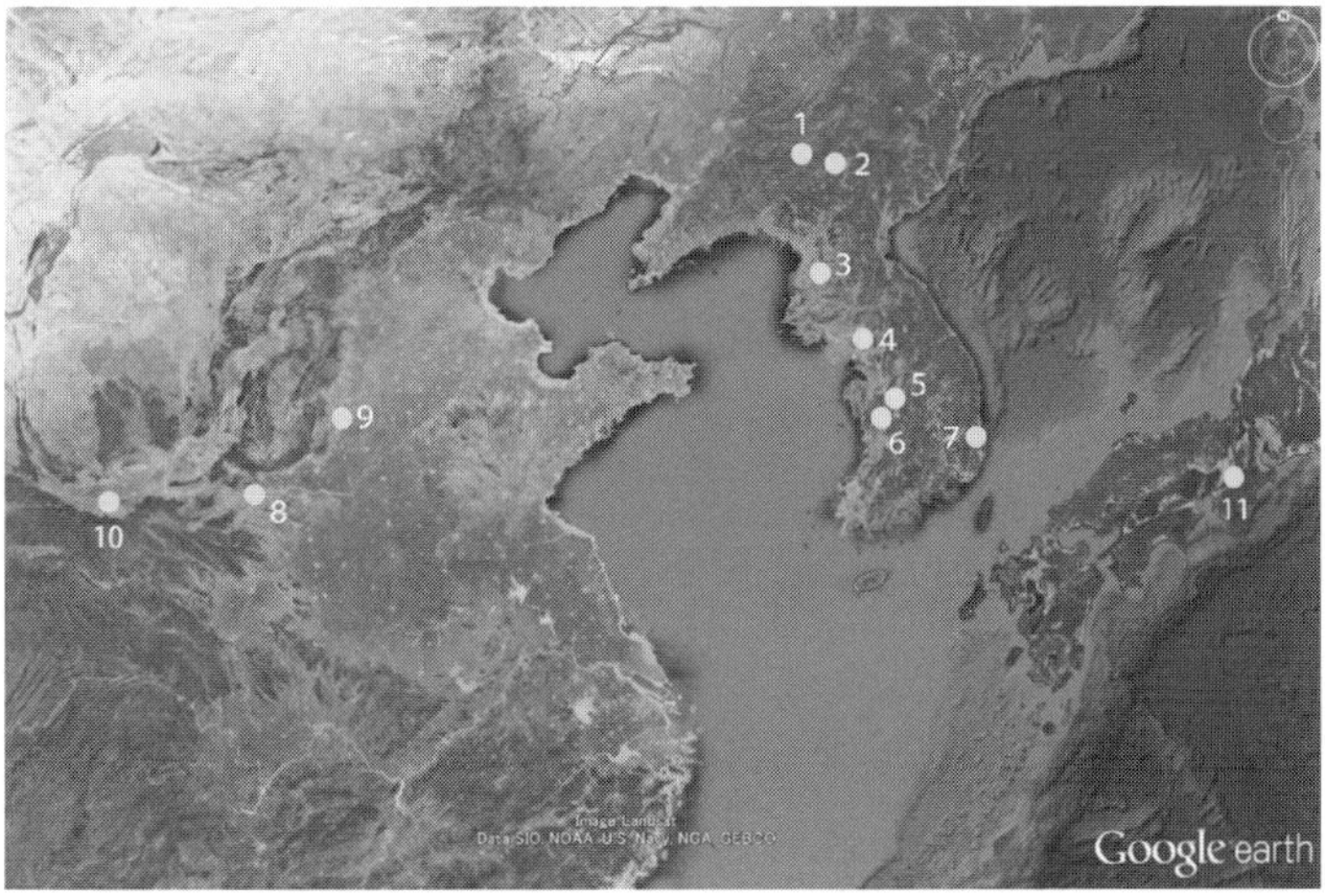


**図1　古代東アジア都城**　(Google earth を使用)
1．高句麗卒本　2．高句麗国内　3．高句麗平壌・長安　4．百済漢城　5．百済熊津　6．百済泗沘　7．新羅金京　8．北魏洛陽・隋唐洛陽　9．北朝鄴　10．隋大興・唐長安　11．日本新益京

うなことに関して考えを述べたいと思います。

本日紹介する都城の位置を示したものが図1になります。ちなみに、高句麗の都城（桓仁・集安）、慶州の歴史遺跡地区は世界遺産リストに記載されています。百済の歴史遺跡地区も二〇一五年に世界遺産リストに記載されました。そして、飛鳥・藤原が暫定リストに記載されているのと同様に、高句麗の長安城を含めた平壌の歴史遺跡も暫定リストに記載されています。これ以外にも平城宮は古都奈良の、唐の都長安の大明宮《たいめいきゅう》などもシルクロードの構成資産の一つとして世界遺産になっています。東アジアの都城はこのように大部分が世界遺産やその暫定リストに記載されていますが、その内容については今回のテーマと少しずれますので、また改めて紹介する機会があればと思います。では、ここから順番に高句麗、百済、新羅の都城を紹介させていただきます。

## 1 古代朝鮮の都城

### 高句麗の都城

高句麗・百済・新羅に関しては『三国史記《さんごくしき》』という高麗時代に書かれた歴史書に記録があります。そこに記された高句麗の建国の記事によると紀元前三七年に東明王《とうめいおう》によって建国されたことになっていますが、それよりもさかのぼる時代の中国の文献などにすでに高句麗の名前が出ていますので、実際の建国は『三国史記』の記述よりもさかのぼるのではないかと言われています。高句麗の都は卒本《そつほん》から国内、そして国内から平壌と移ります。さらに同じ平壌に所在しますが、平壌城から長安城へと合計四ヵ所、都が移っていまして、六六八年に唐と新羅の連合軍によって滅亡させられるという歴史をたどります。

最初の都である卒本は、現在の中華人民共和国（以下、「中国」）の遼寧省桓仁満族自治《りょうねいしょうかんじんまんぞくじち》県《けん》の中心、桓仁市というところにあたります。こちらに下古城子土城《げこじょうし》という平地の城がありますが、おそらく漢の県城を再利用したものだろうと考えられていますが、そのような平地の城と、少し離れたところの山の上にある五《ご》女山城《じょさんじょう》という山城とセットで都城を形成していたと考えられています〈図2〉。この平地城と山城のセット関係というかたちで一つの都城を構成するというのは、高句麗だけではなく、その後の朝鮮半島のほかの国についても影響を及ぼす重要な要素となります。

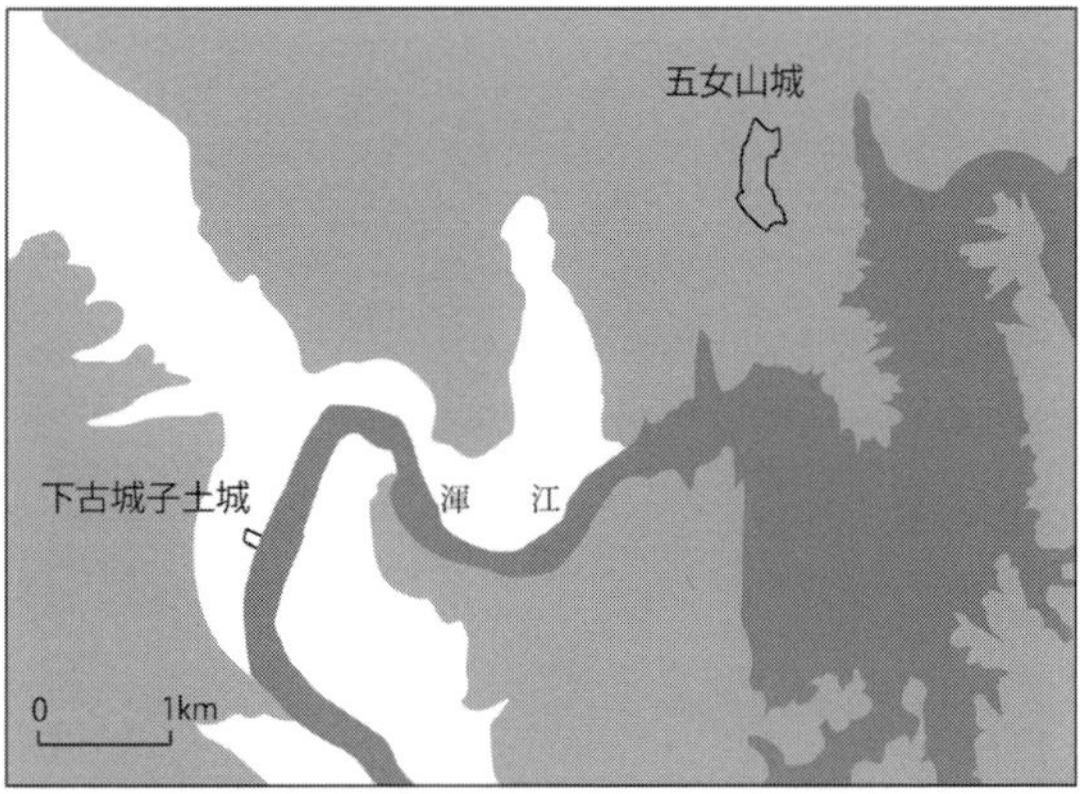

図2　高句麗卒本

卒本から国内城へ遷都《せんと》した年代は、瑠璃明王《るりめい》代の紀元二年と『三国史記』にも記述がありますが、文献をそのまま信用することはできないということがこれまでの先学の研究の結果、言われています。最近は、現在の研究では三世紀初めごろに国

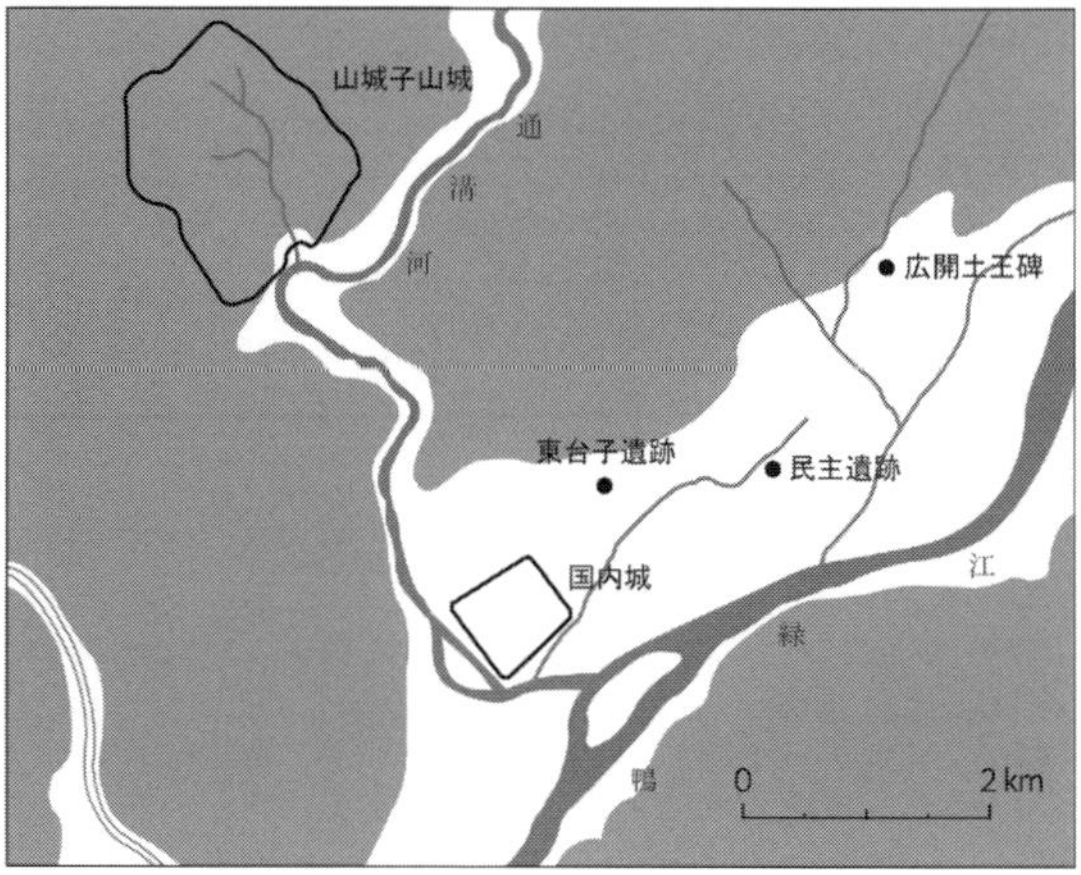


図３　高句麗国内（丸都）

内城が都となったのではないかと考える説が有力になっています。これは現在の中国の吉林省《きつりんしょう》集安市《しゅうあんし》という場所にありまして、こちらでも鴨緑江に面した平地の国内城（「通溝《つうこう》城」とも称される）と、鴨緑江《おうりょくこう》の支流を少しさかのぼった山間部にある山城子《さんじょうし》山城という山城のセットで国内城（「丸都《がんと》」とも称される）都城を形成していたことがわかっています。ただ、高句麗自体が三世紀初めから五世紀にかけて国力を非常に伸ばし領土も拡大していく時期ですので、城周約二七〇〇mの平地の通溝城の範囲を超えて都城の施設は拡大していったようで、通溝城の東側の東台子遺跡や民主遺跡など広い範囲で都市遺構や関連する遺跡が確認されています〈図3〉。

中国と朝鮮民主主義人民共和国（以下、「北朝鮮」）との国境を流れる鴨緑江の流域で都を形成していった高句麗ですが、領土の拡大に伴いまして現在の北朝鮮の首都でもある平壌のあたりに都を移します。この四二七年に遷都してきた段階の平壌城は先ほどの卒本、そして国内と同じように大同江《だいどうこう》沿いの低丘陵に位置する清岩里《せいがんり》土城と、その北東にある山城である大城山城のセットで都城を形成していたと考えられています。そして五八六年にはここから、すぐ西南に新たに造営した城のほうへと遷都します〈図4〉。

図4　高句麗平壌城と長安城

これが長安城と呼ばれる城です。陽原王《ようげんおう》八年（五五二）に造営が開始され、平原王《へいげんおう》二八年（五八六）に遷都《せんと》された高句麗最後の都城になります。現在も北朝鮮の首都として中心的な施設がこのあたり一帯に置かれています。現状は城内も市街地化がかなり進んだり、

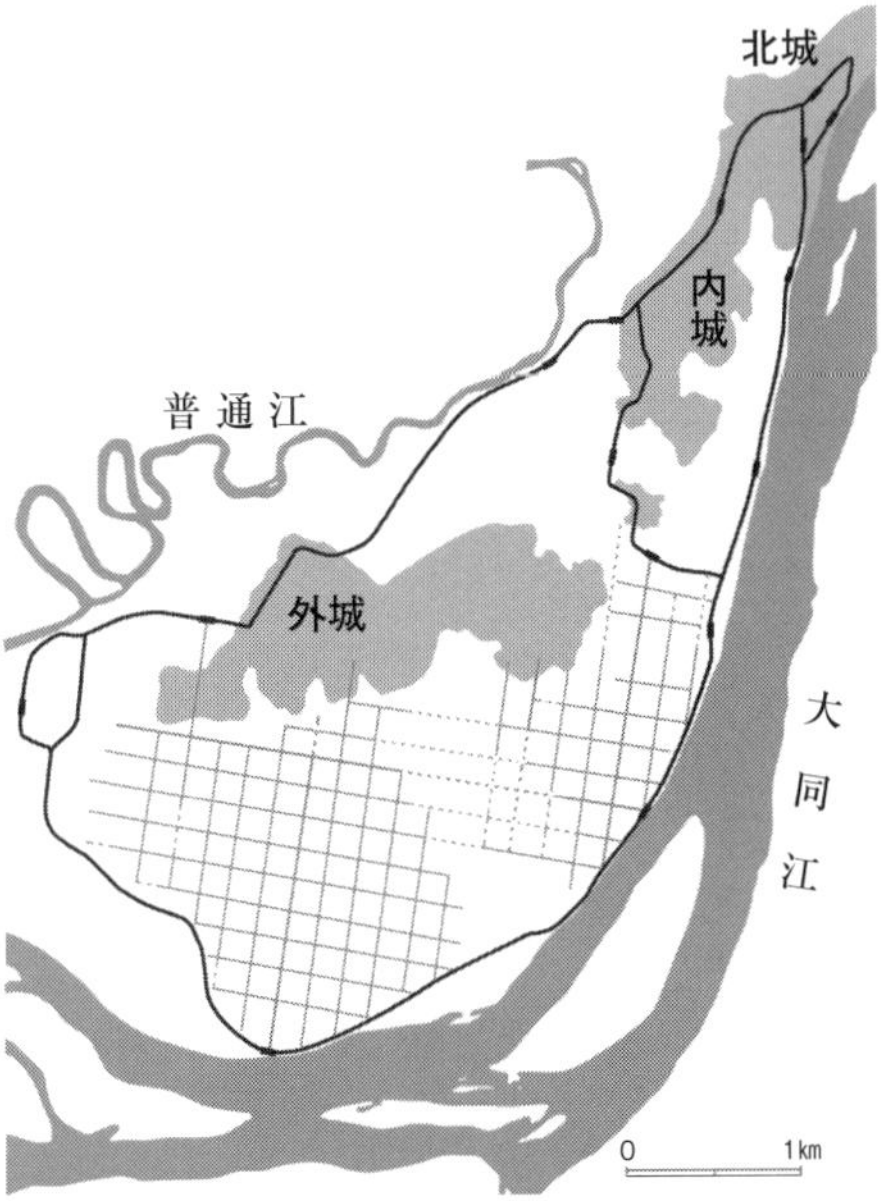


図5　高句麗長安城

第二次世界大戦後の新たな土地区画整理などがあって遺跡の残りはあまりよくないのですが、戦前までは遺存地割がよく残り、城壁なども良く残っていたことが戦前の調査記録に残されています。

長安城は、南北が約六・三km、東西が約三・六kmという規模です。北城・内城・外城という三区画の構造になっていますが、そのうちの内城の部分が王宮の置かれた場所と考えられています。城壁はすべて石築で築かれていますが、その城壁の中に干支《えと》を示した「銘文城石」というのがあり、城壁がいつ、どういう順番で造られたかをそれで知ることができます。刻まれた干支の年代の検討の結果、まず内城が造られ、次に外城が、そして最後に北城が造られたという造営の過程も明らかになっています。

先ほどまで高句麗の都城は山城と平地城のセットだと述べましたが、長安城は一見すると一つの城に見えますが、王宮のある内城部分が丘陵地で山城の形態をとっており、その南麓の平地のところに城壁を回して外城を構成するというかたちをとっています。つまり、山城と平地城の要素を一つの城で組み合わせたかたちになっているのが特徴と評価することができます。さらにこれまでの高句麗の都城には無かった最大の特徴が、その平地の外城の部分に方格《ほうかく》の街区を採用したこと、すなわち坊里制《ぼうりせい》を施工したということです。外城の中は市街化の影響で、坊里の痕跡は今ほとんど消えてしまっていますが、一部だけこの地割りに合わせたかたちの町並みなども存在しています。戦前まではその遺存地割がよく残っていまして、それを元にして復元したものが図5です。坊里は、南北一七区画、東西一八区画以上と推定されています。方格の街区の軸線は、正方位を向いてはおらず、北で約九度東に振れています。遺存地割が残っていた頃まで道路の交差点のところに高句麗時代の石の標柱も残っていたようで、それらを利用した復元研究から、幅一三・六mと幅五・一五mの大小二種類の道路があったようだということが戦前にすでに指摘されています。規模の小さいほうの道路は考古学的な調査では確認されていませんが、大きいほうの道路、大路に関しては戦後、北朝鮮による発掘調査が実施された例があり、道幅が一三・八mから一四mぐらいのものであることが確認されています。

## 百済の都城

百済も高句麗と同様に『三国史記』に書かれている記録によるところが大きいのですが、そこに書かれている建国の起源によりますと、紀元前一八年に温祚《おんそ》王によって建国されたことになっています。ただ、考古学的に国家として百済というのが認識できるのは四世紀ごろになってからと言われています。

百済最初の都は慰礼城《いれいじょう》、漢城《かんじょう》となります。昔はこの慰礼城から漢城へ遷都したという考え方もありましたが、今は一体のものと考える向きが結構あるのではないかと思います。そこから四七五年に熊津城《ゆうしんじょう》へ遷都、そして五三八年に泗沘城《しひじょう》に遷都して、最後は高句麗からさかのぼること八年前、六六〇年に滅亡するという歴史をたどります。

最初の都城は慰礼城（漢城）ですが、これは現在の大韓民国（以下、「韓国」）の首都ソウル特別市にあります。朝鮮時代の都となって以降のソウルの中心は、ソウルの真ん中を西流する漢江の北岸になりますが、漢城時代の百済の遺跡は漢江の北ではなくて南岸の部分に分布が集中しています。尉礼城に関しては、私が大学で最初にこのあたりのテーマを勉強し始めた二〇数年前ころには、所在地論争が活発に行われている真っ最中で、尉礼城の所在地がどこなのか確定されていませんでした。それから二〇年の間に発掘調査や研究の蓄積により、近年は風納土城《ふうのうどじょう》という平地城と、山城というにはかなり低い丘陵に立地する夢村《むそん》土城という、この二つの城のセットで尉礼城（漢城）という百済の最初の都を形成していたと見る説が有力視されてきています〈図6〉。

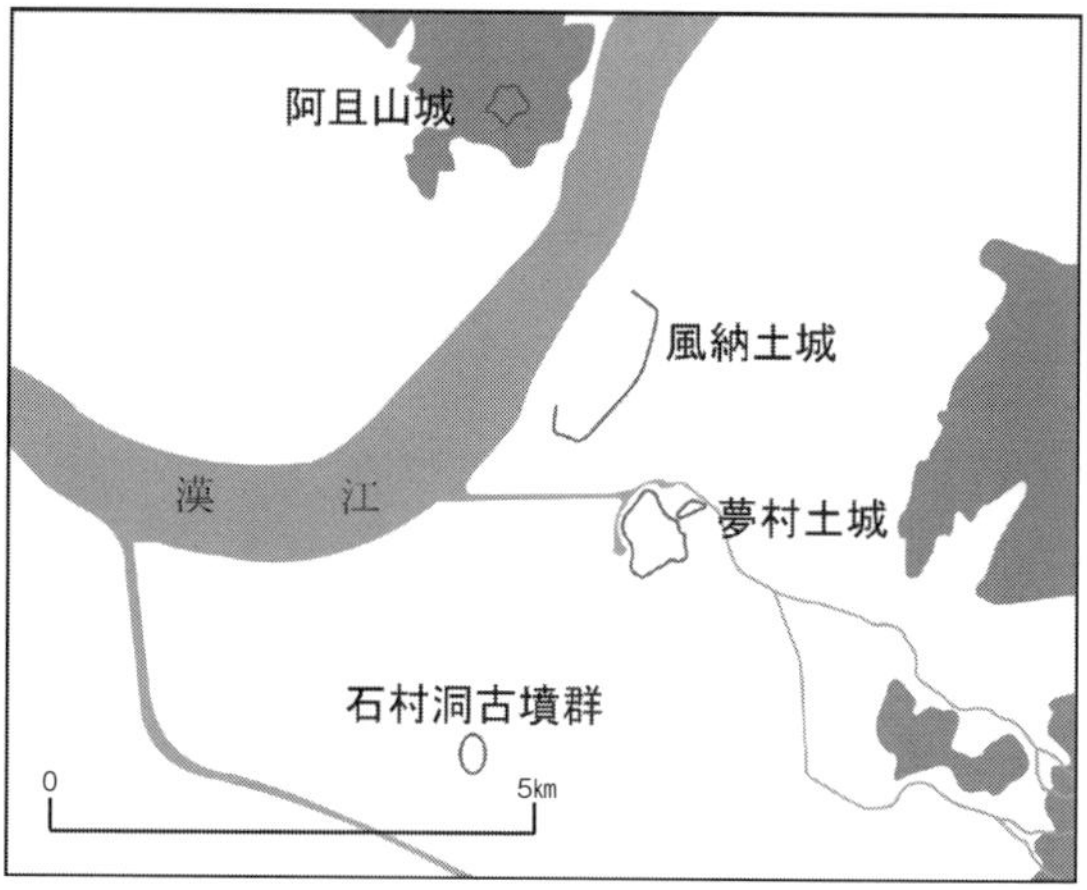

図6　百済漢城

その漢城時代の百済ですが、高句麗とかなり激しい戦争状態にあり、その中で蓋鹵王《がいろおう》二一年（四七五）に百済の王である蓋鹵王その人が高句麗との戦争で殺されてしまい、百済はいったん滅亡してしまいます。その後、翌年に次の文周《ぶんしゅう》王が百済を復興させますが、その新たな都とした場所が、漢城から遠く南に離れた熊津という場所です。熊津は、現在の韓国忠清南道《ちゅうせいなんどう》の公州市にあたります。現在、公州市には公山城という、山城というよりそれほど高くない丘陵に造られた城があります。そこが都城として使用されたということが有力視されています。城内の一番高い部分の平坦地には大型の建物や大型の石築貯水池などがあり、ここに熊津の王宮があったことはほぼ間違いないのではないかと考えられます。公山城の周りには細長い谷がありますが、この地域全体を取り囲むような外郭施設が見当たりません。公山城だけが単独であって、その西側の丘陵上に王陵である宋山里古墳群が築かれていますが、谷部の平地では都市遺構はこれまで全く確認されず、寺院跡が点在するだけという状態ですので、計画的に造られた都城というより、あくまで百済の復興に伴う

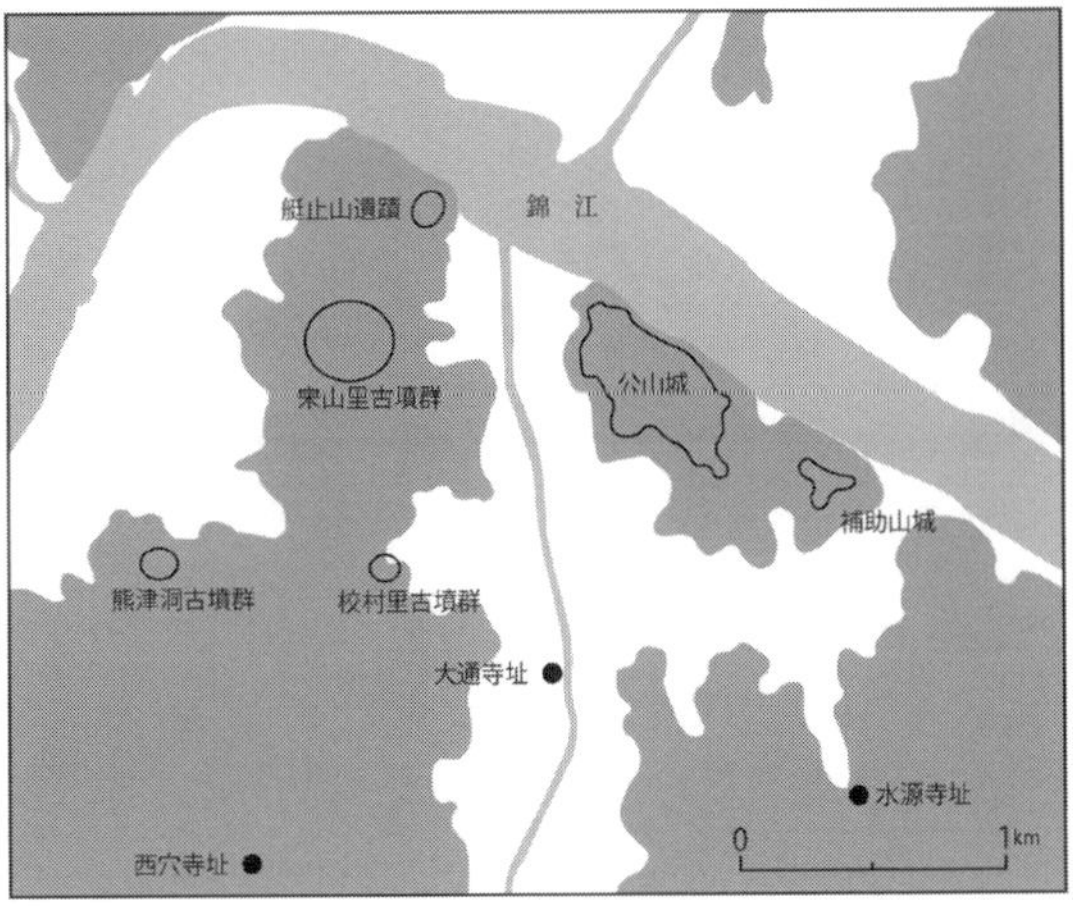


図７　百済熊津城

応急的な都と理解するのが妥当だと思われます〈図7〉。

そういう状態を打破しようということで、熊津に都がある段階から計画的に泗沘城への遷都が計画されていたとみられます。そして、聖王《せいおう》一六年（五三八）に泗沘へ都が移ります。先ほどの熊津から錦江《きんこう》沿いに西南に下っていったところ、公州と同じく忠清南道の扶余邑《ふよゆう》という場所にあたります。錦江が北から流れてきているのが、丸く屈曲して、また南へ流れていくという場所です。錦江に北・西・南を取り囲まれて、東側は丘陵で遮られているという立地です。東西が約四・六km、南北が約四・二kmの範囲になります。

そのうち丘陵で仕切られている東側と、北東部には、羅城《らじょう》という城壁が築かれて都を防御するというかたちになっています。西と南の羅城に関しては諸説がありまして、昔は存在したという説も有力視されていました。しかしその後の発掘調査では、羅城の推定位置にある堤防はやはり新しいもので、百済時代までさかのぼらないということが確認されたこともあり、河川の氾濫によってなくなってしまったのか、もともとなかったのかというのはまだ決着を見ていないのが現状です。

泗沘城の王宮の場所ですが、泗沘城の北端、錦江沿いに一周二・五km程度の山城である扶蘇《ふそ》山城があり、その南から南西の裾野の場所に官北里遺跡という遺跡があります。発掘調査され、大型の宮殿建築遺構が見つかり、その東側の地区では工房跡、貯蔵穴の跡や、方形池や道路遺構なども確認されています。ここが王宮の有力地と見られています。この泗沘城も、扶蘇山城という山城とその麓の平坦地に市街地が展開するということで、高句麗の長安城と同じように山城と平地城が一体化したものというような、いわゆる朝鮮的なスタイルを踏襲した都城であると評価できると思います〈図8〉。

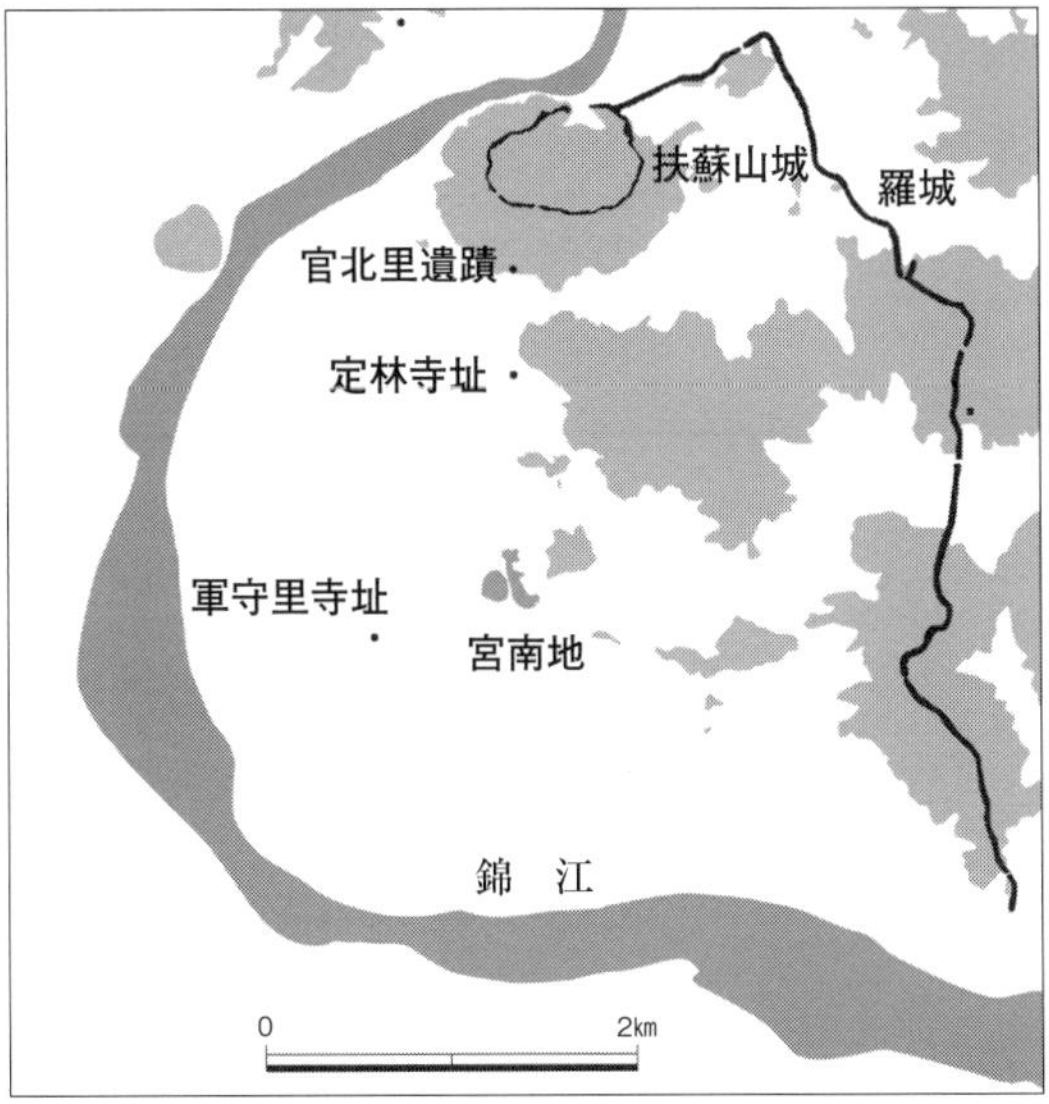

図8　百済泗沘城

高句麗の長安城の場合は、最終的に城内に方格の街区をめぐらせる、すなわち坊里を施工していますが、百済の泗沘城にも坊里が存在したのかは現在も議論されているところです。坊里があったと主張する方もおられますし、なかったと主張する方もおられます。新羅や高句麗の都城と比べると、高句麗の場合は発掘事例が一つだけで、大部分は遺存地割による復元ですが、坊里が存在したとみるのは妥当です。新羅の場合は、次節で詳述しますが、朝鮮時代の文献にも「井田遺基」と記されるように方格の遺存地割の存在が古くから知られており、またこれまでの多くの発掘調査成果から坊里の存在が確定しています。しかし百済の泗沘城では、まず坊里の存在を示す遺存地割が見られません。そして発掘調査で検出された道路遺構の事例もまだ非常に少ないのです。そのような中でも羅城と錦江に囲まれた泗沘城の内部全体に画一的なメッシュを切って坊里が敷かれたとする復元案、研究もあります。しかし、現状ではメッシュ状に推定された位置と合わないものや、道路遺構の軸線の方向が違うものが調査事例の数少ない中でも見受けられますし、検出された道路遺構の分布地点があまりにも離れ過ぎていて、そのあたりの検証の精度にも問題があり、現状では泗沘城で坊里制の採用はなかったのではないかと私は考えています。

また文献や出土遺物などから、百済には「五部五巷《ごぶごこう》」という区画制度が採用されていたことがわかっており、これは坊里制とは違う形態の都市計画、都市区画であった可能性が高いのではないかと考えています。ただ、泗沘城の城内や隣接地域で発見されている寺院跡が、南北の正方位を向いて伽藍《がらん》を造営していることを考慮すると、少なくとも正方位の直線道路が都市区画に採用されていたことは言えるのではないかと考えています。

## 新羅の都城

新羅は『三国史記』によると紀元前五七年に赫居世居西干《かつきょせいきょせいかん》によって建国されたとあり、その後、王宮としての月城が造営されるとありますが、文献とは違って考古学的に国家として認識できるのは百済と同様で四世紀代に入ってからとなります。冒頭にも述べたように、新羅は三国の攻防を経て、さらに唐との戦争状態を経た後の六七六年に韓半島の南部を統一しますが、そのころに坊里制の都城である金京が本格的に整備されたと考えています。新羅の場合はその後、九三五年に滅亡するまで一度も都が遷都することなく、現在の韓国の慶尚北道慶州市《けいしょうほくどうけいしゅうし》に都が置かれていました。ただ、三国時代の最初のころには慶州の中で、中心地の移動はあったのではないかと考えています。

その新羅の都である金京、統一以前は金城と呼んでいたのではないかと考えていますが、統一後の金京の構造に関してはこれまでさまざまな復元案が出されています。これまでの研究では都城の真ん中に中軸となる南北大路（いわゆる朱雀大路《すざくおおじ》）が存在するのか、しないのかという大きく二種類の復元案に分類することができます。具体的な復元図を提示しているだけでもこれまでに一五件以上の研究があります。実は朱雀大路が存在したと想定されている部分を境に、東側の遺存地割と西側の遺存地割とでは一つの方形区画のサイズも違いますし、軸線の方向も異なっています。つまり、その境目で東西の方形区画の規格が合わない状態になっているのです。東西の異なる方形区画の境目に、どちらとも東西幅が一致しない余剰帯が存在し、この部分こそが朱雀大路だと想定していた先行研究が多くあったわけです。しかし、朱雀大路だと推定されていた場所での発掘調査が実施され、朱雀大路に相当する規模の道路が存在しないことが確定しています。

本章では、私が以前に提示した復元案にそって新羅の都城の変遷を見ていきたいと思います〈図9〉。もともと慶州盆地の中心部には三国時代からの王宮であった月城や、その時代の大王陵である古墳群が存在していました。そこに法興王《ほうこうおう》一四年（五二七）に新羅で仏教が公認されて、真興王《しんこうおう》一四年（五五三）には月城や王陵の東側の平野部、当初は新たな王宮の造営が企図された場所に皇龍寺《こうりゅうじ》が造営され始めます。これが新羅における都城の整備の契機になったと考えています。月城と皇龍寺を結ぶ一帯で部分的な都市開発が始まり、その時の基本的な幹線道路を基準として坊里制の都城が設計され、唐が朝鮮半島から撤退した六七六年頃から整備が本格化し、羅唐戦争を経て新羅が韓半島の統一を実現し

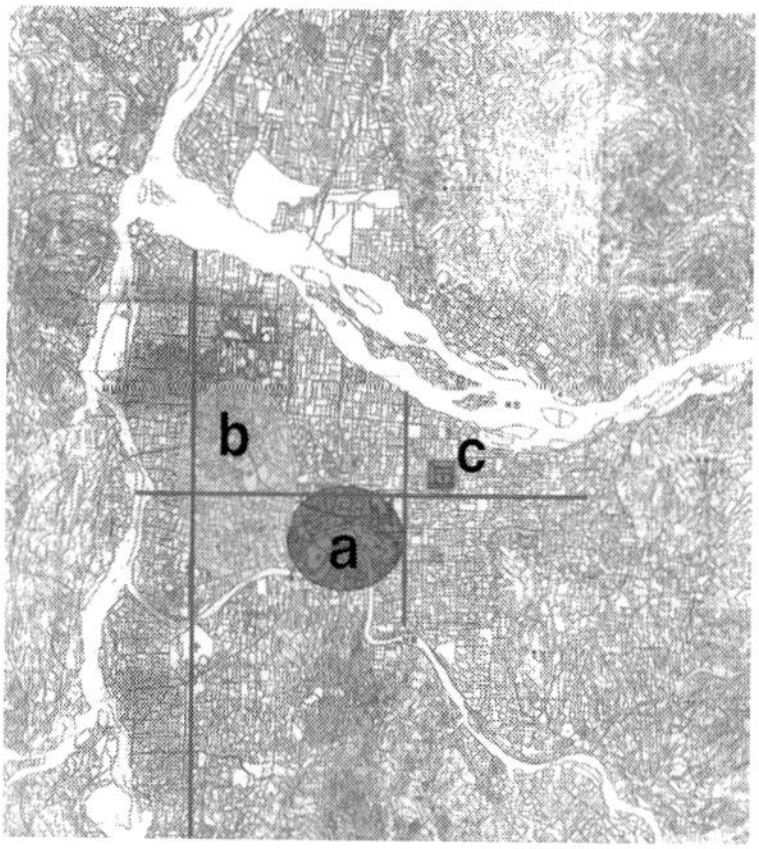


1　坊里成立直前の様相

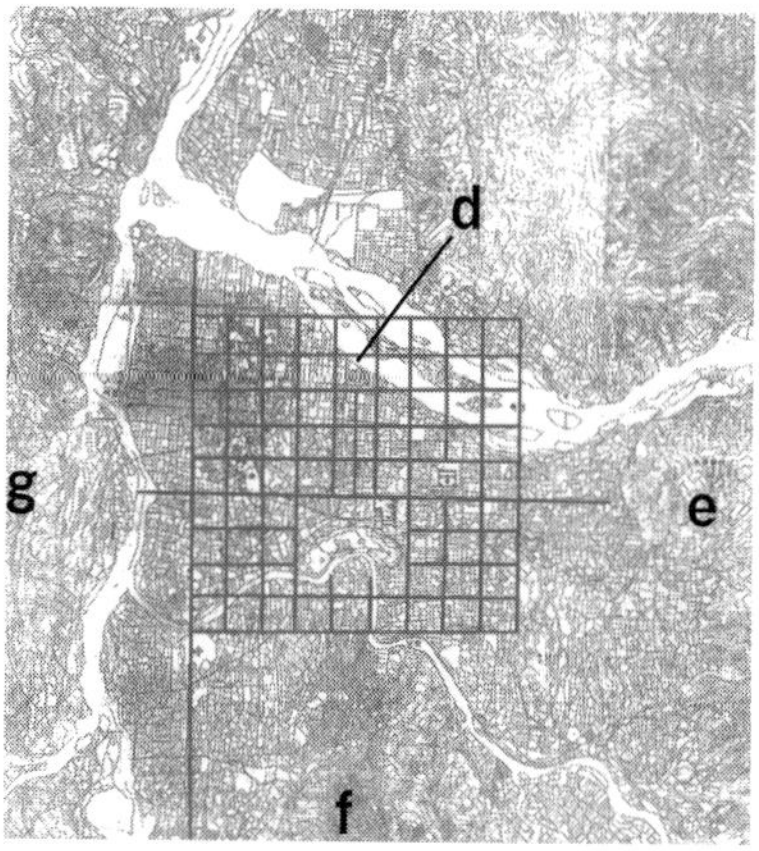


2　第一次王京

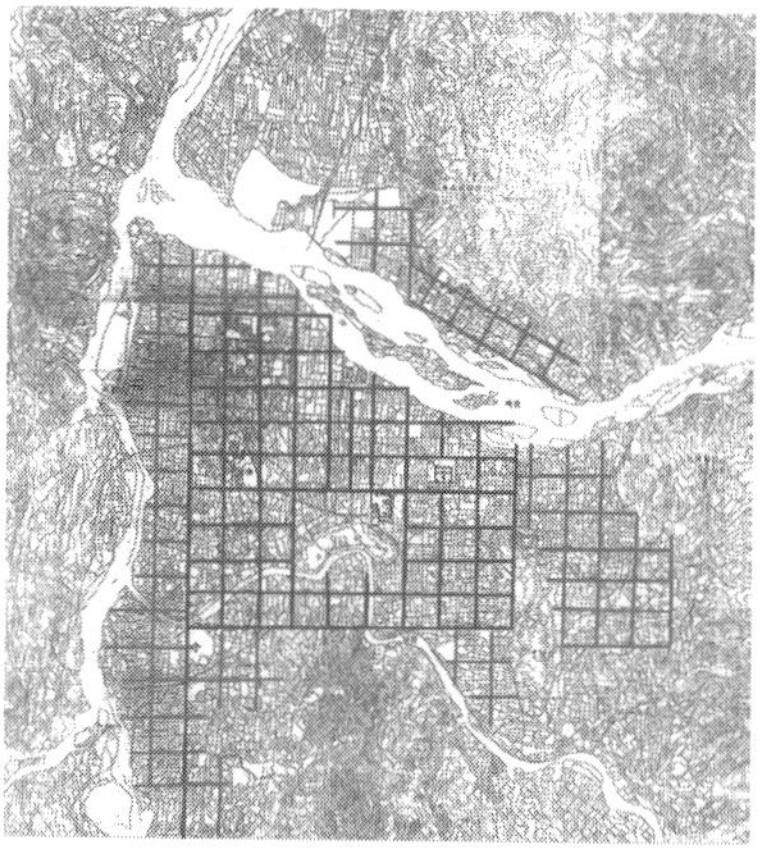

3　第二次王京（拡張期）

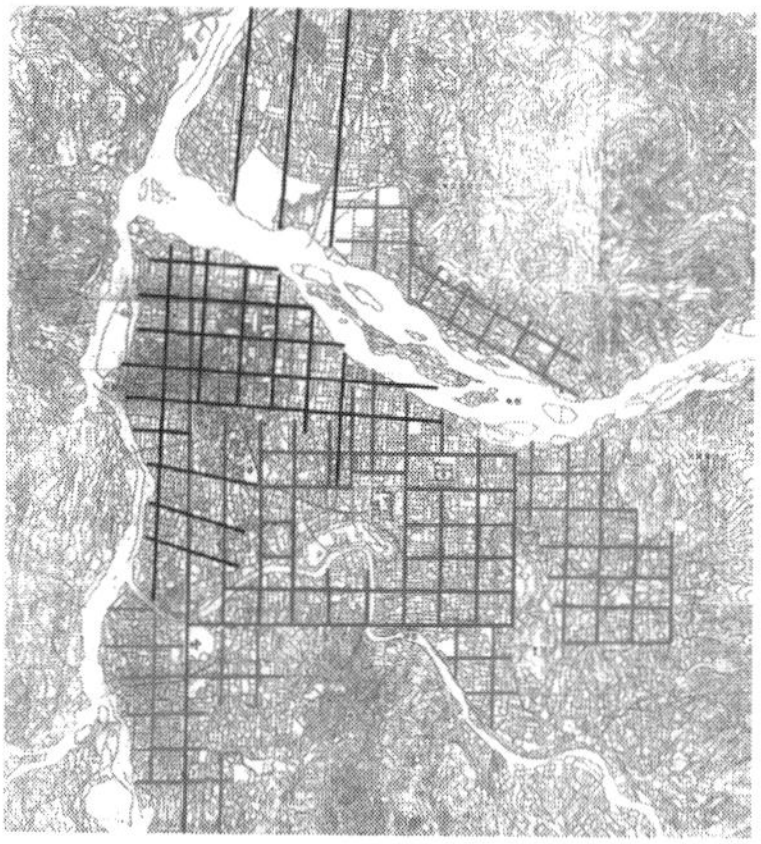

4　第三次王京（再整備期）

a. 月城　b. 皇南洞古墳群　c. 皇龍寺址　d. 城東洞遺蹟
e. 明活山城　f. 南山新城　g. 西兄山城

図9　新羅金京の変遷

た六七九年頃には、南北九坊、東西九坊の都城が成立したのではないかと考えています。これが第一次王京です。この時のひとつの坊は、一辺約一六〇mの方形区画が四つで構成されたと想定しています。そして、金京の外周には羅城は築造されず、慶州盆地の周囲に築造された山城を都の防御にあたらせていました。

さて、この第一次王京は朱雀大路のような規模の大路は存在しないものの、中軸の南北道路が設定され、その北の延長上に北宮（城東洞遺蹟）を造営するなど、理念上は唐の長安城の都城形態を指向したものと考えています。

しかしながら、先述したとおり、京内には既存で、実質上の王宮である月城が新羅の都城整備の模範となった唐の長安城の王宮のような北闕型《ほっけつがた》とは異なる南端部にあること、中軸道路の幅が約一〇mと狭いこと、京域の北東部は北川の影響で十分な面積が確保できないこと、さらに京内のかなりの範囲を占める大規模な古墳群（王陵）が存在していることなど、計画的な都城としては不十分な状態でした。それを打開するために、『三国史記』の記述にもあるように、金京を離れて違う場所、具体的には現在の大邱広域市である達句伐に遷都しようという計画もありました。結局は、貴族たちの反対などもあり、遷都は実現できませんでした。そして、遷都計画を推進していた神文王《しんぶんおう》が六九二年に亡くなると、その後の文献の記述には遷都計画は出てこなくなります。そこで、このまま慶州を都城として存続することになり、当初の都城範囲の周囲に都市が拡張していくという段階を迎えます。これが第二次王京です。新羅は、建国神話にも登場するように「六村《ろくそん》」という共同体の連合で成っていましたが、それがやがて「六部《りくぶ》」に発展します。「六村」も「六部」も金京の周辺にその本拠地が点在していたと推定されていますが、第二次王京の段階に坊里が拡張した範囲にはこの「六部」の本拠地が多く含まれる可能性が高いと考えます。近年、王京遺跡から西に約七㎞離れた乾川邑毛良里で方格に街区を整備した都市遺跡が発見されて注目を集めましたが、ここも六部のひとつである「牟《む》梁《りよう》部」の本拠地と推定されている場所です。遺跡の詳しい造営時期については今後も検討を重ねなければなりませんが、私は第二次王京と同時期に整備されたと考えています。

文献記録によると、日本も同様ですが、八世紀から九世紀にかけて地震や洪水などの被害の記述がたくさん出てくるようになります。地震の数は八世紀代で実に一七回に及びます。その結果、金京にもかなりの被害が及ぼされたのではないかと私は考えています。私も二〇数年間の訪韓で一度しか経験したことがないほど韓国というのは地震が発生しない国ですので、韓国史上でも非常に特異な時期であったということができますし、当時は相当混乱したのであろうと想像されます。そして、地震や洪水といった天災や同じ頃に王京の西端部の興輪寺で発生した火災などの被害を受け都城の北西部はかなり荒廃した状態になったと考えられます。そして、この荒廃した北西部にこれまでとはまったく軸線の方向も方形区画のサイズも異なる、東西約一六〇m、南北約一四〇mとする、別の新たな規格でもって、新たな都市域が整備され直したと私は推定しています。実際、この地区でおこなわれた発掘調査でも出土遺物の中心年代が九世紀であることが確認されています。これが最終段階の第三次王京です。新羅の都であった金京はこのような変遷をたどった結果、複雑に遺存地割が入り混じる状況になったものと考えています。

## 2 古代朝鮮の都城の特徴と中国都城制の影響

古代朝鮮の都城についてまとめますと、基本的には高句麗や百済で見られるように平地城と山城の組み合わせにより都城が構成されることが最大の特徴です。高句麗は最終的に坊里制を採用しますが、中国の都城制をそのまま受け入れたのではなく、あくまで全体の形態はそれまで都城を踏襲した山城と平地城の組み合わせで構成し、平地の部分を坊

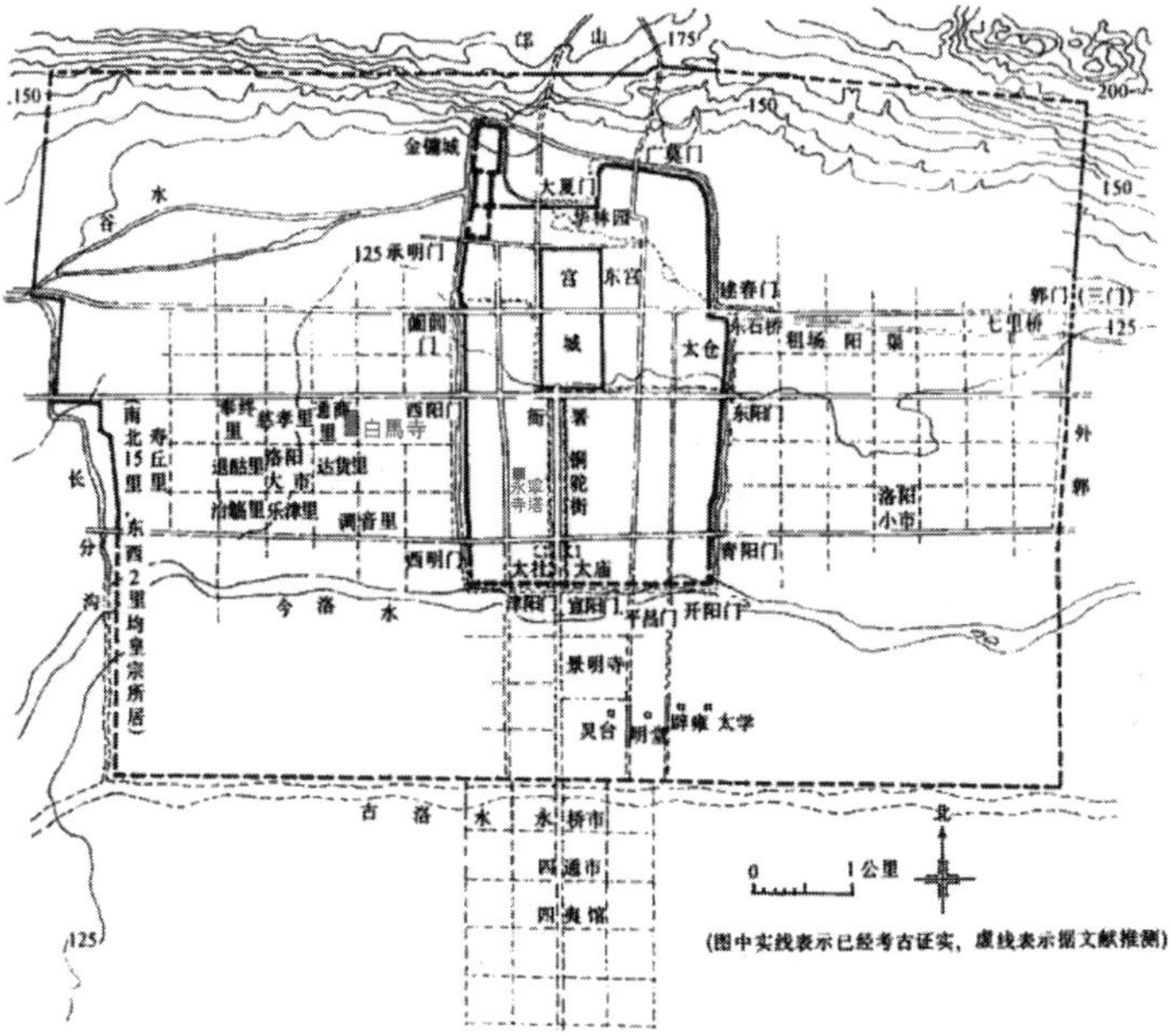


図 10　北魏洛陽城

里で充填《じゅうてん》するというかたちです。あくまで全体のプランは朝鮮的なものであります。百済の場合、現状では調査事例が少ないという面はありますが、私は個人的に百済では坊里制は採用されなかったのではないかと見ています。つまり、高句麗と百済に関しては中国の都城制の導入は限定的なものと考えるべきだろうと思っています。

ここからは中国の都城からどういう影響を受けたかということで、中国の都城について見ていきたいと思います。北朝の都城のうち北朝の北魏《ほくぎ》の洛陽《らくよう》城は、四九三年に遷都され、その段階でもともと後漢の時代から都城として使われ続けていた洛陽城を利用しつつ、その周りに新たに外郭城を築いて、その中を方格の街区で埋めるという形態となっています。ただ外郭城の平面形は、完全な、きれいな四角形ではありません。城壁は直線的ではあるけれど、河川に合わせてでこぼこと屈曲させたり、山の地形に合せて屈曲させたりと、必ずしも整った形ではないということが見てとれます〈図10〉。

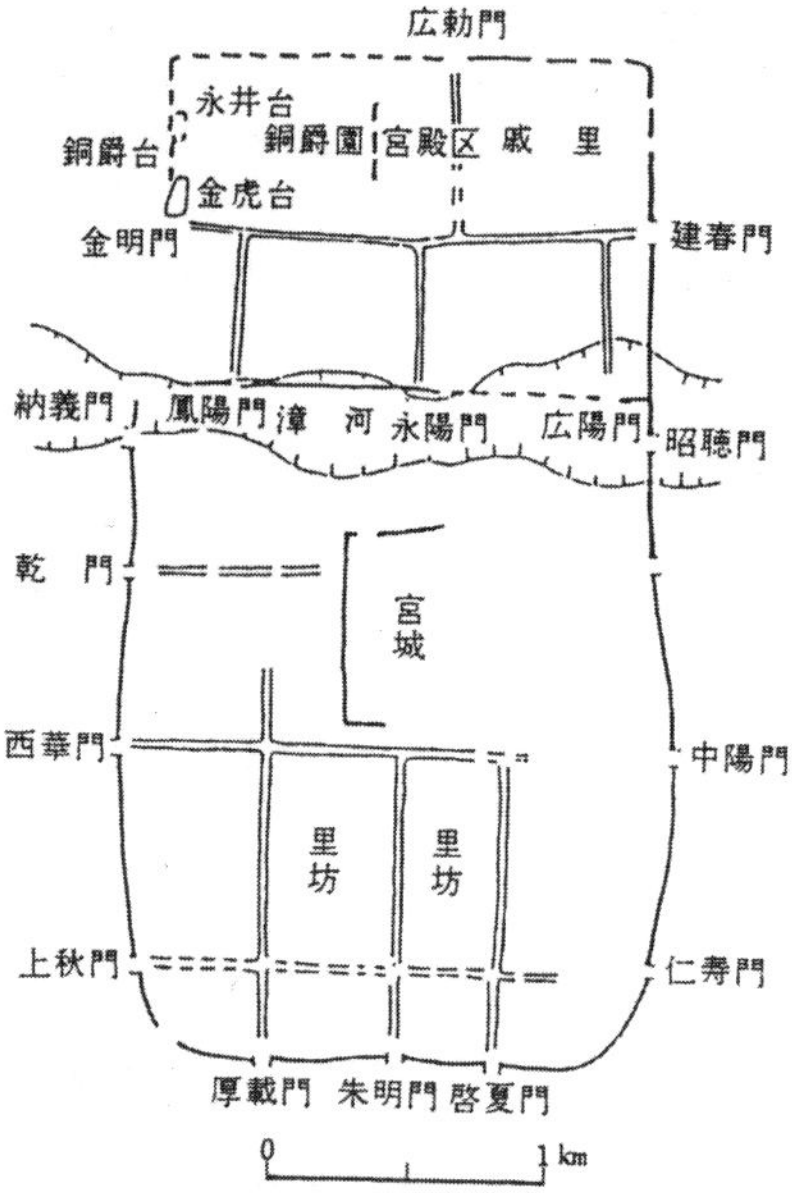

図 11　北魏鄴南城

その後、北魏が分裂して東魏と西魏に分かれます。五三四年、東魏が都にしたのが鄴城《ぎょうじょう》というところです。こちらもこれまでの発掘成果から方格の街区があることはわかっていますが、外郭城の平面はきれいな真四角ではなく、南東と南西の隅が丸みを帯びた形状をしています〈図11〉。

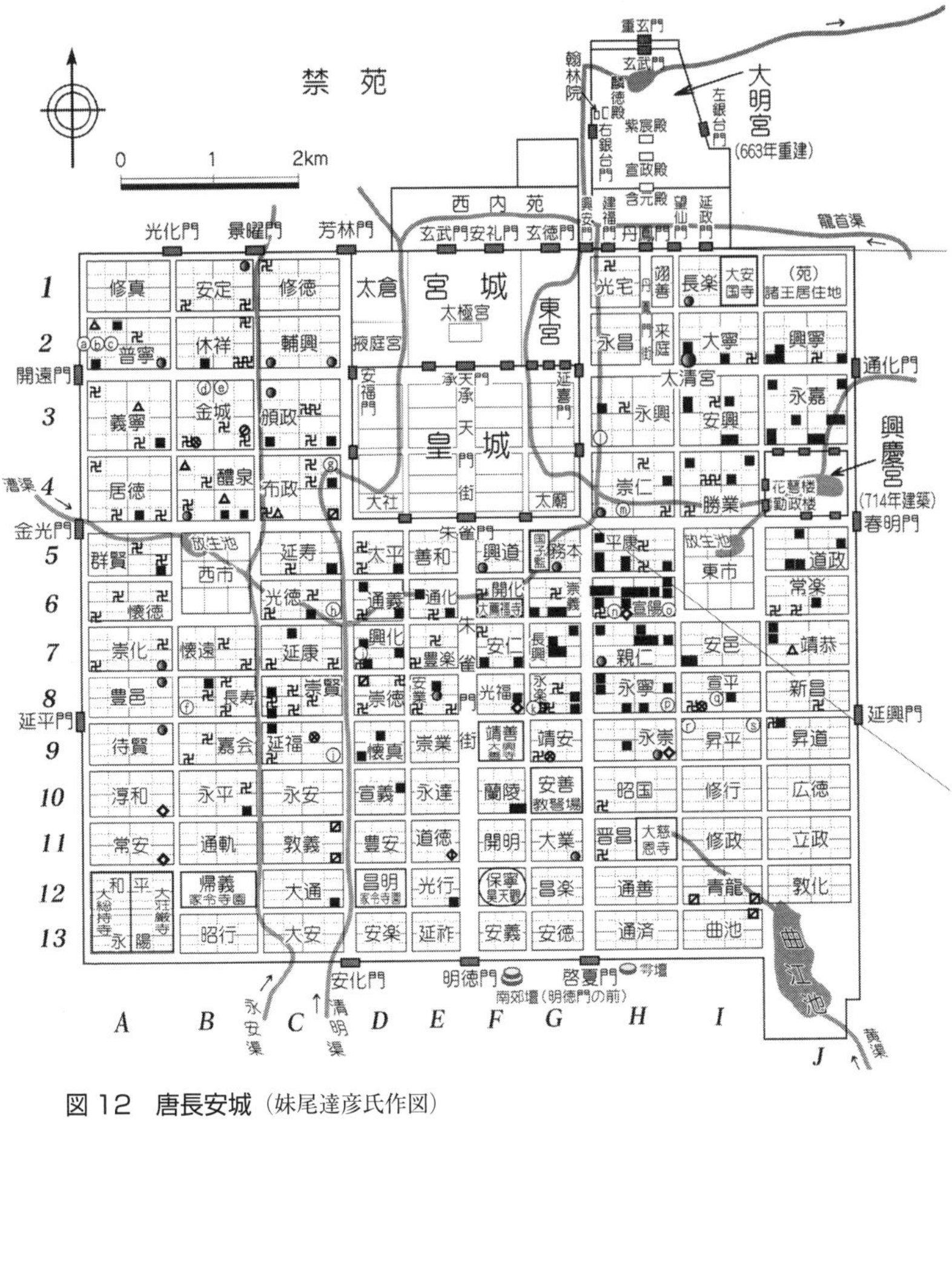


図 12　唐長安城（妹尾達彦氏作図）

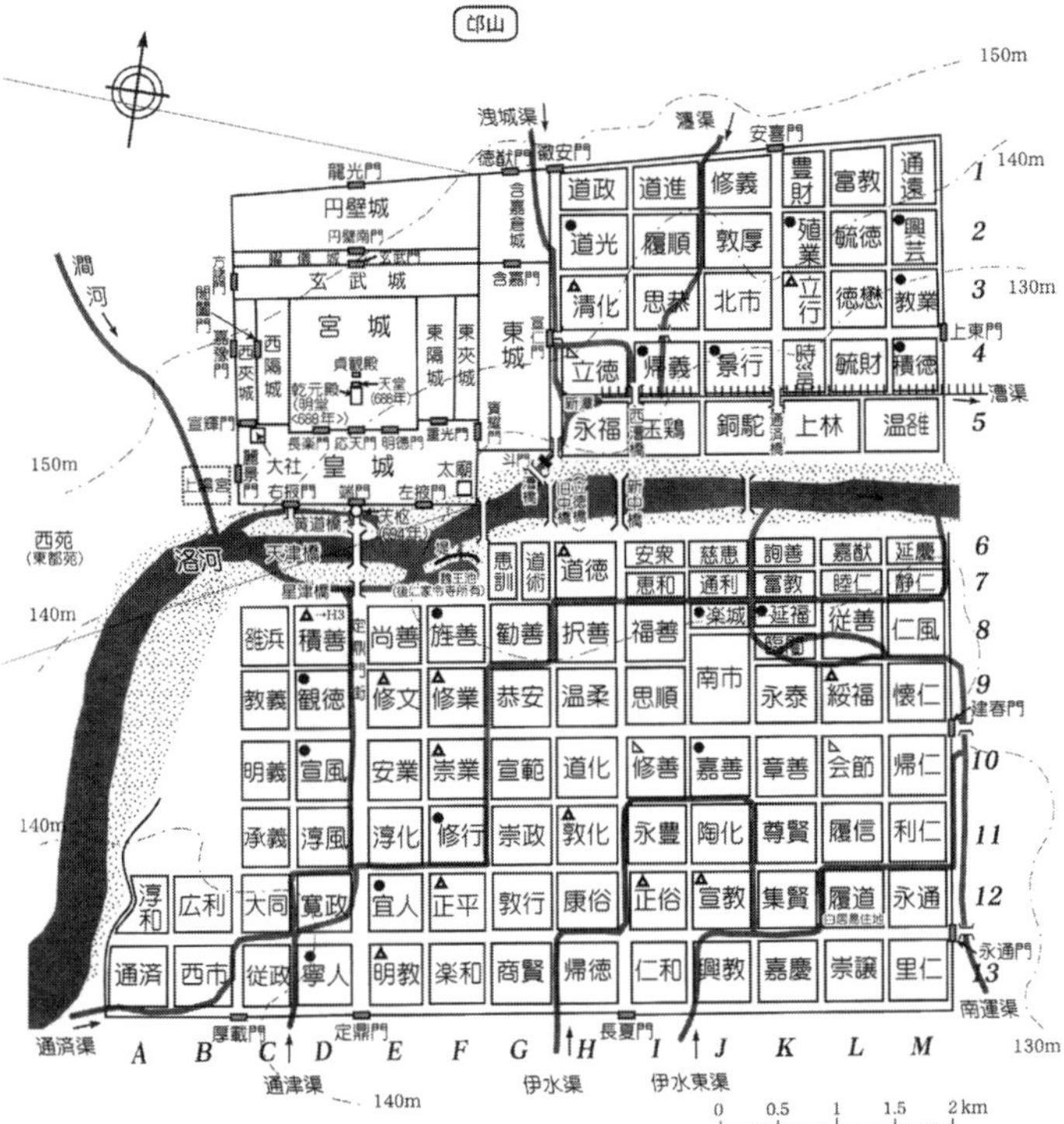


図 13　唐洛陽城（妹尾達彦氏作図）

一方、百済が長年冊封《さくほう》関係を保っていた、中国の南朝である晋《しん》以降、最後の王朝である陳《ちん》が隋に滅ぼされるまでの間ずっと都であったのが建康《けんこう》です。建康城全体の都城形態は、まだ詳しくわかっていないのが実状です。ただ文献等の研究から、王宮の設計に中軸線という意識はあったと推定されております。

そして、隋が陳を滅亡させたことで南北朝が統一され、統一帝国の都城として造営されたのが古代の東アジアの都城の完成形とも言うべき隋の大興城《だいこうじょう》（唐の長安城）と洛陽城になります。大興城の建造が五八三年で、洛陽城の建造は六〇五年のことでした。外郭の平面形も整った四角形となり、中軸大路としての朱雀大街があり、その中軸線上の北詰めの位置に王宮が置かれる、いわゆる北闕《ほっけつ》型と呼ばれている都城になります〈図12・13〉。

これら中国都城の変遷を踏まえて中国制の都城の古代朝鮮への影響を簡単にまとめますと、まず高句麗は北朝の都城の影響を受けたとみるのが妥当であると考えます。外郭の平面形が地形などの立地条件に即した不整形な状態であるにもかかわらずその内部に碁盤の目のまちづくりをする、これが北朝の都城の影響です。高句麗の長安城における坊里の施工もそれと同様の発想によるものと考えます。

百済は、外交上南朝との関係を重視していますので、南朝の都城の影響があったと見るべきだろうと思います。大規模な河川に面し、丘陵を利用したという点で立地的には建康と百済の泗沘城はかなり類似しています。泗沘を都として選んだ時に建康を参考にしたのは間違いないと考えています。建康は現在の中国の南京《ナンキン》で、その後もずっと中国の中心都市であり続け、現在も大きな都市ということで、発掘調査等で南北朝時代の都城の遺構が見つかっていないため、都城の構造はまだ不明な部分が多いのですが、今後の調査成果が増加すれば、見解が変わってくるかもしれません。

そして新羅に関しては、もともとは月城という丘陵に築かれた城が王城でしたが、統一の頃には方格の街区、坊里制を採用して都城を整備していきます。造営された時代的にも、その時の外交的にも、隋・唐の都城の影響によって、それを参考にして造っていることは間違いありません。細かく見比べますと、新羅の都城と唐の長安城の構造とは細部は異なりますが、全体的な設計理念は唐の長安城を強く意識していると考えられます。

## 3 日本の都城制との関係

最後に新益京《あらましのみやこ》（藤原京）と古代朝鮮の都城との関係について少し触れてみたいと思います。まず新益京は何を手本にして設計・造営されたのか。新益京の造営モデルについては、『周礼《しゅらい》』考工記《こうこうき》のプランを採用したとする説が有力視されていますが、今も一つの学説として新益京は新羅の影響、新羅金京の模倣であるという見解があります。それに対する私の意見を述べさせていただき、新益京との比較検討の材料とさせていただきます。

天武《てんむ》天皇五年（六七六）に新益京の条坊の前身である新城の造営が開始されます。その後中断した時期もありましたが、持統《じとう》天皇五年（六九〇）には藤原宮の場所が定められ、持統天皇八年（六九四）に飛鳥から遷宮されました。新羅の金京が何年に完成したかは断定できませんが、先にも述べましたように六八〇年ごろまでには新羅金京の最初の段階（第一次王京）は完成していたと考えています。新益京よりも新羅金京が時代的に先行することは間違いないと言えます。

次に、新益京が新羅の影響にあると言われる根拠の一つとして挙げられるのが、遣唐《けんとう》使《し》・遣隋使・遣新羅使の関係です。造営されたりしている段階は遣唐使の中断している時期であります。天智《てんじ》八年（六六九）の第七次の遣唐使の後、大宝《たいほう》二年（七〇二）に粟田真人《あわたのまひと》が第八次の遣唐使として行くまでの間、その間の三一年間は遣唐使が中断しています。その三一年間、わが国から新羅へは一四回、使節が派遣されています。逆に新羅から日本へはほぼ毎年、また一年に二回という時もあり、三一年間に二五回の使節がやってきたという事実が双方の歴史書の記録からわかります。その間に造られた新益京は新羅の影響を受けているはずであると主張されていたわけです。

先述しましたとおり、新羅金京は中軸線を設定し、その中軸線上に北宮を置き、理念上は唐の長安城のプランにならったものにしようという明らかに唐の都城制を意識したものであるものの、王宮は全体の都城の中の南側にあるという、既存施設に影響された変則的な形態の都城であるということができます。新益京と新羅金京の両者が形態的に類似していたという指摘は正しくありません。

さらに、隋大興城（唐長安城）の建造は五八三年であり、洛陽城も六〇五年に建造されています。つまり最初の遣隋使が派遣された六〇〇年には大興城が、第二回の遣隋使が派遣された六〇七年には洛陽城が完成していたかはともかく存在はしていた。つまり、北闕型の都城は存在していたわけです。遣使の滞在期間は短かったとしても、長期間滞在した留学生や留学僧の見聞や実感もあったはずで、七〇二年の遣唐使の再開まで唐の都城制の実状を全く知らなかったという主張には疑問を感じています。私は、新益京のプランの採用は遣唐使の中断が影響したものではなく、別の理由があったものと考えます。

## おわりに

最後に、新益京との比較研究のまとめとして、新益京と新羅金京の造営の背景は異なっていると考えられ、私はこれまでの論文でも述べてきましたが、新益京は新羅金京の模倣ではないと再度表明したいと思います。遣唐使中断期間の新羅との活発な外交関係によって、都城を造営するにあたってのさまざまな技術の伝播《でんぱ》、国家と都城を運営するにあたっての内政面への制度などの影響は非常に大きなものがあったと考えますが、立地条件や既存施設などの事情、唐との外交関係などを考慮したうえで、新羅もわが国も都城は各々独自に造営したものと考えます。

## 参考文献


東潮・田中俊明『韓国の古代遺跡一　新羅篇（慶州）』中央公論社、一九八八年

東潮・田中俊明『韓国の古代遺跡二　百済・伽耶篇』中央公論社、一九八九年

東潮・田中俊明『高句麗の歴史と遺跡』中央公論社、一九九五年

愛宕　元『中国の城郭都市―殷周から明清まで―』中央公論社、一九九一年

千田剛道『高句麗都城の考古学的研究』北九州中国書店、二〇一五年

中尾芳治・佐藤興治・小笠原好彦『古代日本と朝鮮の都城』ミネルヴァ書房、二〇〇七年

奈良県立橿原考古学研究所附属博物館編『宮都飛鳥』学生社、二〇一一年

奈良文化財研究所編『日韓中　古代都城文化の潮流―奈文研六〇年　都城の発掘と国際共同研究―』クバプロ、二〇一三年

# 発掘された飛鳥・藤原京
## ——二一世紀の調査成果から——

相原嘉之

## はじめに

二一世紀を迎えた飛鳥に、真っ赤な朱雀《すざく》が舞い降りました。それは最新科学技術が古代世界を映しだした瞬間でもあったのです。新世紀の飛鳥では多くの発見が続いており、飛鳥文化の奥深さを改めて認識させるものでした。しかし、壁画古墳の保存に代表されるように、科学技術は完全ではなく、それを扱う我々の姿勢によることも大きいということを痛感させられた時代でもありました。

前回、日本考古学協会が奈良県内で開催されたのは、二〇〇二年のことであることから、本章では、二一世紀になってからの、飛鳥・藤原地域の主要な発掘調査について概観することにします。

## 1 宮殿の調査

明日香《あすか》村大字岡にある宮殿遺跡は、近年「飛鳥宮跡」とも呼称しています。これまでの調査研究によって、三時期の宮殿遺構が重層しており、下層から舒明朝《じょめいちょう》の飛鳥岡本宮《あすかおかもとのみや》、皇極《こうぎょく》朝の飛鳥板蓋宮《いたぶきのみや》、斉明《さいめい》・天智《てんじ》朝の後飛鳥岡本宮、そしてそれを増改築した天武《てんむ》・持統《じとう》朝の飛鳥浄御原宮《きよみはらのみや》に比定されています。

二〇〇三年度から三年間、内郭中心部の調査が実施され、東西に廊で繋《つな》がった脇殿を伴う正殿が、南北に並列して並ぶことが明らかになりました。これまで調査の空白地域であった内郭中枢が解明されたことによって、飛鳥宮跡内郭の殿舎配置がほぼ確定し、難波宮《なにわのみや》や平城宮《へいじょうきゅう》などの内裏《だいり》・大極殿院《だいごくでんいん》との比較研究が進展することになりました。

また、二〇〇九年度には内郭に北接する地区で、飛鳥宮跡最大の建物が確認されました。水路改修に伴う調査の関係で、その構造や規模など、詳細は今後の調査に委ねる点も多いものの、九×五間の南北廂《ひさし》建物あるいは一一×五間の四面廂《しめんひさし》建物と復元され、平城宮内裏正殿の建築形態と共通する点があることから、類似の性格が想定されています。報告書『飛鳥京跡Ⅵ』では『日本書紀《にほんしょき》』朱鳥《しゅちょう》元年（六八六）に記載される「御窟殿《みむろのとの》」「御窟院」の可能性を指摘するが、筆者は皇后宮の可能性を考えています。この時期、天皇宮とは別に皇后宮が営まれていましたが、天皇宮を後の内裏、つまり飛鳥宮の内郭と理解すれば、飛鳥宮域内ではあるが、その内郭の外に位置する調査地は、有力な候補地と考えられます。

一方、飛鳥宮跡の北辺を解明する調査も二〇〇七年度から二〇〇九年度まで実施されました。残念ながら北面大垣は確認できなかったものの、飛鳥寺南方の石敷広場のすぐ南で、幅一・八mの大規模な東西石組溝とバラス敷を確認しました。飛鳥宮跡の東面大垣の調査では、大垣（掘立柱塀《ほったてばしらへい》）の外側にバラス敷の道路と、さらに外側に幅二・五mの石組大溝が配置されています。今回の東西石組溝が東側の大溝の延長と考えられることから、東面の状況を参考にすると、今回の調査区のすぐ南側に、北面大垣があった可能性が高いと考えます。このように推定すると、飛鳥宮Ⅲ期の規模は南北約八〇〇m程度と復原できます。

## 2 官衙および関連施設の調査

飛鳥宮跡の内外には、官衙《かんが》や関連施設と考えられる建物が確認されています。これは飛鳥宮の官衙が、律令制度《りつりょうせいど》の充実に伴って整備されてきた過程を表しているものです。

飛鳥京跡苑池《えんち》は飛鳥宮跡Ⅲ期の内郭北西に位置し、外郭内部に配置された巨大な宮殿付属の苑池です〈図1〉。苑池は南池と北池、北池から北方へと延びて、西へ折れ曲がる水路から構成されていました。また、池の周辺には建物なども確認されています。

二〇一〇年度からは、奈良県による苑池の復原整備に伴って、南池及びその周辺の調査が継続されています。その結果、南池は東西六五m、南北五五mの隅丸の五角形を呈しており、護岸と池底には石積み及び石敷が施されていました。特に東岸は苑池が段丘崖《だんきゅうがい》の下に配置されることから、高さ三・五m以上の石積みの護岸となっています。池内には不整形な突出部をもつ中島と石積みがあります。中島は、断割の結果、内部に古い中島が存在することが判明し、築造当初には小規模な中島が存在していました。その後、中島周辺に床状の木製テラスを一時的に設置、さらに中島を大規模に造り替えていることが判明しました。南池の南端には、複数の石造物を設置し、南からの水を池中に放出する導水構造となっています。

一方、渡堤《わたりづつみ》を隔てた北池は東西三三〜三六m、南北四六〜五四mの方形池で、水深は三mと深いものです。南池同様に護岸は石積、池底には石敷が施されています。渡堤には、二ヵ所で木樋《もくひ》が埋設されており、南池と北池の水位調整がなされていました。北池の東側は池に向かって傾斜するバラス敷となっています。北池からは、両岸に石積を施した幅一三mの水路が延びており、飛鳥川へと放水していると推定されています。

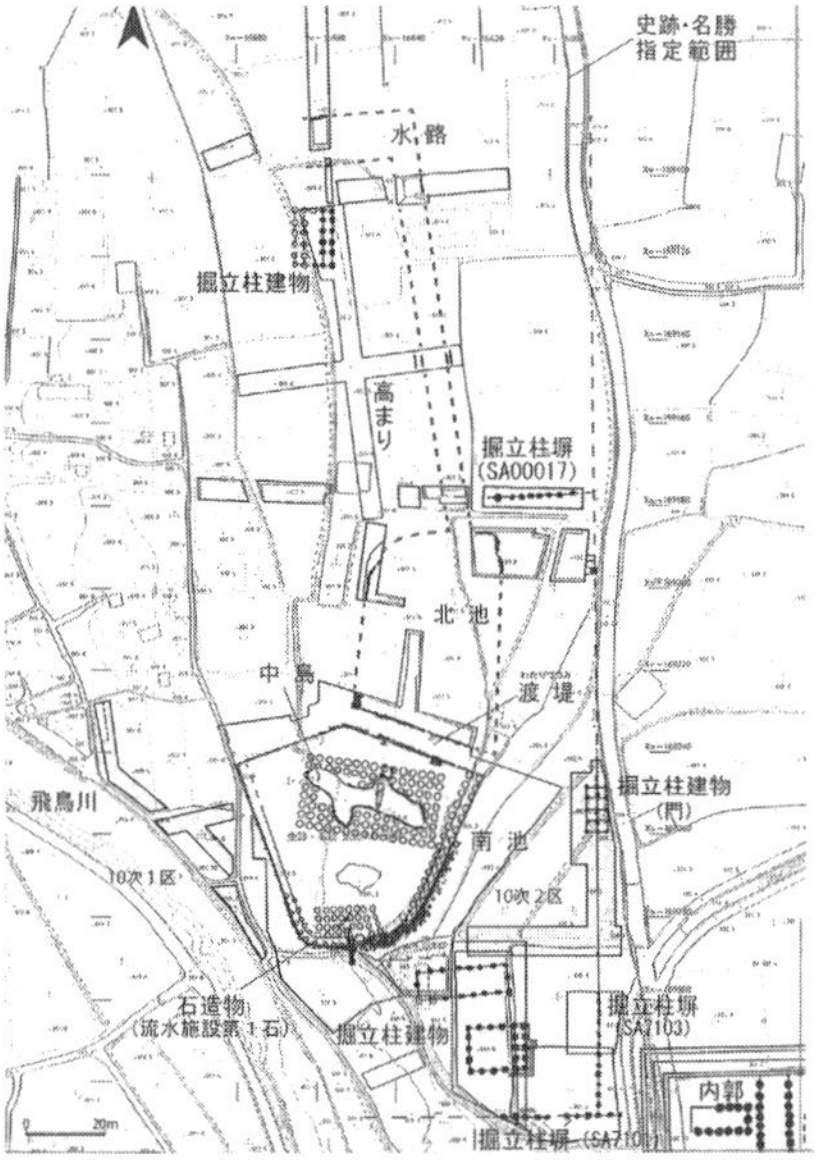


**図1　飛鳥京跡苑池全体図**（奈良県立橿原考古学研究所『史跡・名勝飛鳥京跡苑池第10次調査現地説明会資料』より転載）

これら苑池に伴う建物跡は、二ヵ所で確認されています。ひとつは水路西側の高まりで検出した東に廂をもつ建物です。もうひとつは南池南東の高台にあります。こちらは苑池全体を見下ろす位置にあり、庭園を見渡す施設と推定されています。これらの苑池遺構は、少なくとも南と東についていては、掘立柱塀で区画されていたことが判明し、東面塀には四×二間の門がとりつきます。この門を真東に延長した飛鳥宮東面大垣付近には幅四・四mの東西石敷通路が見つかっています（第一四六次）。これらを結ぶ東西ラインが宮内道路のひとつと考えられ、宮東面大垣との交点に東門が想定されます。そして飛鳥宮域内の官衙はいくつかのブロックに区画されていたことが推定されるようになりました。

一九八一年度に開始された石神《いしがみ》遺跡の調査は、二〇〇八年度まで継続しました。これまでに斉明朝を中心とした大規模な施設群や石造物が出土しており、迎賓館《げいひんかん》的な性格であったことが判明しています。この施設群の東限塀が二〇〇七年度に確認されました。これによって斉明朝の施設の南・北・東限が確認されたことになり、南北一八〇mとわかりました。さらに東に別の区画が存在していたことも判明しました。次の天武朝になると、東限塀を廃して、施設を東に拡大させます。また、東限塀の下層で奥山廃寺《おくやまはいじ》式の瓦を葺いた建物が確認されました。これによって、斉明朝以前の七世紀前半に、飛鳥寺に北接する石神遺跡の東の微高地に重要施設が存在していたことが明らかとなりました。

一方、石神遺跡北方は、七世紀前半までは湿地となっており、その後は水処理のための

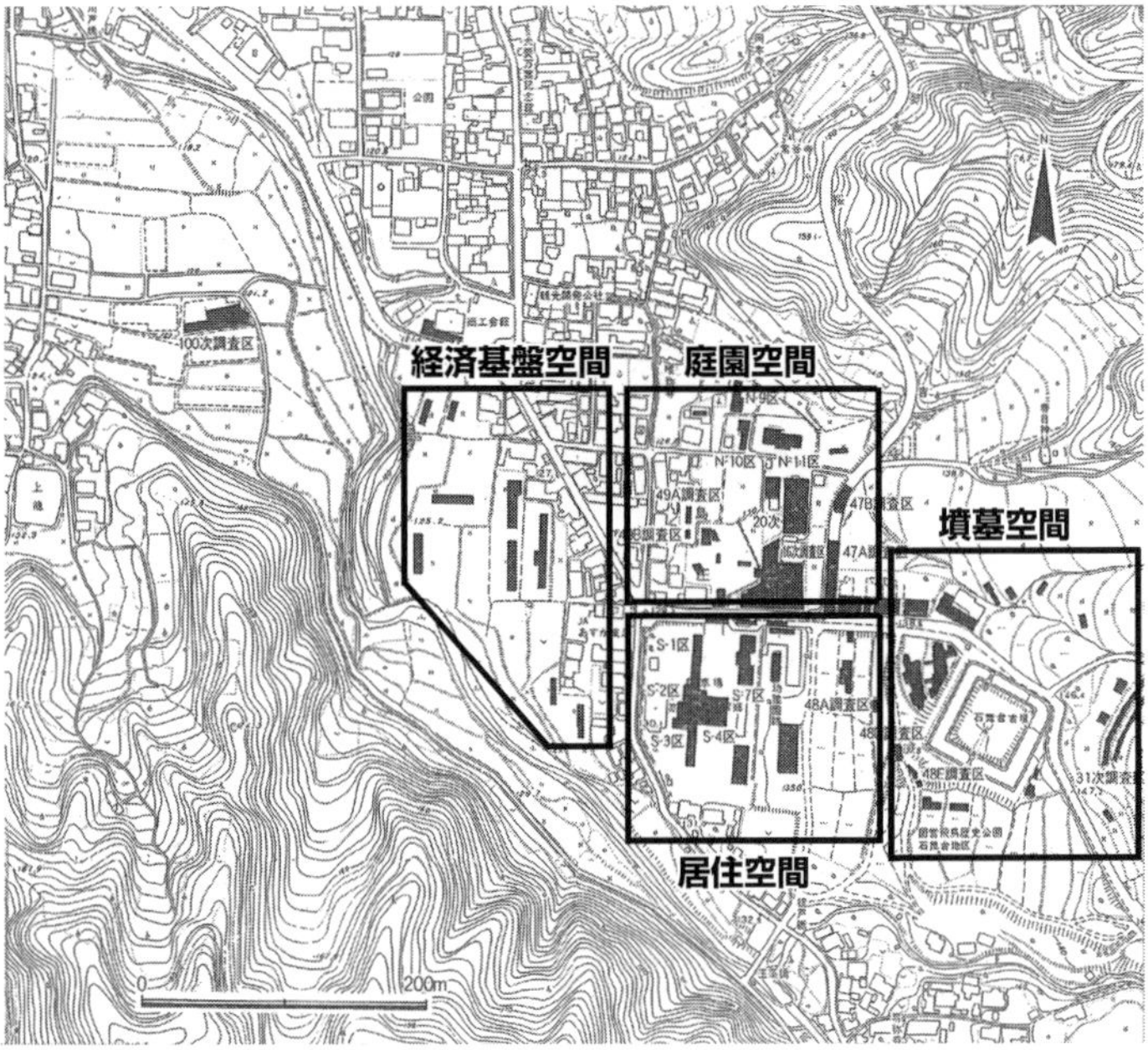


図２　島庄遺跡の空間配置

水制状施設が設置されています。ここからは「具注暦《ぐちゅうれき》」「観《かん》世音経《ぜおんきょう》」木簡《もっかん》など、約三四〇〇点の木簡群が出土しており、天武朝以降の石神遺跡周辺の性格を考える好資料となりました。

石舞台《いしぶたい》古墳ちかくの島庄《しまのしょう》遺跡〈図２〉では、これまでに方形池や人工河川・建物などが確認されており、蘇我馬子《そがのうまこ》の嶋家や草壁《くさかべ》皇子の嶋宮の有力な候補地でした。二〇〇三〜二〇〇五年度にかけて、島庄遺跡の範囲確認調査が実施され、七世紀前半から後半にかけての建物群が広範囲に広がっていることが確認されました。これは嶋家から嶋宮にかけての歴史的変遷とも符合するものです。さらに広大な遺跡の地区ごとに性格が異なることも推定できるようになりました。

方形池や人工河川がある北部地域は庭園を中心とした空間であり、建物が多く重複する南部地域は居住空間と考えられます。西部地域では飛鳥時代の顕著な遺構が確認できず、生産経済基盤に関わる空間でしょうか。そして、石舞台古墳のある東部地域は墳墓空間と考えられます。また同遺跡内では、県道移設の法線決定のための調査も実施されており、石舞台古墳の東側丘陵上で、一辺一・五m以上の掘形をもつ大型柱穴列が確認され、石舞台古墳に関わる大柱祭祀《さいし》との関連性が注目されました。

図３　飛鳥寺西方遺跡の石敷広場（明日香村教育委員会提供）

飛鳥寺西方遺跡〈図3〉は「飛鳥寺西の槻樹《つきのき》の広場」として、乙巳《いつし》の変《へん》や壬申《じんしん》の乱《らん》、服属儀礼など、飛鳥時代史のエポックに必ず現れる場所です。二〇〇八年度からは、この地域の継続調査を実施し、本来は全面にわたって石敷やバラス敷などが施されていたことを確認し、遺構の変遷や広場であることも判明しました。この中でも二〇一三・一四年度には、この地域で、はじめての建物を確認し、壬申の乱に関わる施設の可能性も指摘されています。しかし、これまで多くの面積を調査しているにも関わらず、槻樹の痕跡は見つかっていません。未調査区で唯一可能性の高い場所は、やはり入鹿首塚の場所であろうと考えられます。蘇我入鹿の首塚伝承をもつ五輪塔が、後世に建立された意味も見いだせましょう。

## 3 邸宅および集落等の調査

飛鳥地域での邸宅、あるいは集落に関わる調査はいくつかありますが、いずれも部分的で、建物配置や規模などが解明された事例は多くありません。

竹田《たけだ》遺跡は飛鳥寺の北東に位置する遺跡です。飛鳥地域ではめずらしく、七世紀後半の邸宅の一画が調査されたことになりました。しかし、大規模な整地を施しているにも関わらず、建物が散在した配置をしており、邸宅中心施設とは考えがたいものです。むしろ調査区の北に隣接する丘陵上に方形の平坦面が存在しており、ここに中心施設があった可能性が高いと考えられます。

また、甘樫丘東麓遺跡《あまかしのおかとうろくいせき》では一九九四年度に七世紀中頃の焼けた建築部材などが確認され、蘇我氏の邸宅の可能性が指摘されていました。その後、公園整備に伴って、二〇〇五年度からはさらに谷の奥部の調査を実施しています。継続的に広範囲の調査を実施した結果、七世紀前半から末にかけての建物群の変遷を確認しましたが、邸宅の中心施設と考えられる大型建物などは確認されませんでした。

そして、谷の入口部には鍛冶《かじ》工房が確認されており、一九九四年度調査の焼土などは、この工房に起因することが判明しました。しかし、豊浦寺《とゆらでら》などと同笵《どうはん》の瓦《がわら》が出土することや、七世紀中頃を境に遺跡の性格が大きく変わることなどから、邸宅中心部ではないものの、蘇我氏に関連する遺跡である可能性は高いと考えられます。七世紀前半においては、甘樫丘全域が、蘇我氏の支配下にあったと考えるべきで、乙巳の変を境に没官地となり、その後、飛鳥の都市化に伴い五条野《ごじょうの》向イ遺跡・五条野内垣内《うちがいと》遺跡などの邸宅が建てられることになったと考えられます。

飛鳥地域の南方にあたる古代檜隈《ひのくま》地域では、国営飛鳥歴史公園整備に伴う調査が二〇〇七年度から始まりました。檜隈寺に隣接する尾根上にある檜前《ひのくま》大田遺跡では七世紀中頃の大壁建物、そして七世紀後半の掘立柱建物群が確認されました。檜隈の中心地で、多数の建物群が確認されたことから、東漢氏《やまとのあやうじ》の族長クラスの邸宅と推定されます。また、渡来《とらい》系の建物が確認されたことに加えて、大壁建物から掘立柱建物への変遷がみられることから、東漢氏の日本化への過程を窺える点でも重要です。

渡来系建物は、さらに南の観覚寺《かがくじ》遺跡や清水谷《しみずだに》遺跡などでも多く確認されており、大壁建物やオンドル、そして方形池が見つかっています。同様に、遺跡の性格は特定できませんが、ホラント遺跡でも石敷と大壁遺構が確認されています。このように、古代の檜隈南方の地域は渡来系建物が多い地域といえます。

## 4 都城の調査

藤原宮跡では、一九九九年度から藤原宮の中心部の調査を継続しています。これまでに、大極殿院回廊・朝堂院《ちょうどういん》回廊・朝集堂院《ちょうしゅうどういん》回廊・東楼《とうろう》・大極殿院南門・朝堂東第一・二・三・

四・六堂が確認されました〈図4〉。朝堂は、第一堂が四面廂建物で、第二堂は床張の東西二面廂のさらに西に孫廂が付く建物、第三・四堂は、同規模ではあるものの、いずれも梁行《はりゆき》五間から四間に建築途中で変更していることがわかりました。また、出土瓦から、第一・二堂が先に建築され、その後に第三堂以下が建築されたことも明らかとなっています。

これらの調査に伴って、宮造営以前の先行条坊《じょうぼう》、さらに古い「先々行条坊」も一部で

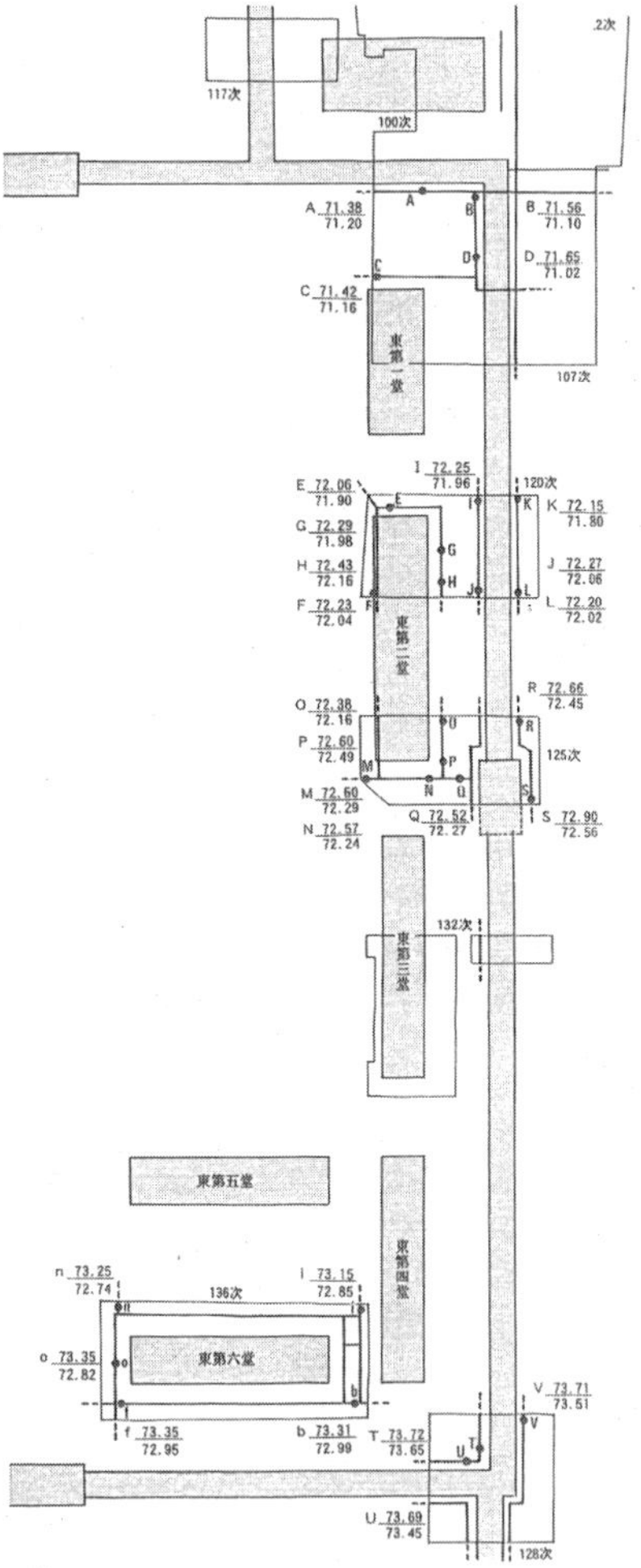


図4　藤原宮朝堂院の配置（『奈良文化財研究所紀要 2006』より転載）

確認されており、藤原京の造営は、天武五年（六七六）まで遡《さかのぼ》ることが有力視されています。

また、造営運河も、大極殿院南門の建築に合わせて、細かな変遷がみられ、出土遺物と合わせて、藤原宮の造営過程が明らかとなってきました。さらに、朝堂院東面回廊の建築が、回廊建築前の溝から「大国大宝三年□」木簡が出土したことにより、少なくとも東面回廊の建築の一部は、大宝三年（七〇三）以降まで下ることが判明したのは重要です。藤原京遷都時には、大極殿・朝堂院の中心建物は完成しておらず、大宝元年（七〇一）の朝賀《ちょうが》においても、なお朝堂院の一部は未完成であったことになります。

また、大極殿院南門の調査では、富本銭《ふほんせん》を入れた平瓶《ひらか》の埋納遺構を確認しました〈図5〉。地鎮祭に伴うものと考えられますが、『日本書紀《にほんしょき》』との対応は不明です。ここで重要なのは、富本銭が飛鳥池工房で作られたものとは異なる点です。少なくとも、富本銭には二種類存在することが明らかとなり、持統八年（六九四）「黄書連本実らを以て鋳銭司を拝す」、あるいは文武《もんむ》三年（六九九）「始めて鋳銭司を置く」の記録との関連が注目されます〈図6〉。

さらに、大極殿院南門の南の朝庭で幢旗遺構が確認されました。大極殿前の調査では確認されなかったことから、南門前の遺構が四神旗《しじんき》と推定されるようになっています。

宮内では東方官衙地区の調査で、礎石建物を確認しました。その性格については、楼閣・

倉庫など、なお検討を要しますが、官衙地区ではじめての礎石建物の確認は、今後の官衙地区の調査にあたえる影響は大きいといえます。

藤原京跡の調査については、各種開発に伴う調査が多くあります。この中でも四条遺跡の調査では、古墳を削平・埋没させ、これを整地や西六坊大路などの条坊遺構が藤原京期になってから施工される事例も確認されており、京内における施工の時期差が注目されました。これが広大な京域の縁辺部の施工が遅れたと理解するか、京域の拡大などがあった

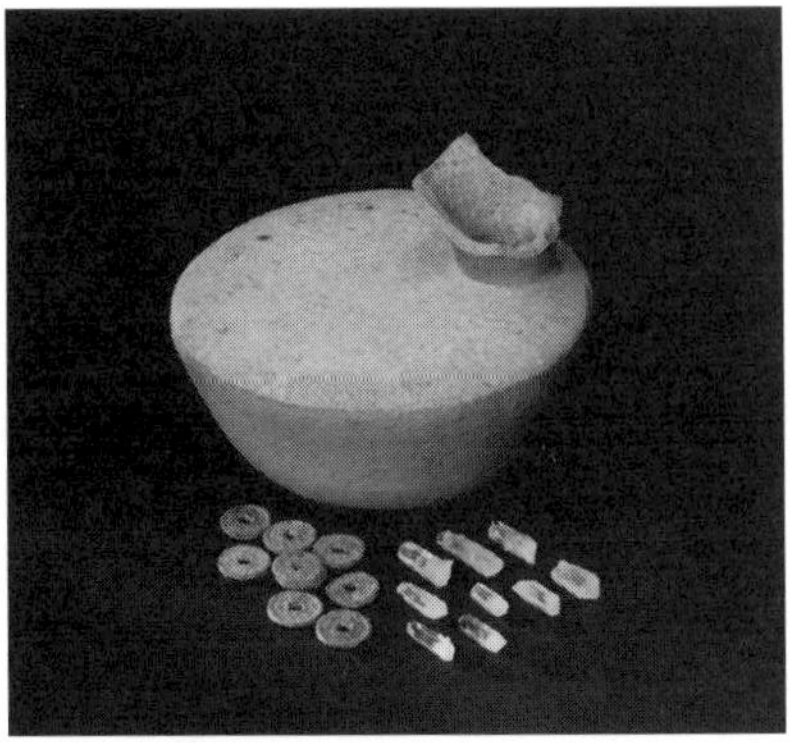

図5　藤原宮大極殿院出土地鎮具（奈良文化財研究所提供）

図6　富本銭の銭文比較（『奈良文化財研究所紀要 2008』より転載）

と理解するかは、今後の調査事例の蓄積が必要となります。また、一九九九年からは、藤原京の十一条を東西に横断する県道新設に伴う調査を実施しており、朱雀大路が確認できなかったり、東西一六間の長大な建物を確認するなど、京南辺の様相も徐々に明らかになりつつあります。

## 5 寺院跡の調査

川原寺跡《かわはらでら》では二〇〇三年度に、寺域北辺の調査で、一辺二mの掘形をもつ東西方向の掘立柱塀が確認されました。寺の北面大垣です。これで川原寺の寺域は南北三三三mとなり、未確認なのは西面大垣だけとなりました。また、二〇〇四年度には中金堂の北西で、大型礎石を使用した礎石建物が確認されました。鐘楼《しょうろう》あるいは経楼《きょうろう》と推定されています。さらにこの建物の下層では塼仏《せんぶつ》が大量に出土しました。

坂田寺跡《さかたでら》〈図7〉では、奈良時代の伽藍《がらん》を斜めに県道が通過していますが、二〇〇四年度には下水道管を埋設する工事に伴い、伽藍中心部を、幅一mで調査しました。その結果、回廊基壇および礎石、そして回廊内側には新たに基壇建物があることが判明しました。そ

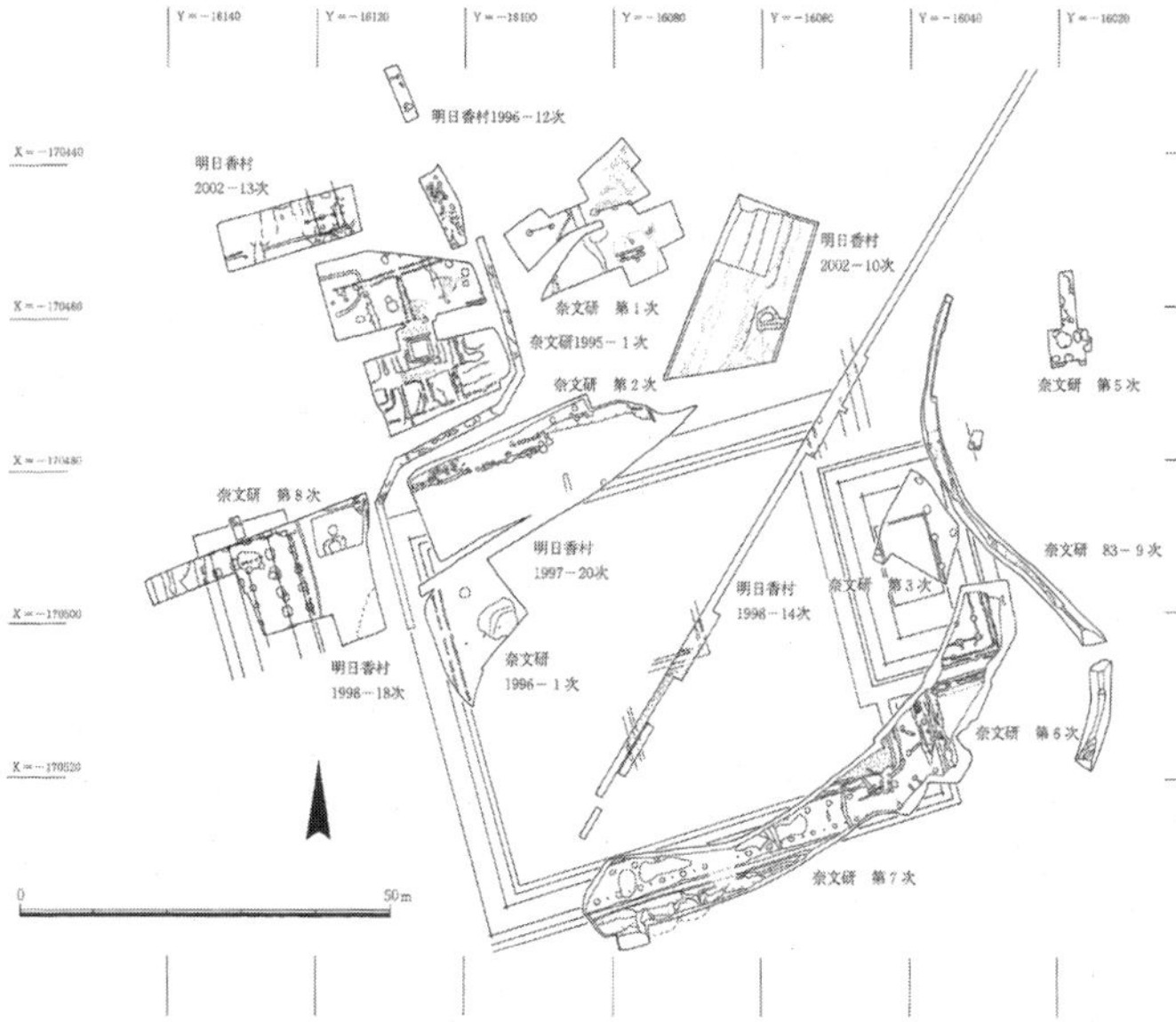


図７　坂田寺跡の伽藍配置（『明日香村遺跡調査概報　平成14年度より転載』）

の結果、北面回廊にある門を入ると、正面と右に建物、左に回廊と接続する金堂がある配置が判明しました。

檜隈寺跡の調査は国営飛鳥歴史公園整備に伴って、二〇〇八年度から伽藍周辺部の調査が実施されています。中心伽藍の北側尾根上に関連する建物、丘陵斜面部にも建物・塀が確認されました。南方では一〇世紀代の幢竿《どうかん》支柱が確認されています。これら一連の調査で、檜隈寺は丘陵全体を寺域にしていたことが推定されるようになりました。

6 工房・瓦窯の調査

川原寺跡では、寺域北辺で鍛冶関連工房も確認されました。生産品目は、鉄・銅・銀・ガラス・瓦・漆製品などがあり、飛鳥池工房遺跡と共通する点は多いのですが、規模は比較にならないほど小規模なものです。

一方、檜隈寺跡の北西部でも鍛冶関連工房が確認されています。七世紀後半の檜隈寺の整備に伴う時期まで遡るとみられ、銀・銅・鉄製品を生産していたことが判明しています。

これらはいずれも寺院付属工房であり、飛鳥池工房遺跡とは性格や規模が異なりますが、両者を比較することによって、七世紀代の工房の実態に迫ることができる成果です。

川原寺の寺域北辺では、川原寺創建時の瓦窯《かわらがま》（川原寺瓦窯《がよう》）も同時に確認されています。この西にある丘陵東斜面にも、瓦の散布状況から、まだ数基の瓦窯があると推定されます。同様に檜隈寺跡の北西にも瓦窯（檜隈寺瓦窯）が一基確認されました。一〇世紀頃の檜隈寺の改修に伴うものです。両者はいずれも、寺域内に設けられ、瓦窯だけでなく、各種の工房と併存しているところに特色があります。

一方、これまでの分布調査により、藤原宮の大極殿所用瓦を焼いた瓦窯だと推定されてきた高取町の市尾《いちお》瓦窯（高台瓦窯跡）が調査されました。全長六m、幅一・三mの規模の大きなもので、まだ周辺に数基の窯が想定されています。近年、近江国分遺跡でも、これまで近江産とされていた瓦の瓦窯が確認され、藤原宮の瓦研究が一段と進むことになりました。

## 7 古墳墓の調査

飛鳥地域には、後期・終末期古墳が数多く築造され、その調査も多くあります。後期古墳の調査としては、二〇〇七年度に真弓鑵子塚《まゆみかんすづか》古墳が調査されました。これまでは穹窿《きゅうりゅう》状横穴式石室《じょうよこあなしきせきしつ》で、入口が二つあるとされていましたが、調査の結果、古墳は六世紀中頃に築造された直径四〇mの二段築成の円墳であることを確認しました。奥の入口とされていたものは、奥室と呼ぶべきもので、地震によって石積みが崩壊して開口したことが判明しました。同じく周辺にある穹窿状横穴式石室の与楽《ようらく》カンジョ古墳も二〇〇二年度に調査されています。いずれも渡来系氏族（東漢氏）の族長クラスの墳墓とされており、貝吹山《かいぶきやま》南麓は渡来系の東漢氏の墓域と考えられます。

一方、飛鳥東方にある都塚《みやづか》古墳〈図8〉は、これまでに石室内部の様子は確認されていましたが、墳丘に関しては不明でした。二〇一四年度に墳丘の確認調査を行い、一辺約四〇mの方墳で、六段以上の石積み段状を呈することが判明しました。極めて珍しい構造で、高句麗《こうくり》の積石塚《つみいしづか》との比較が必要となります。その被葬者については、蘇我稲目《いなめ》の名前も挙げられていますが、石室（六世紀末～七世紀初頭）と家形石棺（六世紀第三四半期）の年代観にズレがあり、貝吹山南麓の穹窿状横穴式石室との共通点もみられることから、渡来系の人物の可能性も否定できません。

図８　都塚古墳の石段（明日香村教育委員会提供）

終末期古墳の調査としては、二〇〇九年度からは菖蒲《しょうぶ》池《いけ》古墳が調査されました。石室内には家形石棺が二基安置されていますが、七世紀中頃の一辺三〇mの二段築成の方墳であることが判明しました。その後、七世紀後半には掘割が埋められ、掘立柱建物が建てられることも明らかとなっています。

菖蒲池古墳の東に隣接する小山田《こやまだ》遺跡〈図9〉は甘

図９　小山田遺跡の石貼遺構（奈良県立橿原考古学研究所提供）

橿丘の南端で、尾根を切断し造成した痕跡と、四八m分の石貼りの大形の溝を確認しました。遺構は遺跡の一部を確認しただけですが、七世紀中頃の一辺五〇mを超える方形墳の掘割跡と推定されます。溝の底部および北斜面には石英閃緑岩《せきえいせんりょくがん》を貼り付け、南側（墳丘側）には結晶片岩《けっしょうへんがん》と室生安山岩《むろうあんざんがん》（榛原石《はいばらいし》）を積み上げていますす。段ノ塚《だんづか》古墳と類似することから、舒明天皇の初葬陵との見解が示されていますが、甘樫丘南端に位置することや規模が大きいこと、さらには七世紀後半には古墳を削平して、二次利用されている可能性があることから、筆者は小山田遺跡が蘇我蝦夷《えみし》の大陵、菖蒲池古墳が蘇我入鹿《いるか》の小陵と推定しています。

また、磚積《せんづみ》石室墳にはカヅマヤマ古墳があります。飛鳥地域ではじめて確認された磚積石室墳で、七世紀後半に築造された一辺二三mの方墳です。真弓地ノ窪《まゆみじくぼ》には、この他に、磚積石室墳として、七世紀前半の真弓テラノマエ古墳があります。さらにもう一基、地

図10　地ノ窪谷の磚積石室墳（『明日香村文化財調査研究紀要』第11号より転載）

元の伝承などから、磚積石室墳が存在していた可能性があります。これら三基の磚積墳が、七世紀前半から後半にかけて、地ノ窪谷に順番に造営されたことになります〈図10〉。磚積構造を重視すれば渡来系の人物あるいは渡来人と密接に関わる氏族の奥津城《おくつき》とみられます。

終末期古墳の中でも牽牛子塚《けんごしづか》古墳〈図11〉は、これまでから八角墳の可能性が推定されていましたが、発掘調査によって八角墳であることが確定しました。また剣貫《くりぬき》式横口式石槨《せっかく》を囲むように設置された列石の構造も判明しました。

さらに牽牛子塚古墳のすぐ前では、これまでまったく知られていなかった鬼の

図11　牽牛子塚古墳（明日香村教育委員会提供）

図12　越御門塚古墳（明日香村教育委員会提供）

俎《まないた》・雪隠《せっちん》型の石槨をもつ越塚御門《こしつかごもん》古墳〈図12〉が確認されました。『日本書紀』天智六年（六六七）条「天豊《あめとよ》財《たからいかし》重日足姫《ひたらしひめのすめらみこと》天皇と間人皇女《はしひとのひめみこ》とを小市岡上陵《おちのおかのうえのみささぎ》に合せ葬せり。是の日に、皇孫大田《みまごおおた》皇女を、陵の前の墓に葬す」の記録とも一致します。八角形の古墳は、天武持統天皇陵でも確認されており、宮内庁職員による一九五九・六一・七五年の調査報告もなされており、八角墳の研究が進むことになりました。

このような中、社会的にも大きな保存問題になったのが、キトラ古墳と高松塚《たかまつづか》古墳です。

キトラ古墳の調査と保存は二〇〇一年度から、文化庁に引き継がれました。二〇〇二年度から墓道の調査を実施し、コロレールの痕跡や石室前面の状況を確認しました〈図13〉。二〇〇四年度には石室内の発掘調査を実施しています。壁画の内容に加えて、古墳の考古学的なデータを得ました。しかし、石室内の保存環境や壁画の保存状況から、漆喰《しっくい》壁を全面とりはずして修理することになったのです。修理は二〇一六年に完了し、復元整備された古墳の近くで、公開されることになっています。

図13　キトラ古墳の石室（奈良文化財研究所提供）

一方、高松塚古墳もこの時期、壁画の劣化問題が深刻化し、二〇〇四年度からその保存対策のための墳丘の調査を実施しました。壁画の保存については、検討の結果、苦渋の選択として、石室を一度解体し、修理を施すことになりました。この解体に伴って、二〇〇六～〇七年度にかけて、発掘調査を実施。石室解体という代償に、終末期古墳の築造方法の詳細な情報を得ると同時に、壁画汚染の原因となった地震痕跡や汚染過程を解明することになりました。壁画は、現在修理が施されています。

また、キトラ・高松塚古墳と同構造の石槨をもつマルコ山古墳も二〇〇四年度に、墳丘西側の調査を実施し、円墳ではなく、多角形墳であったことが明らかとなっています。

## 8 その他の遺跡の調査

古代官道のひとつである阿倍山田道《あべやまだみち》に関して、いくつかの遺跡で、その道路側溝が確認されています。阿倍山田道は、軽《かる》から雷丘《いかづちのおか》を通過し、山田で大きく方向を北に変えて、阿部付近で南北の上《かみ》ッ道《みち》となります。安倍寺遺跡では、六世紀末から七世紀初頭の山田道西側溝とみられる石組溝を確認し、山田道の設置時期を推定する重要なデータを提供しました。

一方、雷丘の東方にあたる石神遺跡の調査でも山田道の南側溝を確認しています。以前に確認していた北側溝と合わせて、道路幅が約一八mであることが確認できました。ただし、周辺は七世紀前半まで湿地を呈しており、ここに山田道（新山田道）が整備されるのは、

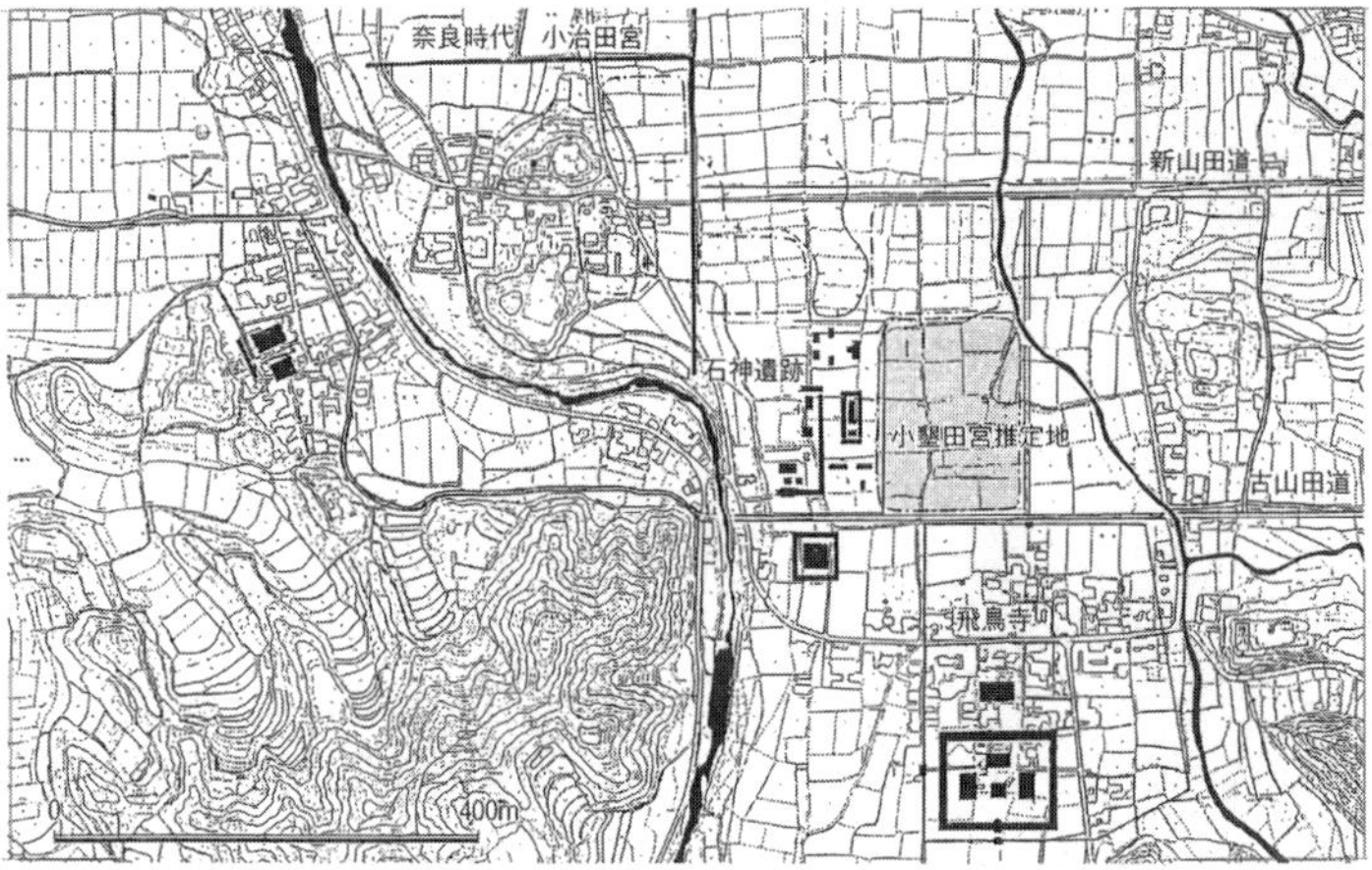


図 14　山田道と「小墾田」

七世紀中頃以降であることがわかりました。このことから、七世紀前半の山田道（古山田道）のルートが問題となりますが、現在では、飛鳥寺寺域北辺が古山田道の有力なルートと推定されています。この調査成果は、飛鳥地域の地域名称を推定する大きな鍵ともなるものです。

従来、「飛鳥」北方に推定されていた「小墾《おはり》田《だ》」〈図14〉については、これまで雷丘東方遺跡で出土した奈良時代の「小治《おはり》田《だ》宮」墨書土器の出土地が新山田道の南に隣接する地であったことから、この新山田道を地域名称の境界にはできませんでした。しかし、古山田道の位置が推定されることになり、古山田道を境に、南が「飛鳥」、北が「小墾田」と理解できることになったのです。

このことは二つの点で重要です。ひとつは飛鳥寺北面大垣の位置が、古山田道に面していたことです。これにより飛鳥寺の寺域はすべて「飛鳥」地域の中に含まれ、北面大垣は、古山田道の位置を基準に決定されたと考えられることです。もうひとつは石神遺跡が「小墾田」地域に含まれることです。石神遺跡が「小墾田」に存在すると、石神遺跡のB期から大量に出土する鉄鏃《てつぞく》の存在などから、壬申紀に記載される「小墾田兵庫」の可能性が指摘できます。さらに石神遺跡東隣接地の七世紀前半の施設が、小墾田宮の可能性が推定できるようになりました。これらのことから七世紀前半の飛鳥地域の利用形態が具体的に復元できるようになってきました。

一方、古宮《ふるみや》遺跡では、七世紀後半の東西直線道路よりも古い斜行する道路側溝を確認しました。このことから七世紀前半までの山田道は、直線を指向するものの、微地形の影響を受けやすいものであったことがわかります。これに対して、七世紀中頃以降は削平や盛土によって、直線を確保する道路へと整備されることがわかったのです。

香具山《かぐやま》北麓の東池尻《ひがしいけじり》・池之内《いけのうち》遺跡〈図15〉で、二〇一一年度に古代の池跡と堤が確認されました。従来から池の存在が地形や小字から想定されていた場所で、「磐余池《いわれいけ》」と推定

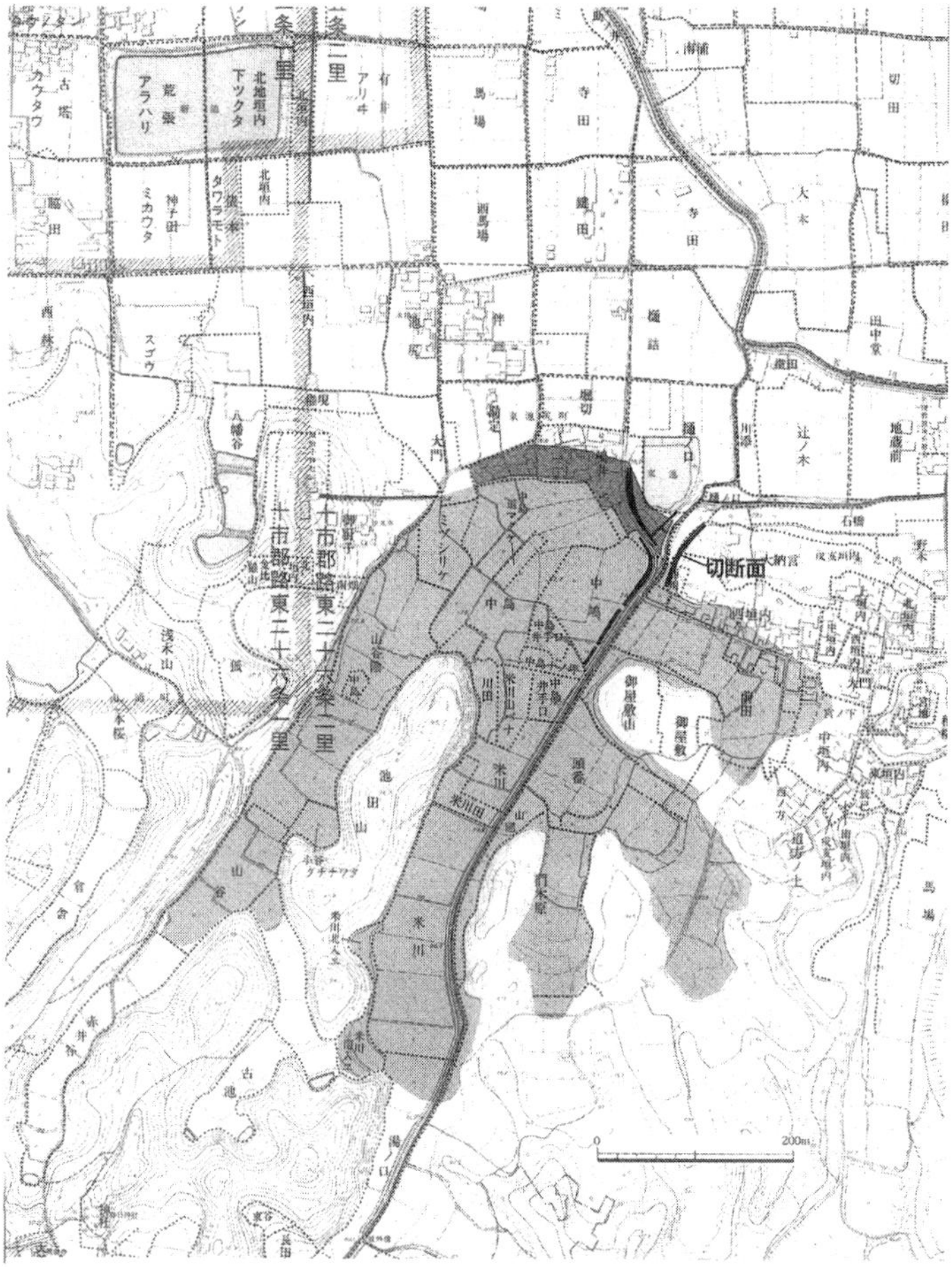


図 15　東池尻・池之内遺跡（『季刊明日香風』第 123 号より転載）

図 16　森カシ谷遺跡（高取町教育委員会提供）

されてきました。発掘調査で確認された池跡は谷の開口部に堤を設けて池とするもので、この堤の上で六世紀後半以降の大壁遺構や掘立柱建物も確認されています。しかし、ここが史料上に記される「磐余池」である確証は得られていません。近年の調査では、香具山北方で吉備池廃寺《きびいけはいじ》が確認され、百済大寺《くだらのおおでら》と確実視されています。これらのことから香具山北方の上ッ道の西側には、「安倍」「百済」「膳夫《かしわて》」という地名が並ぶことが推定されます。

さらに「磐余」と呼ばれたのは、上ッ道の東側の安倍丘陵を中心とした地域と推定できます。東池尻・池之内遺跡の古代地名は明確ではありませんが、「百済」の南方に位置することや「磐余」の中心部から離れた場所にあることから、当池跡を「磐余池」と

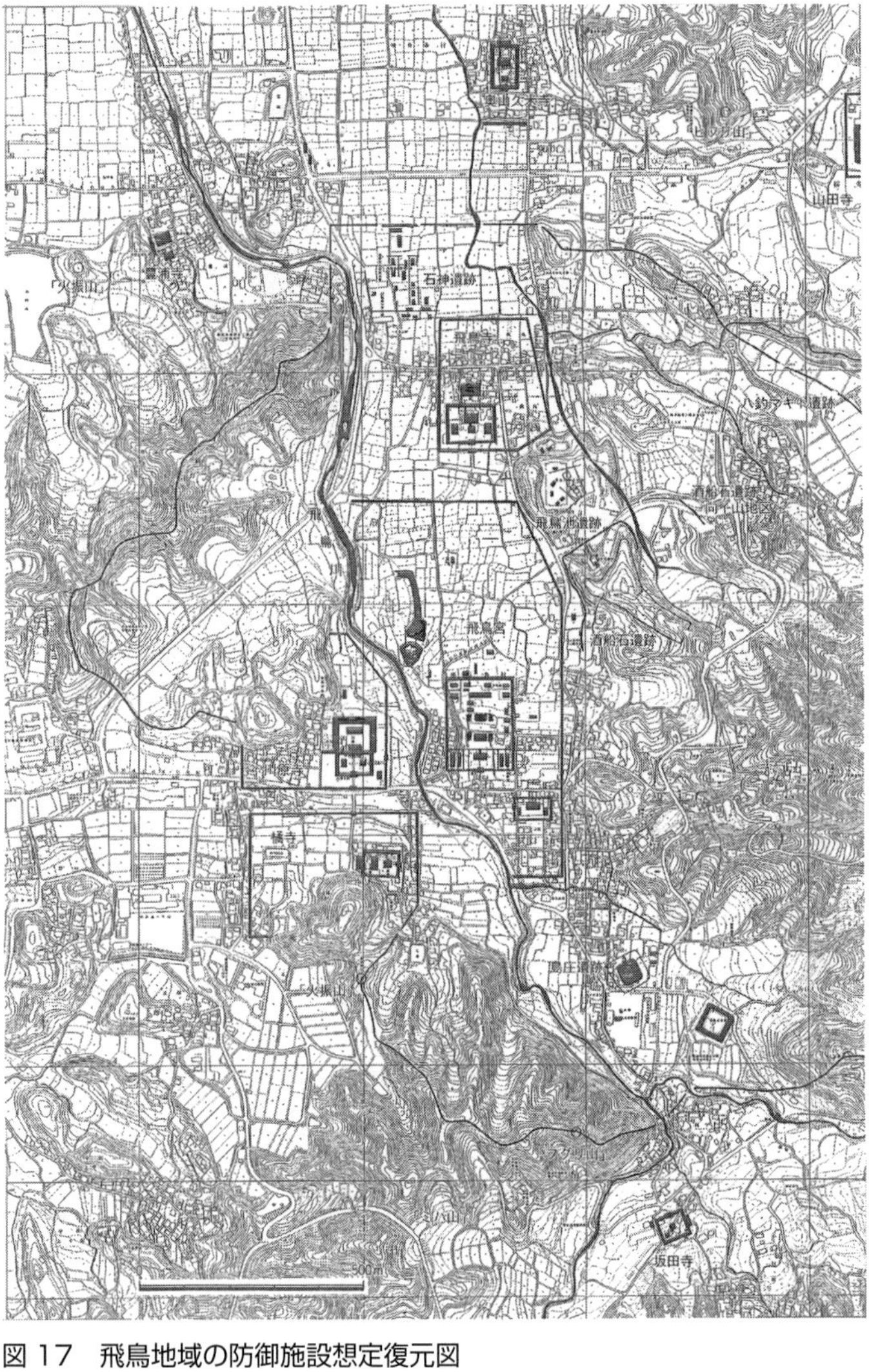


図 17　飛鳥地域の防御施設想定復元図

断定するのは困難です。「磐余」地域には小字《こあざ》「池田」など、池跡を想起させる小字名もみられることから、「磐余池」は「磐余」にあったと考えます。

一方、池跡は、高取町の薩摩《さつま》遺跡でも、二〇〇八・〇九年度に谷を塞いだ池跡を確認しています。ここでは敷葉《しきば》工法の上に堤部の盛土を行っており、四時期の木樋を確認しており、池内から「波田里長檜前主寸」木簡も出土しました。

二〇〇二・〇三年度には、高取町森《もり》カシ谷《だに》遺跡〈図16〉で紀路《きじ》に面した防衛・監視施設とみられる烽火《ほうか》台の遺跡が確認されました。これまで、飛鳥を守る明確な防衛施設は確認されていなかっただけに、この発見によって、飛鳥地域を防衛する視点での研究が改めて注目されます。さらに、飛鳥東方丘陵上の八釣《やつり》マキト遺跡で掘立柱塀が確認されており、飛鳥をめぐる「羅城《らじょう》」的な施設も想定できるようになりました〈図17〉。

## おわりに

このように飛鳥・藤原地域の発掘調査は、二一世紀になってからも、大きな成果をあげています。これまで予想しなかった遺跡の発見や新事実の確認だけでなく、これまでの調査を追認するものもあります。これらの調査成果を踏まえて、様々な研究が進展してきました。本章は、発掘調査成果の概要だけですが、宮都研究・寺院研究・古墳研究・古代史研究、さらには東アジア的視野に立った研究が進められています。これら様々な調査・研究成果を基に、飛鳥・藤原の文化を復原することができると考えます。

## 参考文献

相原嘉之「飛鳥考古学の軌跡―調査研究と保護の歩み―」『飛鳥遺珍―のこされた至宝たち―』飛鳥資料館、二〇一一年
飛鳥資料館『飛鳥の考古学　二〇〇六〜二〇一四』二〇〇七〜二〇一五年
奈良県立橿原考古学研究所附属博物館『大和を掘る　二〇〜三三』二〇〇二〜二〇一五年

| | |
|---|---|
| 平成20(2008)年度 | 飛鳥宮跡（宮域北辺）[橿考研]・石神遺跡（瓦葺建物）[奈文研]<br>島庄遺跡（大型柱穴）[明日香村]・甘樫丘東麓遺跡（石敷）[奈文研]<br>檜前遺跡群（キトラ公園）[明日香村]・古宮遺跡（山田道）[奈文研]<br>薩摩遺跡（波田里長檜前主寸木簡）[橿考研]<br>藤原宮（朝堂院朝庭）[奈文研]<br>檜隈寺跡（工房）[明日香村]・飛鳥寺南方［奈文研]・檜隈寺周辺（キトラ公園）[奈文研]<br>阪田遺跡群（古墳）[明日香村]・高松塚古墳（墳丘）[文化庁ほか] |
| 平成21(2009)年度 | 飛鳥宮跡（内郭北接大型建物）[橿考研]・飛鳥宮跡（北辺）[橿考研]<br>飛鳥寺西方遺跡（石敷・土管）[明日香村]・藤原宮跡（朝堂院回廊）[奈文研]<br>甘樫丘東麓遺跡［奈文研]・薩摩遺跡（池の木樋）[橿考研]<br>檜前大田遺跡（大壁建物）[明日香村]・檜前遺跡群（建物群）[明日香村]<br>檜隈寺周辺（L形カマド）[奈文研]<br>藤原宮跡（朝堂院回廊）[奈文研]<br>高松塚古墳（墳丘）[文化庁ほか]・真弓テラノマエ古墳［明日香村]<br>市尾遺跡（大壁建物）[高取町]・菖蒲池古墳［橿原市]・阿部山遺跡群（古墳）[明日香村] |
| 平成22(2010)年度 | 飛鳥京跡苑池（北池）[橿考研]・水落遺跡（北辺）[奈文研]<br>飛鳥寺西方遺跡（石敷）[橿考研]・檜前遺跡群［明日香村]・甘樫丘東麓遺跡（塀）[奈文研]<br>藤原宮跡（朝堂院朝庭）[奈文研]<br>檜隈寺周辺［奈文研]・川原寺裏山遺跡［明日香村・関西大学]<br>植山古墳（掘立柱塀）[橿原市]・菖蒲池古墳（方墳）[橿原市]<br>牽牛子塚古墳・越塚御門古墳［明日香村] |
| 平成23(2011)年度 | 飛鳥宮跡（北部造成跡）[橿考研]・飛鳥京跡苑池（南池）[橿考研]<br>飛鳥寺西方遺跡（南端石組溝）[明日香村]・東池尻・池之内池跡（堤跡）[橿原市]<br>藤原宮跡（造営期建物）[奈文研]・藤原宮跡（建部門）[奈文研]<br>檜隈寺跡（幢竿支柱）[奈文研]<br>与楽鑵子塚古墳［高取町]・菖蒲池古墳（方墳）[橿原市] |
| 平成24(2012)年度 | 飛鳥京跡苑池（導水石組溝）[橿考研]<br>飛鳥寺西方遺跡（石敷）[明日香村]・島庄遺跡（西限塀）[明日香村]<br>東池尻・池之内池跡（石敷）[橿原市]<br>藤原宮跡（造営運河関連）[奈文研]・藤原宮跡（東方官衙・礎石建物）[奈文研]<br>植山古墳（石室閉塞土）[橿原市]・菖蒲池古墳（石敷・建物）[橿原市] |
| 平成25(2013)年度 | 飛鳥京跡苑池（南池・中島）[橿考研]・飛鳥寺西方遺跡（柱列）[明日香村]<br>甘樫丘東麓遺跡（造成跡）[奈文研]<br>藤原宮跡（儀礼用仮設建物）[奈文研]・藤原宮跡（東方官衙）[奈文研]<br>天武持統陵（学会公開・報告）[宮内庁] |
| 平成26(2014)年度 | 飛鳥京跡苑池（東限塀）[橿考研]・飛鳥寺西方遺跡（掘立柱建物）[明日香村]<br>東池尻・池之内池跡（堤）[橿原市]<br>藤原宮跡（大極殿院石敷）[奈文研]・藤原宮跡（東方官衙・礎石建物）[奈文研]<br>藤原京右京十一条二坊（京内最大建物）[橿考研]<br>藤原京左京九条三坊（弥生時代）[明日香村]<br>檜隈寺瓦窯（瓦窯）[奈文研]・市尾瓦窯（大極殿所用瓦）[高取町]<br>都塚古墳（段状石積・方墳）[明日香村]・小山田遺跡（方墳？）[橿考研] |

## 飛鳥地域主要発掘一覧表（2001 ～ 2014）

| | |
|---|---|
| 平成13(2001)年度 | 飛鳥宮跡（東外郭内）[橿考研]・飛鳥京跡苑池（中島・北方水路）[橿考研]<br>酒船石遺跡（西部の石組溝・湧水施設周辺・丘陵の石垣）[明日香村]<br>飛鳥宮ノ下遺跡［明日香村］・石神遺跡（北限塀）[奈文研]<br>清水谷遺跡（大壁建物）[高取町]<br>藤原宮跡（大極殿院東回廊）[奈文研]・左京七条一坊（中務省関連木簡）[奈文研]<br>飛鳥寺跡（北面大垣）[明日香村]・岡寺跡［橿考研]<br>植山古墳［橿原市］・キトラ古墳（石室写真）[文化庁ほか] |
| 平成14(2002)年度 | 酒船石遺跡（東端石垣・石組水路）[明日香村]・石神遺跡（具注暦木簡）[奈文研]<br>ホラント遺跡（石敷）[橿考研]・森カシ谷遺跡［高取町]・安倍寺遺跡（山田道）[桜井市]<br>藤原宮跡（東第二堂・東門）[奈文研]<br>坂田寺跡（北辺）[明日香村]<br>細川谷古墳群［明日香村]・与楽カンジョ古墳［高取町]<br>金銅製四環壺［奈文研・宮内庁]・雷丘東方遺跡（年輪年代）[明日香村] |
| 平成15(2003)年度 | 飛鳥宮跡（正殿前石敷・北方南北水路）[橿考研]・酒船石遺跡（東端石垣）[明日香村]<br>島庄遺跡（建物群）[明日香村]・ホラント遺跡（石敷・大壁建物）[橿考研]<br>観覚寺遺跡（大壁建物）[高取町]・森カシ谷遺跡［高取町]<br>藤原宮跡（朝堂院南東隅・東第三堂）[奈文研]・藤原京左京一・二条四坊［橿原市]<br>川原寺跡（北面大垣・工房）[奈文研]<br>キトラ古墳（墓道後半）[文化庁ほか] |
| 平成16(2004)年度 | 飛鳥宮跡（南正殿）[橿考研]・島庄遺跡（建物群）[明日香村]<br>御園アリイ遺跡（建物群）[明日香村]・観覚寺遺跡（大壁建物・オンドル）[高取町]<br>藤原京右京六条五坊（北六条大路）[橿原市]<br>川原寺跡（礎石建物）[奈文研]・坂田寺跡（基壇建物・回廊）[明日香村]<br>キトラ古墳（石室内）[文化庁ほか]・高松塚古墳（墳丘周辺）[文化庁ほか]<br>マルコ山古墳（墳丘西側）[明日香村] |
| 平成17(2005)年度 | 飛鳥宮跡（北正殿）[橿考研]・石神遺跡（観世音寺木簡）[奈文研]<br>島庄遺跡（南部建物群・北部）[明日香村]・甘樫丘東麓遺跡［奈文研]<br>シロカイト遺跡［橿考研]・雷丘［奈文研]<br>藤原宮跡（東第六堂）[奈文研]<br>カヅマヤマ古墳［明日香村]・島庄遺跡（大柱穴）[橿考研] |
| 平成18(2006)年度 | 飛鳥宮跡（宮域北方）[橿考研]・藤原宮跡（東第四堂）[奈文研]<br>石神遺跡（山田道）[奈文研]・甘樫丘東麓遺跡（石垣）[奈文研]<br>竹田遺跡（建物群）[明日香村]・観覚寺遺跡（大壁建物・方形池）[高取町]<br>飛鳥寺跡（講堂）[奈文研]・シロカイト遺跡［橿考研]<br>高松塚古墳（解体・墳丘）[文化庁ほか]・真弓ミスズ古墳［明日香村] |
| 平成19(2007)年度 | 飛鳥宮跡（宮域北辺）[橿考研]・石神遺跡（東限）[奈文研]<br>島庄遺跡（石組溝）[明日香村]・甘樫丘東麓遺跡［奈文研]<br>竹田遺跡（建物群）[明日香村]・観覚寺遺跡（大壁建物）[高取町]<br>藤原宮跡（大極殿南門）[奈文研]<br>檜前遺跡群（金銅仏）[明日香村]<br>高松塚古墳（石室解体）[文化庁ほか]・真弓鑵子塚古墳［明日香村] |

## コラム2　甘樫丘東麓遺跡の発掘調査

豊島直博

甘樫丘《あまかしのおか》は飛鳥川の西にそびえる標高一四五mの丘陵である。頂上には展望台があり、多くの観光客が訪れる名所となっている。一九九四年、丘の東の麓に駐車場が作られることになり、事前に発掘調査が行われた。斜面の整地土中から多量の木炭、焼けた壁土、土器が出土した。『日本《にほん》書紀《しょき》』によれば、蘇我蝦夷《そがのえみし》・入鹿《いるか》が甘樫丘に邸宅を構えたという。出土した土器は七世紀中頃のもの。邸宅は乙巳《いっし》の変《へん》で焼け落ちたと推定され、出土した炭や壁土との関連性が指摘された。

図１　甘樫丘東麓遺跡の石垣（奈良文化財研究所提供）

その後しばらく調査の機会は訪れなかったが、二〇〇五年、駐車場奥の谷に公園整備の計画が持ち上がり、事前に試掘調査を行った。木々の間をぬって設定したトレンチで多くの柱穴を確認し、建物群の存在が明らかになった。出土した土器から、建物の年代は七世紀後半とされ、再び蘇我氏邸宅との関連が注目された。

翌年度から継続的な学術調査が始まった。七世紀中頃に廃絶する遺構として、これまでに倉庫群、掘立柱《ほったてばしら》建物、塀、石垣、石敷などが見つかっている。しかし、正殿《せいでん》に相当する大型建物は未発見で、蘇我氏邸宅との関連を疑問視する声もある。

図２　現地説明会の様子

私は、やはり蘇我氏邸宅の一部と見ている。『日本書紀』の記述では蘇我氏邸宅には防御施設や武器庫があったとされ、石垣や倉庫の状況は記述と一致する。土器から推定できる建物の廃絶年代も、ちょうど乙巳の変の頃に当たる。二〇一一〜二〇一二年の調査では、炉の底と考えられる硬化面が確認され、この場所で金属器生産を行っていたようである。

以上を総合すると、広大な蘇我氏邸宅の生産・管理区域に相当し、居住区は別の谷や尾根に展開すると考えられる。城でいえば二の丸か三の丸か。全体像の解明が望まれる。

## 執筆者紹介（執筆順―生年・現職／主要著書・論文）

木下正史（きのした　まさし）　→別掲

豊島直博（とよしま　なおひろ）→別掲

今尾文昭（いまお　ふみあき）

1955年生、関西大学文学部非常勤講師

『律令期陵墓の成立と都城』（青木書店、2008年）、『古墳文化の成立と社会』（青木書店、2009年）

林部　均（はやしべ　ひとし）

1960年生、国立歴史民俗博物館研究部教授

『古代宮都形成過程の研究』（青木書店、2001年）、『飛鳥の宮と藤原京―よみがえる古代王宮―』（吉川弘文館、2008年）

花谷　浩（はなたに　ひろし）

1957年生、出雲市市民文化部文化財課学芸調整官

「京内廿四寺について」（『研究論集ＸＩ』奈良文化財研究所学報第60冊、2000年）、『出雲鰐淵寺　埋蔵文化財調査報告書』（共著、出雲市の文化財報告28、出雲市教育委員会、2015年）

市　大樹（いち　ひろき）

1971年生、大阪大学大学院文学研究科准教授

『飛鳥藤原木簡の研究』（塙書房、2010年）、『すべての道は平城京へ―古代国家の〈支配の道〉―』（吉川弘文館、2011年）

山田隆文（やまだ　たかふみ）

1971年生、奈良県立橿原考古学研究所調査課指導研究員

「新羅の九州五小京城郭の構造と実態について」（『考古学論攷』第31冊、橿原考古学研究所、2008年）、「新羅金京の形成と変遷過程」（『研究紀要』第14集、由良大和古代文化研究協会、2009年）

相原嘉之（あいはら　よしゆき）

1967年生、明日香村教育委員会文化財課長

『蘇我三代と二つの飛鳥―近つ飛鳥と遠つ飛鳥―』（共著、新泉社、2009年）、『史跡で読む日本の歴史３―古代国家の形成―』（共著、吉川弘文館、2010年）

編者略歴

豊島直博

一九七三年、埼玉県生まれ
大阪大学大学院文学研究科修士課程修了、文学博士
現在、奈良大学文学部准教授

〔主要著書〕
『鉄製武器の流通と初期国家形成』（塙書房、二〇一〇年）
『平城宮発掘調査報告書XVI』（共著、奈良文化財研究所、二〇〇五年）

木下正史

一九四一年、東京都生まれ
東京教育大学大学院文学研究科修士課程修了、文学修士
現在、東京学芸大学名誉教授

〔主要編著書〕
『古代の都一　飛鳥から藤原京へ』（共編著、吉川弘文館、二〇一〇年）
『飛鳥史跡事典』（編著、吉川弘文館、二〇一六年）

# ここまでわかった飛鳥・藤原京

## 倭国から日本へ

二〇一六年（平成二十八）八月十日　第一刷発行

編　者　豊《とよ》島《しま》直《なお》博《ひろ》
　　　　木《きの》下《した》正《まさ》史《し》

発行者　吉川道郎

発行所　株式会社吉川弘文館
郵便番号一一三—〇〇三三
東京都文京区本郷七丁目二番八号
電話〇三—三八一三—九一五一〈代表〉
振替口座〇〇一〇〇—五—二四四番
http://www.yoshikawa-k.co.jp/

組版・製作＝本郷書房
印刷＝亜細亜印刷株式会社
製本＝誠製本株式会社
装幀＝古川文夫


ISBN978-4-642-08298-3